송사무장의 부동산
# 경매의 기술

송사무장의 부동산
경매의 기술

**초　판　1쇄 발행** 2008년 05월 07일
　　　　**30쇄 발행** 2016년 01월 15일
**개정판　1쇄 발행** 2017년 04월 20일
　　　　**114쇄 발행** 2024년 06월 11일

**지 은 이** 송희창
**책임편집** 배희원
**편집진행** 최상진
**펴 낸 곳** 도서출판 지혜로

**출판등록** 2012년 3월 21일 제 387-2012-000023호
**주　　소** 경기도 부천시 원미구 길주로 137, 6층 602호(상동, 상록그린힐빌딩)
**전　　화** 032-327-5032　｜　**팩　　스** 032-327-5035
**이 메 일** book@jihyerobook.com
　　　　　(독자 여러분의 소중한 원고를 기다립니다.)

**ISBN** 979-11-87799-02-3
**값** 16,000원

**도서출판 지혜로**는 경제 · 경영 전문 서적 출판사이며, '독자들을 위한 책'을 만들기 위해
객관적으로 실력이 검증된 저자들의 책만 엄선하여 제작합니다.

# 송사무장의 부동산
# 경매의 기술

송희창 지음

## 경매의 기술 개정판을 출간하며!

필자의 처녀작인 「송사무장의 경매의 기술」이 출간 된 이후 경매 책으로서 최고의 평가를 받으며 많은 경매인들에게 '경매의 바이블'이라는 과분한 칭호를 들었고, 이를 계기로 지금까지도 여러 분야의 다양한 사람들과 많은 인연을 맺게 되었다.

그동안 필자는 필자의 책이나 강의를 듣고 경제적인 성공을 이루어 가는 이들의 과정을 곁에서 지켜보았다. 그들의 경제적 자유에 조금이나마 보탬이 되었다는 사실에 참으로 뿌듯하면서도 한편으로는 책임감 또한 컸던 게 사실이다(지금까지 필자의 제자들 중에서 수많은 부자들이 탄생하였고, 그 중에서 무려 16명이 경매, 부동산 관련 책을 출간하며 베스트셀러 저자가 되었다).

그토록 많은 사랑을 받았던 「송사무장의 경매의 기술」이지만 출간 후 시간이 많이 흐름에 따라 법률과 세법 또한 개정되어 절판하기로 결정하였다. 그런데 절판된 후 중고서적의 가격이 본래 책 가격의 3배 이상으로 껑충 뛰어 거래되고 있으며 그마저도 구하기가 쉽지 않다는 것을 지인을 통해 전해 듣게 되었다. 이런 상황을 지켜보며 감사하기도 하고, 한편으로는 어떻게 해야 할지 고민이 되어 마음속에 짐이 쌓이기 시작했다. 시간이 지날수록 인터넷 카페 회원들과 주위 분들이 여러 차례 「송사무장의 경매의 기술」을 다시 출간해줄 것을 요청하여 결국 절판 3년 만에 개정판을 내놓기로 마음먹었다.

　필자가 경매를 막 시작했던 당시에는 시중의 책들이 이론으로만 구성되어 있었다. 책뿐만 아니라 인터넷 검색을 통해 수백 건의 간접 경험담을 읽고 또 읽었지만, 그것만으로는 실전에 뛰어들어 여러 상황들을 대처하며 제대로 된 수익을 올리기에는 현실은 너무나 버거웠다(이론가가 쓴 책은 실전에서 전혀 도움이 되지 않는다). '경매는 이론과 실전이 별개다'라는 사실을 실감한 것이다.
　이론으로만 무장된 책이 아닌 그 어떤 경매 책보다도 현장을 생생하게 그려내어 실전에서 유용하게 써먹을 수 있는 제대로 된 경매 책을 선보이고 싶었는데 그 책이 바로 절판된 「송사무장의 경매의 기술」이다. 이런 연유로 탄생한 책의 개정판을 집필하며 내용을 어떻게 구성해야 할지 참으로 많은 고민을 했다.

　절판된 「송사무장의 경매의 기술」에 실린 사례는 시간으로 보면 이제는 오래된 과거의 사례이다. 하지만 필자가 법률사무소에서 경매팀장(송사무장)으로 근무하면서 경험했던 다양하고 복잡한 사건들의 처리과정과 일반투자자들이 쉽게 풀지 못한 사건들을 능숙하게 해결하면서 쌓인 경험은 현재에도 효과적으로 적용시킬 수 있는 것들이다. 따라서 독자들도 과거 물건 자체를 보지 말고 실전에 필요한 현장조사 방법과 명도의 기술, 그리고 낙찰 후 예측할 수 없는 여러 상황을 다양하게 접근하고 해결하는 대응 방법에 포커스를 두면 보다 유용할 것이다. 비록 과거의 사례이지만 오래도록 경매인들에게 사랑을 받았고, 지금도 여전히 유효한 노하우이므로 공감하기도 쉽고 상황에 바로 적용할 수 있어서 현실감이 있을 것이라 생각한다.

이 책은 단순히 필자가 어떤 물건에 투자해서 얼마를 벌었는지 자랑을 늘어놓는 것이 아닌, 빌라, 아파트, 상가 등 평범한 일반물건 뿐 아니라 필자가 직접 해결했던 특수물건(선순위 위장임차인, 지분, 유치권, 지상권 등)에 관한 해결 방법과 필수 이론도 골고루 넣어 독자들이 이 책을 통해 더 넓은 안목과 한 단계 높은 실력을 쌓을 수 있을 것이라 자신한다.

그리고 필자의 특별한 노하우가 녹아있는 '명도의 기술' 부분을 따로 기재해 놓았기 때문에 명도를 어렵게 생각했거나 지금까지 그 과정을 힘겹게 해결해 왔다면 또 다른 해법을 갖추게 될 것이다.

## 사람은 자신이 그린 대로 삶을 살게 된다

부자가 되고 싶었다. 막연한 꿈이 아니라 노력하여 반드시 부자가 되리라 마음먹었다. 결심을 세우고 가장 먼저 실행에 옮긴 것이 독서였다. 책 제목에 '돈', '부자', '경제적 자유'가 들어간 책들은 모두 섭렵했다. 이미 부자가 된 그들의 생각이 궁금했고, 어떻게 부자가 될 수 있는지 그 답을 찾으려고 부단히 애를 썼다. 그런데 그 많은 책에 나온 성공의 원칙은 모두 한 가지로 귀결된다는 것을 알게 되었다. 그것은 바로 '사람은 자신이 그린대로 삶을 살게 된다'는 것이다. 긍정의 마인드를 갖추고, 자신의 꿈을 그리며, 꾸준하게 정진하는 것이 바로 부자들의 공통된 성공 비결이었다 (글로 표현하기는 쉽다). 필자도 만약 그때 확고한 꿈이 없이 단지 경매하는 요령만 터득하는 것에 집중했다면 아마도 절대 지금의 위치까지 오를 수 없었을 것이라 생각한다.

누구나 어떤 형태로든 자신이 그렸던 그림을 완성해 나간다. 그것이 작은 그림이든 큰 그림이든. 회사에서의 승진이 목표인 사람은 승진을 위해 부단히 노력하여 결국엔 승진을 해낼 것이고, 자신만의 가게 창업을 목표로 한 사람이라면 창업에 관한 준비를 꾸준히 하며 언젠가는 가게를 차리게 될 것이다.

마찬가지로 부동산 투자로 부자가 되고 싶은 사람은 몇 년 후 성공한 본인의 모습을 그리며, 차곡차곡 종잣돈을 모으고 투자의 기술을 하나씩 익혀가면서 부자의 길로 접어들 것이다. 그러므로 성공을 위해 경매의 기술을 익히는 것만큼이나 중요한 것은 미래의 자신의 모습을 진지하게 그려보는 것이라 생각한다.

꿈이 없는 사람이 어느 날 갑자기 부자가 될 수는 없다. 주변을 둘러봐도 꿈이 소박한 사람들은 여전히 평범한 삶을 유지하고 있고, 앞으로도 생각이 바뀌지 않는 한 절대 그 평범함을 벗어날 수는 없을 것이다. 미안하지만 그가 아무리 열심히 살고 아낀다고 하더라도 그 삶에 큰 변화는 없을 것이라는 게 이 사회의 현실이다. 그러기에 열심히 살기 이전에 꿈부터 제대로 그려놓고 전진해야 한다.

독자들 역시 경매의 기술을 익히는 것에 앞서 자신의 꿈에 대해 진지하게 고민해 보기 바란다. 당신이 이 책을 집어든 이유가 부자가 되고 싶어서라면 이 책을 읽고 경매를 시작하기 전에, 자신이 진정으로 원하는 5년 후, 10년 후의 삶을 꼭 그려보길 당부한다. 그리고 꿈을 크게 꿔라. 크게 꾼 꿈은 깨져도 그 조각이 크다고 누군가 말하지 않았던가.

경매는 끝물이다??

과연 경매가 끝물이고 먹을 것이 없을까? 아이러니하게도 '경매가 끝물'이라는 말은 필자가 경매를 시작하던 2005년부터 현재까지 매년 흘러나왔다. 하지만 필자는 소위 남들이 '끝물'이라고 외쳤던 그 시기부터 현재까지도 아파트, 빌라, 상가, 토지, 모텔, 공장 등의 물건들을 꾸준하게 낙찰 받아 계속 수익을 올렸다. 먹을 것이 없다며 경매시장을 떠나는 이가 있는 반면, 이 시점에도 꾸준히 수익을 올려 성공하고 부자가 되는 사람들도 분명 있다는 것이다. 떠나는 이들은 자신의 한계를 애써 숨기려 '경매는 끝물'이라는 자기 위로의 말을 던지며 떠난다. 우습게도 그들은 훗날 자신들이 떠났던 그 시절을 그리워하곤 한다.

경매는 올해엔 돈을 벌고 내년엔 돈을 못 버는, 단지 한 번 스쳐 지나가는 유행 같은 재테크 수단이 아니다. 지금 이 순간에도 전국에서 진행되고 있는 물건만 해도 11,000건이 있고, 경매진행이 예정된 물건과 공매물건까지 합한다면 그 숫자는 실로 엄청나다. 경매 시장의 경쟁이 치열하다고 한탄할 것이 아니라 그 중에서 기회를 잡는 것에 몰입해야 한다.

필자가 지금까지 여러 경험을 해오며 느낀 바는 모름지기 긍정의 사고로 접근하는 사람이 좋은 결과를 만들어 낸다는 것이며, 실제 그 분야에서 성공한 사람의 말을 귀담아 듣는다면 귀중한 정보를 하나라도 더 얻을 수 있다는 것이다.

경제적 자유를 위해서는 부동산 경매만한 것도 없다고 생각한다. 부동산 경매를 통해서 필자뿐만 아니라 그동안 인연이 된 제자들도 계속해서 성공을 이루었다. 처음엔 주거용 및 업무용 부동산을 경매로 매입하여 임대수익을 받다가 매매차익을 통해 점점 큰 자산을 형성해 나갔다(매월 받는 월세가 1,000만 원이 되는 것도 순식간이다). 또한 최근에 후발주자로 입문한 후배들의 상당수가 부자가 되었는데, 이런 모습을 지켜보며 경매는 언제 시작했느냐 보다 어떻게 하느냐가 훨씬 더 중요하다는 것을 다시 한 번 깨닫게 된다.

다른 사람보다 일찍 시작을 했어도 잠깐 하다가 포기하고 떠나는 사람도 있고, 시작은 늦었지만 집중적인 학습으로 불과 2, 3년 만에 성공을 거두는 이들도 있기에 경매는 앞으로도 열심히 하는 후발주자들에게 많은 부의 기회를 안겨줄 것이다. 마지막으로 이 책을 통해 필자의 생각을 자신의 것으로 만들어 당신도 부자의 대열에 합류하길 진심으로 기원한다.

목차

# 1장

## 초보도 할 수 있는
## 주거형 물건

---

# 1

소액투자

## 262만 원으로
## 빌라 사기

## 1. 경매물건 검색

8월의 무더운 여름날이었다. 날씨도 더운데 이번 주에만 벌써 입찰에 두 번이나 떨어지니 약간 짜증이 밀려왔다. 그래도 한 달에 한 건씩 낙찰 받기로 계획을 세웠으니 짜증을 뒤로하고 컴퓨터 앞에 앉아 물건을 검색했다. 이러한 패턴이 반복되다 보면 누구든 회의를 느끼고 지치게 된다. 더군다나 마수걸이도 하지 못한 초보는 자신감마저 떨어진다. 그러나 꾸준히 노력하는 자에게는 당할 자가 없다고 했던가.

## 2 권리분석

이번에는 낙찰되었다가 대금을 미납한 재매각 물건만 검색했다. 경매에서 대금을 미납한 물건은 대개 경쟁률이 떨어진다. 경매정보지에 나타나지 않은 숨겨진 함정이나, 눈에 보이지 않는 하자가 있다고 생각하기 때문이다. 낙찰 후 대금미납이 발생하는 경우를 살펴보면 다음과 같다.

* 말소기준권리보다 앞선 인수 사항이나 대항력 있는 임차인을 미처 확인하지 못하고 입찰했을 경우
* 현장 조사 시 제대로 시세 파악이 안 되어 실제 시세와 차이가 많이 발생했을 경우 (보증금을 포기 하는 게 오히려 손해가 덜할 경우)
* 낙찰 받고 해당 물건에 가보니 불난 집이거나 물이 줄줄 새는 등 건물의 치명적인 결함을 알게 되었을 경우 (이 경우 보증금을 포기할 것이 아

니라 매각불허가 신청이 가능하다)
* 낙찰 받고 그 집에 가보니 깍두기 아저씨들이 고스톱 치면서 기다리
  고 있을 경우 (낙찰자의 수준에 비해 명도가 어려울 경우)
* 낙찰을 받았는데 신용문제로 대출이 용이하지 않을 경우
* 입찰 금액을 잘못 기재하여 낙찰을 포기하는 경우 (1억 원을 10억 원으
  로 잘못 쓰는 등)

재매각 사례는 대충 위의 사항에 모두 걸려든다. 권리분석에 이상이 없
는 물건으로 추리고 추려 후보 세 개를 뽑아 보았다.

## 3. 현장조사

두 건의 현장조사를 마치고 마지막으로 이 글의 주인공이 된 녀석을 보
러 갔다. 주민센터에 가서 전입세대 열람을 하여 혹시 대항력 있는 세입자
가 숨어 있지는 않은지 확인해보니 세입자도 후순위였다(세대 합가 반드시
확인!).

현장에 가보니 동네 아줌마들이 모여 수다를 떨고 있다.

"안녕하세요? 혹시 501호 사시는 분 아세요?"
"네. 어머니하고 딸 둘만 살아요."
"아, 네. 혹시 이 건물 비 오면 물이 새나요? (너무 직접적으로 물어봤나?)"
"아니요. 멀쩡한데 5층은 좀 덥죠."

몇 마디 나누어 보지는 않았지만, 점유자가 어떤 사람인지 그리고 건물
에 큰 하자가 없다는 것을 쉽게 알 수 있었다.

"그런데 여기에 저처럼 물어보러 온 사람이 많이 왔었나요?"

"글쎄요. 못 봤는데요."(경쟁률도 심하지 않을 것으로 예감!)

'주차장도 널찍하고 건물이 지저분하지 않아서 월세는 잘 나가겠군.'

5층으로 올라가보니, 입찰하려는 집 맞은편에 있는 집이 더워서 그랬는지 문을 활짝 열어놓고 있었다. 앞집을 살짝 엿보니 고등학생으로 보이는 아이가 피아노를 치고 있었다.

"어머니 계세요?"

"아이고 깜짝이야~ 엄마, 누가 왔어!"

"누구세요?"

"안녕하세요. 전 송사무장이라고 합니다. 주절주절~."

대충 점유자의 인적 사항과 무슨 일을 하는 사람인지 앞집 아줌마의 기분을 맞추면서 5분 정도 조사(?)를 끝냈다. 이 정도면 거의 완벽한데… 그냥 돌아갈까 하다가, 발걸음을 돌려 입찰할 집의 대문 앞에 섰다. 낙찰 전 낯선 점유자를 만난다는 것은 그리 쉬운 일이 아니다(해보시면 알겠지만!).

30초 정도 장고(?)한 뒤 0.1초 동안 길게(?) 벨을 눌렀다. 응답이 없다. 아무도 없는 것 같다. 그런데 오히려 기분이 좋은 건 왜일까? 벨을 누르긴 했지만 아무도 없음에 안도가 되었다(지금은 입찰 전 현장조사를 하며 점유자와 대면하는 부분을 생략하는 경우가 많다. 그럼에도 이렇게 풀어 쓰는 이유는 처음에는 무엇이든지 부딪쳐 봐야 하고, 간접경험을 충분히 느끼게 하기 위함이다).

## 4. 시세조사

건물에서 나와 부동산으로 향했다. 시원한 박카스를 사 들고 갈까 하다가 잔돈이 없어 그냥 들어갔다. 매수가격, 매도가격, 월세 구함, 월세 내놓음, 호재 확인 등 필요한 사항을 조사했다. 그 결과 매매가격 4,800만 원, 임대가격 보증금 1,000만 원에 월세 40만 원 선으로 파악되었다. 입찰하기로 결정했다.

---

**tip**

**부동산에서 시세 파악할 때 주의사항**

- 나이 드신 할아버지 공인중개사는 공경은 하되 말씀하신 시세는 맹신하지 말자.
- 매도가격과 매수가격을 따로 물어보자. 생각보다 차이가 크다.
- 귀찮다는 듯이 얘기하는 부동산에서는 귀 파면서 나오면 된다.
- 행정적인 규제사항이나 혐오시설도 점검한다.
- 부부인 척하고 둘이 가면 부동산에서 실수요자로 생각해 친절하게 설명해줄 때가 많다.
- 부동산은 여러 군데 들를수록 좋다. 자기와 맞는 중개업소를 사귀면 재산이 된다.

---

## 5. 입찰

은행에 가서 돈을 찾고 경매법원으로 향했다. 법정에는 사람이 많았다. 갈수록 경매하려는 사람이 많아지는 것을 느낀다. 사람들은 원래 돈 냄새에 민감하다. 누군가 돈을 벌었다는 소식을 들으면 계속해서 몰려드는 것이다. 요즘 경매 관련 책도 부쩍 많이 쏟아져 나오고 경매강좌도 계속해서 늘어나는 추세이다(어쨌든 내 물건에는 몰리지 않기를…).

얼마를 쓸지 고민하다가 최저가에서 170만 원 정도 더 베팅해서 입찰서를 제출했다. 경매할 때 이 부분에서는 늘 갈등하게 된다. 갈등하지 않기 위해 입찰 전날 확실한 수익계산을 하고 입찰가를 결정하는 습관을 들이면 좋다. 입찰 당일에 법정에 사람들이 많으면 자신이 정했던 가격에서 마음이 흔들리기 쉽기 때문이다.

예전에는 관련 자료(매각물건명세서)를 열람하는 사람을 보고 눈치작전(?)을 폈지만, 이제는 그런 것이 통하지 않는다. 오히려 입찰 당일 조건을 변수에 두게 되면 더 갈팡질팡하게 되고 오판하는 경우가 있다. 진정한 고수는 이미 모든 조사를 마치고 조용히 입찰봉투를 입찰함에 넣어놓은 상태이니, 그냥 소신껏 입찰하면 된다.

입찰봉투를 제출하고 밖으로 나와 커피를 마셨다. 그리고 담배를 한 대 태우고 법원에서 자주 마주치는 경매꾼들과 알은 체를 한 뒤 다시 법정으로 들어왔다. 개찰이 되고 법정에서 익숙한 이름이 호명되었다. 그런데 뒤에 부르는 이름이 없는 것 아닌가. 단독입찰이다. 하하하!

낙찰되고 나면 겪게 되는 두 가지 딜레마가 있다.

하나는 바로 단독입찰인데 낙찰 후 주위에서 웅성거리는 소리가 들리면 그건 좋지 않은 징조일 수도 있다. 무언가 빠뜨린 게 있는지도 모른다는 불안감이 엄습해온다. 권리분석과 현장조사를 확실하게 마친 고수는 그냥 당당하게 걸어 나오면 되지만 초보는 단독 낙찰 시 내가 뭘 놓친 건 아닌지 겁부터 나게 된다.

또 하나는 차순위 입찰자와의 입찰 금액 차이인데 아슬아슬한 차이로 낙찰 받으면 기분이 아주 좋지만, 큰 차이로 낙찰되면 씁쓸한 기분이 드는 것은 어쩔 수 없다. 그러나 수익을 미리 계산하고 입찰한 것이기에 차순위 금액과의 차이를 생각하지 말고 낙찰의 기쁨을 즐기기 바란다.

낙찰이 되어 보증금 납부 영수증을 받고 나오니 대출 이모님(?) 부대가 축하 메시지를 명함과 함께 마구 날려준다. 법원 앞에는 낙찰물건의 경락잔금 대출영업을 하는 이모님들이 항상 포진해있다. 하지만 전화번호를 너무 많이 알려주면 나중에 스팸 문자가 장난이 아니다.

## 6. 명도

경매는 잔금을 치러야만 합법적인 소유자가 된다. 그러나 나는 항상 예의 바르게 잔금납부 전에 점유자에게 인사를 드리러 간다(명도를 하러 입찰 당일에 방문하는 것보다 3-4일이 지난 다음에 찾아갈 것을 추천한다. 점유자에게도 마음의 준비를 할 시간이 필요하다. 만약 점유자가 입찰에 참여했다면 패찰로 인해 입찰 당일에는 기분이 썩 좋지 않은 상태이다).

저녁 8시쯤 차에 시동을 걸었다. 물건지에 도착하니 9시가 좀 안 된 시간이다. 이 정도면 양호하다고 생각하며 초인종을 눌렀다.

"(날카로운 목소리)누구세요?"
"안녕하세요. 낙찰자입니다."
"그런데 왜요?"(아니, 왜라니?)
"인사드리려고 왔습니다!"
"공부하는 고3 학생이 있는데 이렇게 늦게 오시면 안 되죠."
"죄송합니다. 그러면 연락처를 문에 붙여놓고 가겠습니다."

기분이 약간 상했다. 잔돈을 털어 음료수도 사 들고 왔는데 문전박대를 당하다니. 그러나 이럴 때는 그냥 돌아오는 것이 상책이다. 괜히 세입자에게 내가 이제 주인이고 어쩌고저쩌고 하면 처음부터 서로 감정만 상하게 된다.

경매로 넘어가는 집을 샀다는 이유만으로 세입자들이 낙찰자에게 적대적으로 대하는 경향이 있으므로 조심해야 한다. 또 세입자들은 낙찰자에게 그렇게 대해야 낙찰자가 이사비용을 많이 줄 것이라고 착각하는 경우가 많다. 그러면 결과는 더 안 좋은데도 말이다.

다음날 임차인에게 낙찰자의 인감증명서와 명도확인서 없이는 배당을 못 받는다는 사실과 명도거부 시 법적 절차가 어떻게 진행되는지 설명해 놓은 내용증명 한 통을 발송했다. 내용증명은 배당받는 세입자에게는 약발이 잘 먹힌다.

# 내 용 증 명

**제목: 강제집행 예정통보서**

발신인 : 인천 서구 가*동 15*-14 **아파트 A동- ***호

발 신: 송 **

수신인: 경기도 부천시 오정구 **동 338-*, 세*빌라 5층 501호

수 신: 이 *례

본인은 상기 부동산을 인천지방법원 부천지원 20**타경27**1호 부동산 임의경
매절차에서 낙찰 받았습니다. 본인은 상기 부동산에 관해 낙찰 후, 법률사무소
대리인(직원)을 통해 명도에 따른 절차를 아래와 같이 밟아가고자 합니다. 따라
서 추후 진행될 법적절차에 관하여 아래와 같이 서면으로 보내오니 현명한 판
단을 하시기 바랍니다.

--아 래--

**1. [인도명령 및 강제집행비용 청구]**
본인은 귀하를 상대로 인천지방법원 부천지원에 인도명령을 신청하였으며 인
도명령이 결정되는 대로 집행관사무소에 <u>부동산 강제집행을 신청할 예정입니</u>
<u>다.</u> 만약 본인과 귀하가 협의되지 않아 위처럼 법적 절차에 의해 부동산 인도가
될 경우에는 위 절차에 소요되는 <u>모든 소송비용 및 강제집행비용, 노무비용, 보</u>
<u>관 창고료가 귀하에게 청구될 것입니다.</u>

**2. [상기 부동산에 관한 부당이득금 청구]**
그리고 상기 1항의 강제집행비용 외에 귀하에게 본인의 잔금납부일로부터 상
기 부동산을 명도 하는 시점까지 매월 400,000원(전세금의 1%로 보증금 없는
월 임대료임)에 해당되는 금액을 청구하는 부당이득금반환청구소송을 제기할
예정이오며, 위 판결이 확정되는 즉시 귀하의 재산에 압류조치가 될 것이며, 해
당 금액이 변제되기 전까지 연 15%의 지연이자 또한 청구될 것입니다(법적으
로 낙찰자의 잔금납부일로부터 월세 납부 의무가 있습니다).

### 3. [명도확인서 교부 시점]

또한 귀하가 법원에서 소액보증금을 배당받으려면 낙찰자의 인감증명서와 명도 확인서가 필요한데 상기 부동산에서 이사를 해야만 본인은 위 서류들을 교부할 것이니 참고하시기 바랍니다.

### 4. [협의 가능]

귀하 또한 이 사건 부동산이 경매로 매각되며 지금까지 많은 정신적 상처가 있었을 것이며 본인 또한 이점에 대해 진심으로 안타깝게 생각하는 바입니다. 하지만 이런 상황에서 귀하가 잘못된 정보와 욕심으로 인해 낙찰자에게 무리한 요구를 한다면 모든 절차를 법적으로 진행할 수밖에 없고, 그 결과도 서로에게 큰 상처가 될 것입니다. 그러나 귀하와 본인이 원만한 협의가 된다면 상기 법적 절차를 생략할 수 있으며, 귀하에게 소정의 이사비를 지급하며 마무리할 것이오니 주변의 현명한 조언을 받으시고 판단하시기 바랍니다.

### 5. [고문 법률사무소]

위 1, 2, 3항에 대한 업무는 본인의 고문변호사를 통해 진행될 것입니다.

### 6. [결론]

금일 잔금납부를 하였으므로 약 한 달 후에 배당기일이 도래될 것입니다. 따라서 그에 맞춰 이사를 준비하시기 바랍니다. 만약 내용증명 수신 후 아무런 연락이 없을 경우 본인과 협의할 의사가 없는 것으로 간주하여 모든 법적 절차를 법률사무소를 통해 냉정하게 진행할 것이오니 부디 현명한 판단을 하시기 바랍니다.

20**. 8. 25.

**낙찰자 송 ** (인)**

말은 한 번 듣고 흘려버릴 수 있지만 내용증명을 통해 보낸 글은 몇 번이고 반복해서 읽게 된다. 처음 읽을 때는 화가 나겠지만, 시간이 지나면 현실을 직시하게 된다. 그러니 낙찰자는 내용증명을 발송한 뒤 기다리면 된다. 웬만하면 이 정도에서 거의 해결된다. 내용증명을 발송하고 4일이 지났을 때 임차인에게서 공손한 목소리로 이사하겠다는 전화가 왔다. 이렇게 해서 명도도 의외로 쉽게 해결되었다. 이렇듯 낙찰자는 잘 쓴 내용증명 한 통만으로도 무난히 명도를 할 수도 있다.

## 7. 수익계산

| 소재지 | 경기도 부천시 ○○구 ○○동 ○○19, ○○빌라 ○층 ○○호 | 도로명주소검색 | | | | | |
|---|---|---|---|---|---|---|

| 물건종별 | 다세대(빌라) | 감정가 | 55,000,000원 |
|---|---|---|---|
| 대지권 | 17.369㎡(5.254평) | 최저가 | (49%) 26,950,000원 |
| 건물면적 | 34.93㎡(10.566평) | 보증금 | (20%) 5,390,000원 |
| 매각물건 | 토지·건물 일괄매각 | 소유자 | 김○정 |
| 개시결정 | 2004-07-23 | 채무자 | 김○정 |
| 사건명 | 임의경매 | 채권자 | 국민은행 |

| 구분 | 입찰기일 | 최저매각가격 | 결과 |
|---|---|---|---|
| 1차 | 2005-03-17 (13:00) | 55,000,000원 | 유찰 |
| 2차 | 2005-04-21 (13:00) | 38,500,000원 | 유찰 |
| | 낙찰 26,950,000원 / 매각허가결정취소 | | |
| | 낙찰 33,787,000원(61.43%) / 3명 / 미납 | | |
| 3차 | 2005-08-18 (13:00) | 26,950,000원 | |
| | 낙찰 : 28,777,000원 (52.32%) | | |
| | (입찰1명) | | |
| | 배당기일 : 2005.10.27 | | |
| | 배당종결 2005.10.27 | | |

**▶ 매각물건현황** (감정원 : 홍진표감정평가 / 가격시점 : 2004.07.29 )

| 목록 | 구분 | 사용승인 | 면적 | 이용상태 | 감정가격 | 기타 |
|---|---|---|---|---|---|---|
| 건물 | 5층중 5층 | | 34.93㎡ (10.57평) | 방2,거실겸주방1,욕실1 | 33,000,000원 | |
| 토지 | 대지권 | | 284.3㎡ 중 17.369㎡ | | 22,000,000원 | |
| 현황 위치 | • 부강아파트 동측에 위치 • 인근은 다세대주택,노변점포등으로 형성 | | | | | |
| 참고사항 | ▶본건낙찰 2005.05.19 / 낙찰가 33,787,000원 / 3명 입찰 / 대금미납 | | | | | |

**▶ 임차인현황** ( 말소기준권리 : 2001.09.24 / 배당요구종기일 : 2004.11.30 )

| 임차인 | 점유부분 | 전입/확정/배당 | 보증금/차임 | 대항력 | 배당예상금액 | 기타 |
|---|---|---|---|---|---|---|
| 이○례 | 주거용 전부(방3칸) | 전 입 일: 2003.10.22 확 정 일: 2003.10.22 배당요구일: 2004.08.19 | 보10,000,000원 월300,000원 | 없음 | | |

**▶ 등기부현황** ( 채권액합계 : 65,000,000원 )

| No | 접수 | 권리종류 | 권리자 | 채권금액 | 비고 | 소멸여부 |
|---|---|---|---|---|---|---|
| 1 | 2001.09.24 | 소유권이전(매매) | 김○정 | | | |
| 2 | 2001.09.24 | 근저당 | 국민은행 (하안동지원센터) | 65,000,000원 | 말소기준등기 | 소멸 |
| 3 | 2004.07.26 | 임의경매 | 국민은행 (인천엔피엘관리센터) | 청구금액: 58,158,043원 | 2004타경○○ | 소멸 |
| 4 | 2004.09.23 | 압류 | 국민건강보험 | | | 소멸 |

낙찰을 받고 잔금을 납부하기 전에 부동산에 월세로 임대를 놓았다. 부동산에서 집을 볼 수 있느냐고 물었으나(세입자가 있으니까 당근 안 되지!) 사람이 없으니 일단 옆집이든 윗집이든 보여주라고 했다. 명도하기 전에 임대를 놓아도 된다. 단 명도는 꼭 제 날짜를 지켜야 한다. 그래야 새로운 임차인과의 일정이 어긋나지 않는다.

9월 초에 부동산에서 연락이 왔는데 보증금 1,000만 원/월세 40만 원의 계약조건이었다. 임차인에게는 이사비용 30만 원과 명도 확인서를 주면서 이사 날짜를 맞췄고, 은행에서 경락잔금대출을 이용하여 1,800만 원을 대출(금리 6.5%)받아 잔금을 내고 임대를 놓았다.

그렇다면 들어간 비용을 계산해보자.

| 낙찰가격 | 2,877만 원 |
|---|---|
| 취·등록세 | 120만 원 |
| 이사비용 | 30만 원 |
| 밀린 공과금 | 15만 원 |
| 도배비 | 20만 원 (장판은 깨끗해서 청소만 함) |
| 총 | 3,062만 원 (현금만 투입했을 경우) |
| − 경락잔금대출 | 1,800만 원 (이자 월10만 원) |
| − 임차보증금 | 1,000만 원 (월세 월40만 원) |
| 실제 현금투자액 | 262만 원 (레버리지 활용할 경우) |

빌라 한 채를 사는 데 최종적으로 262만 원이 투자되었다. 여기에서 매월 대출이자(약 10만 원)를 빼고도 월 30만 원의 순수익이 발생되며, 1년이 지나면 투자원금을 회수하고도 남는다.

운 좋게도 그곳은 이후 뉴타운으로 지정되었고, 대지지분이 $19.8m^2$(6평) 미만이므로 토지거래 허가 대상도 아니어서 인기가 좋았다. 이 빌라는 계속 보유하다가 양도세 비과세 시점에서 1억 4,500만 원에 매도하였다.

최종 수익

임대수익 : 50개월 X [40만 원(월세) – 10만 원(이자)] = 1,500만 원
시세차익 : 1억 4,500만 원 – 3,062만 원 = 1억 1,438만 원

최종 수익 : 1억 2,938만 원

투자원금 262만 원에 비하면 상상할 수 없는 큰 수익을 올렸다. 뉴타운에 지정되어 시세가 상승한 덕도 있지만, 임대수익 면에서 접근한다 해도 괜찮은 물건이라고 생각한다.

나는 큰 자산을 이룬 지금도 임대수익을 얻는 투자방식을 선호한다. 나의 경험상 상당한 매도차익은 단기투자보다 중장기투자에서 얻을 수 있었다. 위의 빌라도 만약 낙찰 후 바로 매도를 했다면 임대수익은 물론 시세차익도 얼마 생기지 않았을 것이다.

# 입찰 전에 알아두어야 할 사항

## 1. 법원에서

① 매각기일 1주일 전부터 법원에서 매각물건명세서를 포함한 경매사
건의 열람이 가능하고 미리 열람하지 못한 경우 입찰 당일에도 가능
하다. 서류를 보고 본인이 빠뜨린 부분이나 입찰부동산의 변동사항
이 없는지 체크하자. 유치권 신고의 경우 매각기일 하루 전에도 접수
되는 경우가 있으니 주의해야 한다. 경매물건의 특별매각조건(유치
권, 대항력임차인, 토지별도등기, 재매각, 제시 외 건물 소재 등)은 반드시 확
인하고 입찰해야 한다.

② 입찰보증금은 입찰 전날 수표 한 장으로 미리 준비해 놓으면 편하고,
재매각의 경우 법원별로 최저가의 20~30%를 준비해야한다.

③ 개별경매의 경우(한 개의 사건번호와 여러 개의 물건번호가 부여된 경우) 물
건번호도 정확하게 기재해야 한다(경매사건번호를 정확하게 기재했다 하
더라도 물건번호를 기재하지 않으면 무효처리가 된다). 또 물건번호의 부동
산이 모두 낙찰되어야만 배당기일이 지정된다.
배당받을 수 있는 지위에 있는 임차인이 있는 경우에는 배당기일 이
후에 인도명령결정이 나온다. 따라서 명도를 마치기까지 시간이 지
연될 수 있음을 감안하고 입찰해야 한다.

④ 본인이 입찰하는 경우 본인 신분증과 도장, 입찰보증금(최저매각가의 10%이며, 재매각의 경우에는 20%~30%인 경우가 있으므로 공고문을 확인해야 한다)을 준비해야 하며, 대리인이 입찰하는 경우 대리인의 신분증과 도장을 준비하고 위임한 사람의 인감증명서 1부와 인감도장을 준비해야 한다.

법인 명의로 대표자 본인이 입찰할 경우 법인등기부등본, 대표자 신분증, 대표자 도장을 준비해야 하고, 법인 명의로 대리인이 입찰할 경우 법인등기부등본, 법인인감증명서, 법인인감도장이 날인된 위임장, 대리인의 신분증 및 도장을 준비해야 한다.

| | 개인 | 법인 |
|---|---|---|
| 본인<br>(대표자) | * 본인의 신분증<br>* 본인의 도장<br>* 입찰보증금<br>　(최저매각가격의 10%,<br>　재매각의 경우는 20~30%) | * 법인등기부등본<br>* 대표자 신분증<br>* 법인인감도장<br>* 입찰보증금<br>　(최저매각가격의 10%,<br>　재매각의 경우는 20~30%) |
| 대리인<br>(대표자) | * 대리인의 신분증<br>* 대리인의 도장<br>* 위임한 사람의 인감증명서<br>* 위임한 사람의 인감도장이<br>　날인된 위임장<br>* 입찰보증금<br>　(최저매각가격의 10%,<br>　재매각의 경우는 20~30%) | * 법인등기부등본<br>* 법인인감증명서<br>* 법인인감도장이 날인된 위임장<br>* 대리인의 신분증 및 도장<br>* 입찰보증금<br>　(최저매각가격의 10%,<br>　재매각의 경우는 20~30%) |

⑤ 대리입찰, 공동입찰, 법인입찰의 경우 서류를 모두 작성한 후에도 불안하면 법원에 비치되어 있는 견본과 확인해보면 된다.

⑥ 가장 많은 금액을 적어낸 사람이 최고가매수인이 되며, 최고가매수 신고액에서 입찰보증금을 뺀 금액을 넘는 금액으로 입찰서를 제출한 입찰자는 차순위 매수신고를 할 수 있다. 차순위 매수신고인은 낙

찰자가 사정상 잔금을 내지 못했을 경우 낙찰허가를 득할 수 있는데, 낙찰자가 잔금을 내기 전까지 보증금을 반환받지 못하므로 신중하게 결정해야 한다.

## 2. 법원에서 진행되는 경매절차

입찰부터 낙찰 후까지의 절차를 순서대로 요약했다.

### ① 경매개시

매각기일 오전 10시부터 집행관이 경매개시를 알리고 입찰절차에 관한 설명과 주의사항을 낭독한다.

### ② 경매사건기록부 열람과 입찰시작

집행관이 경매개시와 함께 입찰해도 좋다는 선언을 하면 입찰이 가능하다. 이 시간부터 입찰마감시간까지 모든 입찰자는 입찰부동산의 경매사건기록부 열람이 가능하다. 경매사건기록부에는 물건명세서, 감정평가서, 임대차조사서 등이 있다. 모든 확인절차가 끝난 입찰자는 입찰표를 기재하고 입찰봉투와 보증금 봉투를 제출하면 된다.

### ③ 입찰마감

보통 오전 11시 10분이 되면 모든 입찰을 마감한다. 이 시간 이후에는 입찰표 제출이 불가능하다(입찰마감시간은 각 법원별로 다를 수 있으니 주의해야 한다).

### ④ 개찰 후 최고가매수인 발표

입찰이 완료되면 집행관은 사건번호 순이나 입찰자가 많은 순서대로 개찰하여 최고가매수인을 발표하고, 최고가매수인에게는 입찰보증금 납부 영수증을 발부하며, 나머지 입찰자에게는 보증금을 반환해준다. 차순위 매수인의 자격이 있는 사람은 보증금반환 시 차순위신청 여부를 해당 직원에게 얘기하면 된다.

### ⑤ 매각허가결정

낙찰 후 1주일이 지나면 낙찰부동산에 대한 매각허가결정 여부가 결정된다(1주).

### ⑥ 항고기간

매각허가결정 후 1주일 동안 경매절차에 대해 채무자나 이해관계인의 항고가 가능하다(1주).

### ⑦ 잔금납부기일지정

낙찰 후 2주(매각허가결정, 항고마감)가 지나면 낙찰부동산의 잔금납부일이 지정된다.

### ⑧ 잔금납부와 소유권이전

지정된 기일 안에 잔금납부와 소유권이전을 하면 된다(낙찰자가 잔금납부 기일 내에 납부하지 못할 경우 다음 재경매기일 하루 전까지 잔금납부가 가능하다). 대부분 잔금을 내고 점유자와 명도협상을 시작한다.

### ⑨ 인도명령신청

해당 부동산을 점유자로부터 인도를 받기 위해서는 법원에서 인도명령결정을 받아야 한다.
잔금납부와 동시에 인도명령 대상이 되는 사람에게는 인도명령신청을 하면 된다. 소유자와 기타 권원이 없는 사람은 인도명령결정이 빨리 나오지만, 배당을 받을 수 있는 지위에 있는 임차인의 경우에는 배당기일 이후에 인도명령결정이 나온다.

### ⑩ 배당기일

잔금납부를 하고 나면 법원은 배당기일을 지정하여 채권자와 임차인에게 배당금을 지급한다.

# 대법원 사이트 100%
# 활용하는 법

대법원 경매 사이트에 경매사건에 관한 정보를 제공하는 주체는 법원이다. 그런데 경매입찰에 참가하는 사람들 중에는 경매물건에 관한 정보를 한 번에 보기 힘들고, 번거롭다는 이유로 대법원 사이트를 소홀히 하는 경우가 많다.

경매 유료 사이트(굿옥션, 지지옥션 등)에는 대법원 사이트의 자료가 한눈에 알아보기 쉽게 잘 정리되어 있다. 등기부등본, 전입세대열람, 토지대장 등 각종 공부 서류가 일목요연하게 나와 있고, 국토부 실거래가 조회, 지도, 로드뷰 등도 바로 연결해서 볼 수 있어 편리하다.

그러나 입찰자는 대법원 사이트에서 물건을 확인하는 습관을 들여야 실수하지 않고 경매를 할 수 있다(보기 쉬운 것만 접하다 보면 실수를 범하기 쉽다).

필자도 한번은 유료 사이트의 정보만 보고 입찰하여 실수를 범한 적이 있다. 유료 사이트의 정보에는 아무런 하자가 없어 쉬운 물건이라 생각하고 아파트를 입찰했는데 단독으로 낙찰이 되었다. 무언가 이상한 느낌이 들었다.

집에 돌아와서 다시 한 번 살펴보니 유료 사이트에는 하자에 대한 아무런 표시가 없었지만, 대법원 사이트를 보니 아파트에 유치권 신고가 되어 있었던 것이다. 경매를 하면서 이런 경우를 당한다면 정말 황당할 것이다(어이가 없어서). 유료 사이트에 항의했더니 '자신들의 실수지만 어쩔 수 없다'고 했다. 도움이 필요하면 도와줄 수 있는데 대신 '비용(?)'을 달라고 한다(욕 나올 뻔했다. 모든 유료 사이트는 이런 실수를 법적으로 피하고자 해당 정보 밑에 '이 정보는 참고용이므로 법적 책임이 없음을 미리 알린다'는 문구를 빼놓지 않는다).

만약, 대법원 사이트에 정보가 잘못 기재되었거나 오류가 있으면 어떻게 될까? 이럴 때에는 '매각불허가' 신청을 하고 입찰보증금을 되돌려 받을 수 있다(대법원 사이트에도 비슷한 주의사항이 기재되어 있지만, 법원 직원의 실수나 경매절차상의 하자로 인한 상황을 서면으로 작성하여 매각불허가신청을 하면 매각불허가결정이 날 수 있다).

필자의 경우엔 다행히도 유치권이 허위여서 명도까지 무사히 마무리했지만 그래도 일반 물건보다는 힘들었던 것이 사실이다(대항력이나 기타 부분을 간과할 경우 입찰보증금을 포기해야 하는 경우도 있다). 따라서 입찰 전에는 반드시 대법원 사이트를 둘러보는 습관을 들여야 한다.

대법원 경매 사이트에 들어가 보자.

대한민국 법원경매정보 www.courtauction.go.kr

처음에 들어가면 위 그림과 같은 창이 나온다. 빠른 물건 검색에 관할 법원과 주소를 입력하고 검색을 클릭하면 경매 물건들이 나오는데 그중에서 경매사건 하나를 누르면 다음과 같은 창이 나온다.

## 1. 물건기본정보에서 확인해야 하는 사항

① 물건의 주소지 : 서울특별시 은평구 응암동의 아파트 601호
② 청구금액 : 5,724만 원(채권자가 채무자에게 받아야 하는 금액)
③ 배당요구종기일 : 대항력 있는 임차인이 있을 경우 반드시 확인해야 한다.

'사건상세조회'를 클릭하면 사건기본내역, 배당요구종기내역, 항고내역, 물건내역, 목록내역, 당사자내역, 그리고 관련사건내역을 볼 수 있다. 관련사건내역에 사건번호가 적혀있는 경우가 있는데, 이는 낙찰자가 신청한 인도명령사건번호이다.

## 2. 사건기본내역에서 확인해야 하는 사항

| 사건기본내역 | | | |
|---|---|---|---|
| 사건번호 | 2014타경○○○○ | 사건명 | 부동산임의경매 |
| 접수일자 | 2014.10.14 | 개시결정일자 | 2014.10.15 |
| 담당계 | 경매 1계   전화 : 3271-1321(구내 : 1321) | | |
| 청구금액 | 57,240,000원 | 사건항고/정지여부 | |
| 종국결과 | 미종국 | 종국일자 | |

🖶 현황조사서   📄 감정평가서   관심사건등록

종국결과에서 '미종국'은 경매사건이 아직 종결되지 않았다는 뜻이고, 낙찰되어 배당절차까지 완료된 경우 종국이라고 기재된다. 취하나 기각이 되어도 종국 또는 취하라고 기재된다. 또 종국 된 사건은 기본내역 외에는 열람이 불가능하다. 사건이 종국되면 경매사건의 모든 기록은 경매계에서 보존계로 옮겨진다. 경매진행 중인 사건의 궁금한 사항은 사건기본내역에 담당 경매계 전화번호가 기재되어 있으므로 문의하면 된다.

## 3. 당사자내역에서 확인해야 하는 사항

| 당사자내역 | | | |
|---|---|---|---|
| 당사자구분 | 당사자명 | 당사자구분 | 당사자명 |
| 채권자 | 주식회사우리은행 | 채무자겸소유자 | 권○혈 |
| 근저당권자 | 현대건설주식회사 | 압류권자 | 서울특별시은평구 |
| 교부권자 | 국민건강보험공단은평지사 | 교부권자 | 은평구(세무2과) |
| 유치권자 | 현대건설주식회사 | | |

🖶 현황조사서   📄 감정평가서   관심사건등록   🖶 인쇄   ＜ 이전

· 채권자 : 경매신청권자

　소유자 : 경매부동산의 명의를 갖고 있는 사람

　채무자 : 경매부동산을 담보로 돈을 빌려 쓴 사람

　임차인 : 관례상 해당 부동산에 전입만 되어 있으면 임차인이라고 표시함

　점유자 : 전입이나 사업자등록이 되어 있으나 배당 요구 신청을 안 한
　　　　　사람

　유치권자 : 유치권 신고서를 제출한 사람

## 4. 물건내역에서 확인해야 하는 사항

| 물건내역 | | | | | | | | |
|---|---|---|---|---|---|---|---|---|
| 물건번호 | 1 | ▸ 물건상세조회<br>▸ 매각물건명세서 | 물건용도 | 아파트 | 감정평가액<br>(최저매각가격) | 438,000,000원<br>(224,256,000원) | | |
| 물건비고 | 특별매각조건 매수보증금 20% | | | | | | | |
| 목록1 | 서울특별시 은평구 ○○○○○ 19, 113동 6층○○호 (○○<br>동.○○○○○○○○○ ) 🖼 | | | | 목록구분 | 집합건물 | 비고 | 미종국 |
| 제시외 | 1. | | | | | | | |
| 물건상태 | 매각준비 → 매각공고 | | | | | | | |
| 기일정보 | 2016.02.16 | | | | 최근입찰결과 | 2016.01.05 유찰 | | |

물건내역에는 말 그대로 경매물건에 관한 구체적인 사항이 기재되어
있다. 이 물건의 경우, 물건용도는 아파트이며 감정평가액은 4억 3,800만
원이다. 물건 비고란에 '특별매각조건 매수보증금 20%'라는 문구는 지난
번 입찰에서 낙찰이 되었지만, 낙찰자가 잔금을 치르지 못해 다시 재매각
이 되었음을 의미한다.

재매각 시에는 법원에 따라 입찰보증금이 최저매수가격의 20~30% 등
각각 다르므로 기재된 사항에 따라 보증금을 준비하면 된다. 보증금을 잘
못 준비해서 낙찰이 무효 되는 경우도 종종 있으니 재매각 물건의 보증금
에는 특히 신경 써야 한다. 아마도 이 사건은 유치권신고가 된 물건을 고
가에 낙찰 받았거나 명도가 힘들어 대금미납을 한 것으로 예상된다. 재매
각 물건에는 겁이 많은 초보보다 능숙한 선수들이 입찰할 것이다.

## 매각물건 명세서

| 사건 | **2014타경○○○** 부동산임의경매 | 매각물건번호 | 1 | 담임법관(사법보좌관) | 박○현 |
|---|---|---|---|---|---|
| 작성일자 | 2016. 02. 01 | 최선순위 설정일자 | 2008. 8. 8. 근저당권 | | |
| 부동산 및 감정평가액<br>최저매각가격의 표시 | 부동산표시목록 참조 | 배당요구종기 | 2014. 12. 29 / /<br>/ /<br>/ / | | |

부동산의 점유자와 점유의 권원, 점유할 수 있는 기간, 차임 또는 보증금에 관한 관계인의 진술 및 임차인이 있는 경우 배당
요구 여부와 그 일자, 전입신고일자 또는 사업자등록신청일자와 확정일자의 유무와 그 일자

| 점유자의<br>성명 | 점유부분 | 정보출처<br>구분 | 점유의<br>권원 | 임대차<br>기간<br>(점유기간) | 보증금 | 차임 | 전입신고<br>일자.사업<br>자등록신<br>청일자 | 확정일자 | 배당요구<br>여부<br>(배당요구<br>일자) |
|---|---|---|---|---|---|---|---|---|---|
| | | | | 조사된 임차내역 없음 | | | | | |

〈 비고 〉

※ 최선순위 설정일자보다 대항요건을 먼저 갖춘 주택.상가건물 임차인의 임차보증금은 매수인에게 인수되는 경우가 발생할
수 있고, 대항력과 우선 변제권이 있는 주택.상가건물 임차인이 배당요구를 하였으나 보증금 전액에 관하여 배당을 받지 아
니한 경우에는 배당받지 못한 잔액이 매수인에게 인수되게 됨을 주의하시기 바랍니다.

※ 등기된 부동산에 관한 권리 또는 가처분으로서 매각으로 그 효력이 소멸되지 아니하는 것

해당사항 없음

※ 매각에 따라 설정된 것으로 보는 지상권의 개요

해당사항 없음

※ 비고란

1.특별매각조건 매수보증금 20% 2.채무자는 ○○제7구역주택재개발정비사업조합의 조합원으로 ○○○○○○○○○○아
파트 113동○○호를 분양받았으나 연체료가 많아 미입주 상태임. 3.2015.3.12.자 ○○건설주식회사로 부터 공사대금 및 지
연이자 금액 중 일부인 금205,000,000원에 대한 유치권신고가 있었으나 그 성립여부는 불분명함.

매각물건명세서는 매각기일 1주일 전부터 확인이 가능하다. 매각물건
명세서에는 낙찰자의 인수사항이나 공법상의 하자, 농지취득자격증명 필
요여부 등이 명시되어 있어 꼼꼼하게 확인해야 한다.

## 5. 기일내역에서 확인해야 하는 사항

| 물건번호 | 감정평가액 | 기일 | 기일종류 | 기일장소 | 최저매각가격 | 기일결과 |
|---|---|---|---|---|---|---|
| 1<br>▶ 물건상세조회 | 438,000,000원 | 2015.08.25( 10:00) | 매각기일 | 1001호 법정 | 438,000,000원 | 유찰 |
| | | 2015.09.22( 10:00) | 매각기일 | 1001호 법정 | 350,400,000원 | 유찰 |
| | | 2015.10.27( 10:00) | 매각기일 | 1001호 법정 | 280,320,000원 | 매각 |
| | | 2015.11.03( 14:00) | 매각결정기<br>일 | 1001호 법정 | | 최고가매각허가<br>결정 |
| | | 2015.12.11( 16:00) | 대금지급기<br>한 | 민사신청과 경<br>매 1계 | | 미납 |
| | | 2016.01.05( 10:00) | 매각기일 | 1001호 법정 | 280,320,000원 | 유찰 |
| | | 2016.02.16( 10:00) | 매각기일 | 1001호 법정 | 224,256,000원 | |
| | | 2016.02.23( 14:00) | 매각결정기<br>일 | 1001호 법정 | | |

기일내역에서는 입찰법정과 입찰시간을 체크한다. 2015년 8월 25일에 1001호 법정에서 최저매각가격 4억 3,800만 원부터 입찰하면 된다. 통상 입찰시간은 오전 10:00~11:10 (법원마다 다름)이므로 이 시간 내에 입찰표를 제출해야 한다. 물건이 낙찰된 후에는 매각허가결정과 잔금납부기일, 배당기일을 확인할 수 있다.

### 6. 문건/송달내역에서 확인해야 하는 사항

| 사건내역 | 기일내역 | 문건/송달내역 | |
|---|---|---|---|

**문건처리내역**

| 접수일 | 접수내역 | 결과 |
|---|---|---|
| 2014.10.16 | 등기소 은평등기소 등기필증 제출 | |
| 2014.10.24 | 기타 집행관 이기형 현황조사서 제출 | |
| 2014.10.27 | 채권자 주식회사우리은행 보정서 제출 | |
| 2014.11.07 | 기타 명문감정평가사 감정평가서 제출 | |
| 2014.12.11 | 기타 국민건강보험공단 교부청구 제출 | |
| 2014.12.12 | 압류권자 서울특별시은평구 교부청구 제출 | |
| 2015.03.12 | 근저당권자 현대건설주식회사 유치권신고 제출 | |
| 2015.05.22 | 채권자 주식회사우리은행 재감정평가및재현황조사신청 제출 | |
| 2015.06.04 | 집행관 최상수 현황조사보고서 제출 | |
| 2015.06.18 | 기타 명문감정평가사 감정평가서 제출 | |
| 2015.07.01 | 기타 응암제7구역주택재개발정비사업조합 사실조회회신 제출 | |

문건/송달내역은 해당 경매사건과 관련하여 이해 당사자가 제출하는 모든 서류의 제목과 제출일자를 기재한다. 예를 들면 임차인의 배당요구 신청, 채권자의 연기신청, 낙찰자의 매각불허가신청, 유치권자의 유치권 신고서 등 관련서류 일체가 제출된 사항을 기재해 둔다.

그중에서 유치권신고, 채권자의 매각기일 연기신청, 매각기일 변경신청, 재감정신청 등 경매진행에서 중요한 사항을 체크하면 입찰당일에 헛걸음 하는 실수를 범하지 않을 수 있다.

간혹 입찰당일에 채권자의 경매연기신청, 변경신청, 채무자의 채권변제 등으로 경매사건이 취하된 것도 모르고 열심히 입찰법원에 가는 사람이 있다. 입찰법원에 가기 전에 대법원 사이트에서 기일내역과 문건처리내역의 확인절차를 거치지 않았기 때문이다(채권자의 경우 2회에 한하여 연기, 변경신청이 가능하다).

위 물건을 보면 근저당권자 현대건설주식회사가 유치권신고서를 제출했다.

대법원 사이트에 들어가서 하나하나 보려고 하면 귀찮지만 숙련되면 필요한 부분만 금세 체크할 수 있다. 또 해당사건의 관련서류가 제출된 순서대로 기재되어 있으므로 경매사건의 전체적인 흐름을 읽을 수 있고, 경매사건의 변동사항도 가장 먼저 체크할 수 있다. 따라서 항상 대법원 경매 사이트를 보는 습관을 들여야 한다. 경매를 잘하려면 기본부터 착실히 다지는 습관을 들이는 것이 중요하다.

# 경매 사건기록부 열람하는 법

법원의 해당 경매계에서는 매각기일 1주 전부터 매각물건의 상세한 사항이 담겨 있는 사건기록부를 담당계별로 나누어 열람 대에 비치한다.

이 기록부에는 감정평가서, 건축물대장, 도면 등 그리고 점유관계조사서, 매각물건명세서 등 입찰할 물건에 관한 사항이 자세히 나와 있으므로 입찰 전에 한 번씩 열람하는 것이 좋다. 단, 채무자 등 관계자들의 인적 사항이나 유치권에 관한 서류는 원칙적으로 공개하지 않는다.

기록부를 열람할 때 특별매각조건(재경매, 토지별도등기, 유치권, 대항력세입자, 제시 외 건물 소재 등)은 위험 부분을 법원에서 미리 알린 것이므로 입찰 전에 반드시 확인해야 한다. 사건기록부는 입찰 당일에 입찰마감시간 전까지 열람할 수 있으므로 사전에 미처 확인하지 못한 입찰자는 확인하는 것이 좋다.

# 👍 10년은 써먹을 경매의 기술

## 경매! 임대수익이 아닌 사업 소득으로 접근하기

　투자자들은 상가를 매입할 때 평당 분양가격이 아닌 실제 받을 수 있는 임대수익률을 기준으로 접근한다. 마찬가지로 경매에서도 상가 물건의 입찰가를 산정할 때 가장 큰 영향을 끼치는 것이 바로 이 임대수익률이다. 그래서 상가 물건이 경매로 진행될 경우 현장조사를 통해 그 상가 및 인근 상가의 임대시세를 파악하여 입찰가를 산정한다.

　그런데 간혹 상가 경매의 낙찰가를 보면 임대 수익이 낮음에도 불구하고 감정가의 100%를 훌쩍 넘겨 고가로 낙찰 받아가는 경우를 볼 수 있다. 대부분의 입찰자가 생각했던 가격보다 훨씬 높은 가격으로 낙찰이 되면 낙찰자를 안타까운 시선으로 쳐다보며 웅성거리고 혀를 끌끌 차기도 한다. 이런 경우 실제 시세를 제대로 파악하지 못한 고가 낙찰일 수도 있겠지만, 어떤 경우는 낙찰자가 숨어 있는 보물을 찾는 케이스가 되기도 한다.

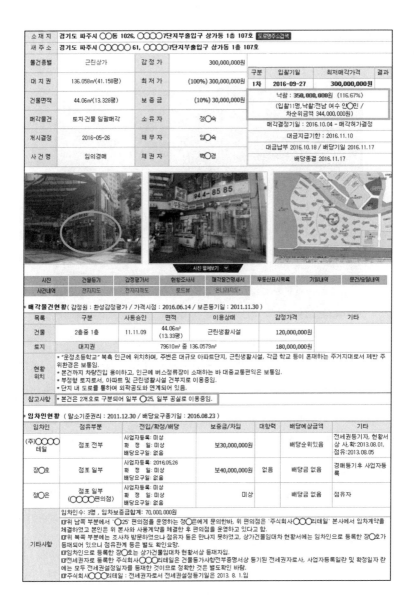

| 소재지 | 경기도 파주시 ○○동 1026, ○○○○7단지부출입구 상가동 1층 107호 도로명주소검색 | | | | | | | |
| --- | --- | --- | --- | --- | --- | --- | --- | --- |
| 새 주 소 | 경기도 파주시 ○○○○○ 61, ○○○○7단지부출입구 상가동 1층 107호 | | | | | | | |

| 물건종별 | 근린상가 | 감정가 | 300,000,000원 | 구분 | 입찰기일 | 최저매각가격 | 결과 |
| --- | --- | --- | --- | --- | --- | --- | --- |
| 대지권 | 136.058㎡(41.158평) | 최저가 | (100%) 300,000,000원 | 1차 | 2016-09-27 | 300,000,000원 | |
| 건물면적 | 44.06㎡(13.328평) | 보증금 | (10%) 30,000,000원 | 낙찰 : 350,000,000원 (116.67%) | | | |
| 매각물건 | 토지·건물 일괄매각 | 소유자 | 정○숙 | (입찰11명, 낙찰:전남 여수 안○민 / 차순위금액 344,000,000원) | | | |
| 개시결정 | 2016-05-26 | 채무자 | 임○숙 | 매각결정기일 : 2016.10.04 - 매각허가결정 | | | |
| | | | | 대금지급기한 : 2016.11.10 | | | |
| 사건명 | 임의경매 | 채권자 | 백○경 | 대금납부 2016.10.18 / 배당기일 2016.11.17 | | | |
| | | | | 배당종결 2016.11.17 | | | |

| 사진 | 건물등기 | 감정평가서 | 현황조사서 | 매각물건명세서 | 부동산표시목록 | 기일내역 | 문건/송달내역 |
| --- | --- | --- | --- | --- | --- | --- | --- |
| 사건내역 | 전자지도 | 전자지적도 | 로드뷰 | | 온나라지도+ | | |

**● 매각물건현황** ( 감정원 : 환성감정평가 / 가격시점 : 2016.06.14 / 보존등기일 : 2011.11.30 )

| 목록 | 구분 | 사용승인 | 면적 | 이용상태 | 감정가격 | 기타 |
| --- | --- | --- | --- | --- | --- | --- |
| 건물 | 2층중 1층 | 11.11.09 | 44.06㎡ (13.33평) | 근린생활시설 | 120,000,000원 | |
| 토지 | 대지권 | | 79610㎡ 중 136.0579㎡ | | 180,000,000원 | |

| 현황 위치 | * "운정초등학교" 북측 인근에 위치하며, 주변은 대규모 아파트단지, 근린생활시설, 각급 학교 등이 혼재하는 주거지대로서 제반 주위환경은 보통임.<br>* 본건까지 차량진입 용이하고, 인근에 버스정류장이 소재하는 바 대중교통편의는 보통임.<br>* 부정형 토지로서, 아파트 및 근린생활시설 건부지로 이용중임.<br>* 단지 내 도로를 통하여 외곽공도와 연계되어 있음. |
| --- | --- |
| 참고사항 | * 본건은 2개호로 구분되어 일부 ○25, 일부 공실로 이용중임. |

**● 임차인현황** ( 말소기준권리 : 2011.12.30 / 배당요구종기일 : 2016.08.23 )

| 임차인 | 점유부분 | 전입/확정/배당 | 보증금/차임 | 대항력 | 배당예상금액 | 기타 |
| --- | --- | --- | --- | --- | --- | --- |
| (주)○○○○ 테일 | 점포 전부 | 사업자등록: 미상<br>확 정 일: 미상<br>배당요구일: 없음 | 보30,000,000원 | | 배당순위있음 | 전세권등기자, 현황서 상 사, 확:2013.08.01, 점유:2013.08.05 |
| 장○호 | 점포 일부 | 사업자등록: 2016.05.26<br>확 정 일: 미상<br>배당요구일: 없음 | 보40,000,000원 | 없음 | 배당금 없음 | 경매등기후 사업자등록 |
| 정○은 (○○○○편의점) | 점포 일부 | 사업자등록: 미상<br>확 정 일: 미상<br>배당요구일: 없음 | 미상 | | 배당금 없음 | 점유자 |

| 기타사항 | 임차인수: 3명 , 임차보증금합계 : 70,000,000원<br>☞위 남쪽 부분에 "○25" 편의점을 운영하는 정○은에게 문의한바, 위 편의점은 '주식회사○○○리테일' 본사에서 임차계약을 체결하였고 본인은 위 본사와 사용계약을 체결한 후 편의점을 운영하고 있다고 함.<br>☞위 북쪽 부분에는 조사차 방문하였으나 점유자 등은 만나지 못하였고, 상가건물임대차 현황서에는 임차인으로 등록된 장○호가 등재되어 있으니 점유관계 등은 별도 확인요망.<br>☞임차인으로 등록한 장○호는 상가건물임대차 현황서상 등재자임.<br>☞전세권자로 등록한 주식회사○○○리테일은 건물등기사항전부증명서상 등기된 전세권자로서, 사업자등록일란 및 확정일자 란에는 모두 전세권설정일자를 등재한 것이므로 정확한 것은 별도확인 바람.<br>☞주식회사○○○리테일 : 전세권자로서 전세권설정등기일은 2013. 8. 1.임 |
| --- | --- |

이 물건은 필자가 친한 지인에게 추천하여 낙찰 받은 상가이다.

상가는 보통 몇 차례 유찰된 후 낙찰되는 경우가 많은데, 이 물건은 신 건에 11명이 입찰하였고, 그 중 지인은 감정가격 3억 원에서 무려 5,000

만 원을 더 올려 써서 최고가 매수인이 되었다.

　이 물건은 메인 상가의 후면에 위치한 전용면적이 44.06㎡(구 13평)인 1층 상가였으며, 임대수익은 150만 원 정도밖에 되지 않았다. 또한 편의점 바로 옆에 있던 $9㎡$ 공간의 중개업소도 영업이 잘 되지 않아 폐업한 후 장기간 공실상태로 있었던 것으로 보아, 후면 상가의 단점들을 고스란히 가지고 있는 그리 좋아 보이지 않는 상가였다.

　그러나 낙찰 후 다른 사람에게 임대를 놓지 않고 공실로 방치되어 있던 공간까지 확장하여 다른 브랜드의 편의점으로 직접 창업하여 월 600-700만 원의 현금흐름을 만들었다.

　만약 상가만 낙찰 받아 임대를 놓았다면 매월 월세로 150만 원의 임대수익이 발생했겠지만, 추가로 5,000만 원을 더 투자해서 후면 상가의 단점을 보완하는 약간의 인테리어를 통해 편의점을 창업하여 매월 600-700만 원의 사업 소득을 얻을 수 있었다. 또한 현재 이 부동산의 시세는 6억 원 정도로 향후 매매차익은 보너스가 되는 것이다.

　창업을 고려하는 세입자도 경매를 활용하여 그에 맞는 상가를 낙찰 받게 된다면, 금전적으로 훨씬 유리하게 자신만의 가게를 갖게 될 수 있을 것이다.

**2**

원격 명도

# 아파트 낙찰기

선선한 가을 저녁, 천안에 사시는 박 사장님이 전화를 걸어왔다. 시골에서 어머님과 형님이 올라오는데 105.7㎡(전용32평)정도 되는 아파트가 필요하다는 것이다. 그것도 꼭 경매로 매입하고 싶다고 했다. 잘 아는 분의 부탁이라 거절하기가 어려웠다. 수도권에서 활동하는 나에게 천안은 너무 멀었다. 하지만 생각해보니 아파트는 원격지원(?)이 가능하고 명도는 전화통화로 하면 될 것 같아 흔쾌히 수락하였다.

## 1. 물건검색 및 현장조사

아파트는 손품(?)만 잘 팔아도, 즉 인터넷만 잘 활용해도 조사가 가능하다. 그중에서도 가장 중요한 것은 시세파악이다. 일단 천안의 모든 아파트 경매물건을 검색한 후, 시세와 감정가를 비교했다. 그리고 난 후 박 사장님이 원하는 지역의, 원하는 평형대 물건을 찾기 위해, 지역에는 '천안'을 입력하고 용도에 '아파트'를 선택하여 클릭했다. 지방이라 그런지 물건이 많지 않아서 천안의 모든 아파트가 한눈에 들어왔다. 컴퓨터 화면의 여러 물건 중 괜찮은 물건이 보였다. 대항력 있는 점유자가 있는 것처럼 보이는 아파트였다(대항력에 대해서는 다음 장에서 자세히 알아보도록 하자). 수도권에서는 이 정도면 여러 명이 응찰하지만, 지방이라 경쟁이 덜 할 것이라는 생각이 들었다.

### 인터넷으로 아파트 시세를 조사할 때

부동산 시세를 검색할 수 있는 사이트만 해도 그 수가 무척 많아서 어떤 사이트의 가격을 신뢰해야할지 헷갈린다. 또한, 동일한 아파트라도 사이트마다 올려둔 시세도 제각기 달라 어느 것을 기준으로 해야 할지 고민이 된다. 이 경우 국민은행 시세를 참고하는 것이 좋다. 국민은행 시세가 대체적으로 보수적이며, 다른 은행에서도 국민은행 시세를 기준으로 아파트 담보대출 한도를 산정하기 때문에 그만큼 신뢰성이 있다고 볼 수 있다.

입찰시 실제 시세보다 낮게 입찰하면 어차피 패찰 되어 입찰보증금을 되돌려 받는 수고만 하면 되지만, 시세 보다 높은 가격으로 낙찰을 받게 되면 잠을 못 이룰 정도로 쓰라린 고통을 느끼므로 주의해야 한다. 이러한 이유로 아파트의 경우 시세를 낮게 책정한 국민은행 시세표를 참고하면 무리가 없다. 물론 이에 더하여 물건지 근처 부동산에 직접 방문하거나 전화로 급매물의 시세를 확인하는 검증절차를 거쳐야 한다.

〈국민은행 시세표〉

단위 : ㎡, 만원

| 마이시세 | 아파트명 | 주택형 | 전용면적 | 매 매 가 | | | | 전 세 가 | | | |
|---|---|---|---|---|---|---|---|---|---|---|---|
| | | | | 하한가 | 일반거래가 | 상한가 | 변동액 | 하한가 | 일반거래가 | 상한가 | 변동액 |
| ☐ | 두정3차〇〇〇〇 | 89.25A | 72.99 | 17,000 | 17,750 | 19,000 | | 9,000 | 9,500 | 10,000 | |
| ☐ | 두정3차〇〇〇〇 | 89.25B | 72.99 | 17,000 | 17,750 | 19,000 | | 9,000 | 9,500 | 10,000 | |
| ☐ | 두정3차〇〇〇〇 | 102.47A | 84.96 | 19,250 | 21,000 | 21,750 | | 10,250 | 10,750 | 11,250 | |
| ☐ | 두정3차〇〇〇〇 | 102.47B | 84.96 | 19,250 | 21,000 | 21,750 | | 10,250 | 10,750 | 11,250 | |

| 소재지 | 충청남도 천안시 두정동 1593, 두정3차○○○302동 3층 301호 도로명주소검색 | | | | | | | |
|---|---|---|---|---|---|---|---|---|
| 물건종별 | 아파트(31평형) | 감정가 | 210,000,000원 | 구분 | 입찰기일 | 최저매각가격 | 결과 | |
| 대지권 | 41.899m²(12.674평) | 최저가 | (70%) 147,000,000원 | 1차 | 2007-09-10 | 210,000,000원 | 유찰 | |
| 건물면적 | 84.9m²(25.682평) | 보증금 | (10%) 14,700,000원 | 2차 | 2007-10-15 | 147,000,000원 | | |
| 매각물건 | 토지 건물 일괄매각 | 소유자 | 이○배 | 낙찰 : 150,010,000원 (71.43%) | | | | |
| 개시결정 | 2007-03-27 | 채무자 | 양○호 | (입찰1명,낙찰:박○재) | | | | |
| 사건명 | 임의경매 | 채권자 | 대백상호저축은행 | 매각결정기일 : 2007.10.22 - 매각허가결정 대금납부 2007.10.30 / 배당기일 2007.11.16 배당종결 2007.11.16 | | | | |

| 사진 | 토지등기 | 건물등기 | 감정평가서 | 현황조사서 | 세대열람내역서 | 문건/송달내역 | 전자지도 |
|---|---|---|---|---|---|---|---|
| 전자지적도 | 로드뷰 | 온나라지도+ | | | | | |

**매각물건현황** (감정원 : 가온감정평가 / 가격시점 : 2007.04.03 )

| 목록 | 구분 | 사용승인 | 면적 | 이용상태 | 감정가격 | 기타 |
|---|---|---|---|---|---|---|
| 건물 | 15층중 3층 | | 84.9m² (25.68평) (31평형) | 방3,화장실2등 | 176,000,000원 | |
| 토지 | 대지권 | | 13246.7m² 중 41.899m² * 토지별도등기있음 | | 34,000,000원 | |
| 현황 위치 | * "신대초등학교" 북측 인근에 위치,인근에 시내버스 정류장이 소재 * 부근아파트 단지 및 학교, 근린생활시설 등으로 형성 * 서측으로 중로한면, 남측으로 소로한면에 접함 | | | | | |

**임차인현황** ( 말소기준권리 : 2005.10.28 / 배당요구종기일 : 2007.06.25 )

| 임차인 | 점유부분 | 전입/확정/배당 | 보증금/차임 | 대항력 | 배당예상금액 | 기타 |
|---|---|---|---|---|---|---|
| 양○호 | 주거용 301호 | 전 입 일: 2003.10.13 확 정 일: 미상 배당요구: 없음 | | | | |
| 기타사항 | ☞현장 이해관계인 부재로 점유관계 확인불가함(전입세대:양○호(채무자이자전소유자)) | | | | | |

## 2. 권리분석

**등기부현황** ( 채권액합계 : 201,500,000원 )

| No | 접수 | 권리종류 | 권리자 | 채권금액 | 비고 | 소멸여부 |
|---|---|---|---|---|---|---|
| 1 | 2003.10.28 | 소유권이전(매매) | 양○호 | | | |
| 2 | 2005.10.28 | 근저당 | 대백상호저축은행 | 201,500,000원 | 말소기준등기 | 소멸 |
| 3 | 2006.04.06 | 소유권이전(매매) | 이○배 | | 2006.12.28.가등기에 기한 본등기 이행 | |
| 4 | 2007.03.27 | 임의경매 | 대백상호저축은행 | 청구금액: 160,000,000원 | 2007타경○○ | 소멸 |

| 2-1 | 2번등기명의인표시변경 | 2003년11월25일 제127002호 | 2003년10월13일 전거 | 양○호의 주소 천안시 두정동 1593 두정3차○○○ 302-301 |
|---|---|---|---|---|
| 3 | 소유권이전청구권가등기 | 2005년5월7일 제47402호 | 2005년5월7일 매매예약 | 가등기권자 심○마 660728-2****** 천안시 불당동 780 호반리젠시빌스위트 103-1003 |
| 4 | 3번가등기말소 | 2005년8월5일 제83199호 | 2005년8월8일 해제 | |
| 5 | 소유권이전청구권가등기 | 2006년4월6일 제33637호 | 2006년4월6일 매매예약 | 가등기권자 이○배 410110-1****** 천안시 신부동 85 경남아너스빌아파트 103-407 |
| | 소유권이전 | 2006년12월28일 제127954호 | 2006년12월23일 매매 | 소유자 이○배 410110-1****** 천안시 신부동 85 경남아너스빌아파트 103-407 거래가액 금210,000,000원 |
| 6 | 임의경매개시결정 | 2007년3월27일 제31244호 | 2007년3월27일 대전지방법원천안지원의 경매개시결정(2007타경○○) | 채권자 주식회사대백상호저축은행 170111-0004044 대구 수성구 범어동 559-3 |

2005. 10. 28일에 대백상호저축은행에서 설정한 근저당이 말소기준권리가 된다. 그런데 임차인으로 등재된 양○호의 주민등록전입일은 말소기준권리보다 빠른 2003. 10. 13일이다. 임차인의 경우 말소기준권리보다 앞서 전입하면 대항력이 있다.

그런데 이 물건을 자세히 살펴보면 채무자의 이름에도 똑같이 '양○호'가 올라가 있다. 따라서 양○호는 해당 물건의 전 소유자이자 채무자인 것이다. 건물등기부등본을 다시 한 번 살펴보았다.

2006. 12. 28일에 양○호에서 이○배로 소유권이 이전되었다. 그렇다면 양○호는 2006. 12. 29일부터 임차인의 지위에 있게 된다.

양○호의 전입일(2003.10.13)은 말소기준권리인 대백상호저축은행(2005.10.28)의 근저당권 설정일보다 앞서지만, 이는 어디까지나 소유자로서의 전입이고, 다음 소유자에게 소유권 이전된 날의 다음날에서야 임차인의 자격을 취득했다. 즉, 전소유자가 임차인이 될 경우 대항력 발생 시기는 소유권 이전된 날 다음날로 본다(대법원판례 2000. 2. 11. 선고 99다59306).

따라서 위 아파트의 경우 양○호는 대항력이 없고 낙찰자가 인수해야 할 보증금도 없다. 하지만 이런 물건은 서류상으로만 보면 임차인의 전입일이 빨라서 대항력이 있는 것처럼 보인다.

일단 박 사장님께 이 물건에 입찰하시라고 추천했다. 우리는 마치 선순위 대항력이 있어 보이는 이 물건에 최저가격(1억 4,700만 원)에서 300만 원을 더 적어서 입찰서를 제출했다. 원래 이 지역의 아파트 평균낙찰가격을 보면 감정가격의 80%를 넘겨야 낙찰이 가능했으나 우리는 감정가격의 약 71%를 적어낸 것이다. 운이 좋게 단독입찰이었다(하지만 이 부동산은 채무자의 전체 채무가 1억 6,000만 원밖에 안 되어 취하 위험이 컸다).

시세가 2억 1,000만 원인 아파트가 1억 5,000만 원에 팔리면 누구든 빚을 갚으려고 애쓸 것이다. 나는 박 사장님께 미리 잔금을 마련하라고 말씀드렸다. 그리고 잔금지급기일 아침에 달려가시라고!

2주가 지나고 잔금지급기일인 2007. 10. 30일에 은행 문이 열리자마자 아침 9시에 잔금을 냈다.

만약 대항력이 있는 임차인이 법원에 권리신고를 하지 않는다면 낙찰자가 임차인의 보증금을 전부 인수해야 한다. 하지만 세입자들은 대부분 낙찰금액에서 빨리 배당받고 나가기를 원하므로 대개 배당요구 신청을 한다. 그러나 경매를 잘 아는 세입자가 경매물건을 저가에 낙찰 받을 목적으로 고의로 배당요구 신청을 하지 않거나 배당요구 신청을 했다가 철회하는 경우도 있으니 조심해야 한다.

## 3. 명도

초보의 경우에는 낙찰 후 무턱대고 점유자 집을 방문하거나 전화하는 것보다 법적 절차를 준비해 놓는 것이 우선이다. 잔금을 내고 며칠 뒤에 인도명령신청서를 작성하여 박 사장님께 메일로 보냈다. 신청서에는 임차인의 지위에 있지 않은 채무자이므로 인도명령을 허가해달라는 문구를 첨부하여 작성했다.

법원과 인터넷에 간단한 인도명령서식이 있지만, 유치권이나 선순위임차인이 있는 특수한 경우에는 인정이 안 되는 이유를 법적으로 잘 설명하여 판사나 사법 보좌관이 이해할 수 있도록 작성해야 한다. 판례를 첨부하는 것도 좋다. 그렇지 않으면 경매 물건 정보지상의 전입일과 유치권 신고서만을 보고 기각되는 경우도 많기 때문이다.

인도명령신청서를 접수하고 인도명령결정문이 점유자에게 송달되는데 5일밖에 안 걸렸다. 지방이라 경매사건이 많지 않아서인지 일 처리 속도가 무척 빨랐다(빨라서 좋네!).

그런데 여전히 일이 많이 밀려 있어 천안에 갈 여유가 생기지 않았다. 박 사장님께 필자의 연락처가 적힌 쪽지를 대문에 붙여두고 오라고 했다. 다음 날 지역 번호가 041이 찍힌 전화벨이 울렸다. 점유자의 부인이 전화한 것이다. 그 부인은 점잖은 분이었고 인도명령결정까지 되었다는 것을 알고 계셨기에 이사하기로 마음먹은 상태여서 대화가 차분하게 이루어졌다. 어떤 점유자를 만나느냐 하는 것도 낙찰자의 운이다.

그 후 이사 날짜와 이사비용을 조정하기위해 두 번 더 전화통화를 하고 임차인은 2007. 12. 14일에 이사를 나갔다. 잔금을 내고 두 달이 채 안 되는 기간이었다. 시세보다 5,000만 원 싸게 낙찰 받았기에 박 사장님은 임차인에게 이사비도 시원하게 쏴주었다. 2007. 10. 15일에 낙찰 받고 딱 두

달 만에 원격지원으로만 게임을 마쳤다.

이 아파트의 경우 권리분석상 전혀 하자가 없는 물건이었지만, 서류상으로는 임차인에게 대항력이 있어 보였기에 아마도 경매에서 가장 무서운 아줌마 부대(?)의 공격을 피할 수 있었던 것 같다.

**tip**

### 인도명령결정의 시기

낙찰자가 잔금을 완납하고 법원에 인도명령신청을 했을 경우 채무자와 기타 불법점유자는 2주 이내에 인도명령결정이 나오지만, 임차인인 경우에는 배당금 수령의 여부와 관계없이 관례상 배당기일 이후에 인도명령결정을 해준다. 이것은 정해진 것이 아니라 관례이므로 법원의 재량에 따라 약간씩 변경될 수 있다.

# 권리분석방법

경매에서 가장 중요한 부분 중의 하나가 바로 권리분석이다. 권리분석을 잘못한 결과에 따른 손실은 모두 낙찰자가 부담해야하기 때문에 이 부분은 확실히 알고 경매를 시작해야 한다. 권리분석을 하려면 일단 등기부등본(등기사항전부증명서)부터 볼 줄 알아야 한다.

〈등기부등본 제대로 보는 법〉

등기부등본은 크게 건물등기와 토지등기가 있다. 그리고 건물등기는 크게 두 가지로 나뉘는데 집합건물(아파트, 다세대, 연립, 상가, 오피스텔 등) 등기와, 토지와 건물등기가 따로 존재하는 일반 건물(단독, 다가구 주택, 모텔 등) 등기가 있다(상가의 경우 집합건물과 일반 건물 두 가지로 준공된다).

① **표제부**(부동산의 소재지와 건물의 외형 및 건축 시점, 상태를 가늠하는 부분)

| 등기사항전부증명서(말소사항 포함) – | 집합건물 | |||
|---|---|---|---|---|

[집합건물] 경기도 부천시 소사구 ○○○동 560외 3필지 부천○○○○○ 제101동 제19층 제○○호

고유번호 1211-

| 【 표 제 부 】 | ( 1동의 건물의 표시 ) | |||
|---|---|---|---|---|
| 표시번호 | 접 수 | 소재지번, 건물명칭 및 번호 | 건 물 내 역 | 등기원인 및 기타사항 |
| 1 | 2009년10월22일 | 경기도 부천시 소사구 ○○○동 560, 560-3, 560-9, 550-5 부천○○○○○ 제101동 | 철근콘크리트구조 (철근)콘크리트지붕 19층 공동주택 판매및영업시설 <br> -1층 1317.36 ㎡ <br> -2층 1427.63 ㎡ <br> -3층 1427.63 ㎡ <br> -4층 686.24 ㎡ <br> -5층 686.24 ㎡ <br> -6층 686.24 ㎡ <br> -7층 686.24 ㎡ <br> -8층 686.24 ㎡ <br> -9층 686.24 ㎡ <br> -10층 686.24 ㎡ <br> -11층 686.24 ㎡ <br> -12층 686.24 ㎡ <br> -13층 686.24 ㎡ <br> -14층 686.24 ㎡ <br> -15층 686.24 ㎡ <br> -16층 686.24 ㎡ <br> -17층 686.24 ㎡ <br> -18층 445.8 ㎡ <br> -19층 452.72 ㎡ <br> -지하1층 1792.54 ㎡ <br> -지하2층 1689.56 ㎡ <br> -지하3층 1840.91㎡ <br> -지하4층 1852.94㎡ | 전산도면번호 09-1211-0000590 |

부동산의 지번, 지목, 면적, 구조가 기재된다. 그리고 집합건물의 경우 대지권의 유·무를 표시한다.

'대지권이 없음'이라고 표시된 경우에 반드시 토지등기부를 별도로 발급받아 낙찰 후 적법하게 대지권을 취득할 수 있는지 여부를 확인해야 한다(대지권 미등기라도 감정가격에 토지가격을 포함한 경우, 토지별도등기가 되어 있어도 낙찰 후 대지권등기가 가능하다. 쉽게 알아보기 위해 토지등기부를 열람하여 호수별로 대지권등기가 마무리되어 가는 경우에는 입찰해도 된다).

표제부에는 건물 명칭이 통상적으로 부르는 것과 다르게 기재되어 있거나 아예 생략되어 있는 경우도 있다. 토지의 분할이나 지목변경, 건물구조변경이나 증축 등 변경된 사항도 이곳에 기재된다(건축법상 사용승인 여부, 토지별도등기 유무).

② **갑구**(소유권 변동에 관련된 일체의 사항)

| 【 갑 구 】 | | | ( 소유권에 관한 사항 ) | |
|---|---|---|---|---|
| 순위번호 | 등 기 목 적 | 접 수 | 등 기 원 인 | 권 리 자 및 기 타 사 항 |
| 1 | 소유권보존 | 2009년10월22일<br>제126549호 | | 소유자 주식회사○○○○○○ 110111-0665525<br>경기도 부천시 소사구 심곡본동 532-7 2층 |
| 2 | 소유권이전 | 2009년10월22일<br>제126554호 | 2009년10월22일<br>신탁 | 수탁자 ○○○신탁주식회사 110111-3543801<br>서울특별시 강남구 ○○ 1002-○○○타워 6층<br>신탁<br>신탁원부 제1309호 |
| 2-1 | 2번신탁등기경정 | 2009년12월1일<br>제145061호 | 신청착오 | 신탁원부 제1504호 |
| 2-2 | 2번등기명의인표시변경 | | 2010년6월19일<br>본점이전 | ○○○신탁주식회사의 주소 서울특별시 강남구 ○○동<br>1002 ○○○타워 13층<br>2010년10월26일 부기 |
| 3 | 소유권이전 | 2010년10월26일<br>제104797호 | 2010년10월26일<br>신탁재산의귀속 | 소유자 주식회사○○○○○○ 110111-0665525<br>경기도 부천시 소사구 ○○동 532-7 2층<br><br>2번 신탁등기말소<br>원인 신탁재산의귀속 |
| 4 | 소유권이전 | 2010년10월26일<br>제104798호 | 2010년9월16일<br>매매 | 소유자 김○에 630420-*******<br>권리남도 화순군 ○○읍 ○○리 467-3<br>거래가액 금823,000,000원 |
| 4-1 | 4번등기명의인표시변경 | | 2011년10월31일 | 김○에의 주소 전라남도 화순군 ○○읍 ○○1길 26 |

갑구는 소유권에 관련된 변동사항이 기재가 된다. 소유권이 언제 어떠한 사유로 누구에게 이전되었는지 또한 권리관계에 어떠한 제한이 있는지 기재된다.

2인 이상의 소유자가 있을 때는 각 소유자의 지분의 규모가 기재되고, 압류, 가압류, 가처분, 가등기, 경매기입등기 등이 기재된다.

권리분석을 할 때 말소기준권리를 찾고, 그보다 앞선 가등기·가처분이 있는지, 말소기준권리보다 순위가 늦더라도 소유권말소에 관한 가처분이 있는지 반드시 확인해야 한다(예고등기는 2011년 10월 13일로 폐지됨). 후순위 가처분 중에서 현 소유자의 소유권말소를 청구하는 경우에는 향후 소송의 결과를 가늠할 수 있는 상황이 아니라면 피하는 것이 좋다.

또한, 청산절차를 마친 담보가등기, 지상건물철거 및 토지인도청구권 보전을 위한 건물의 처분금지가처분이 있는지 반드시 확인해야 한다(이럴 경우 후순위이지만, 인수되는 권리이기 때문에 입찰하면 안 된다).

③ **을구**[해당 부동산의 채무(근저당) 및 임대관계(전세권등기, 임차권등기) 확인]

| [집합건물] 경기도 부천시 소사구 ○○○동 560외 3필지 부천○○○○○ 제101동 제19층 제○○호 | | | | 고유번호 1211- | |
|---|---|---|---|---|---|
| 【 을 구 】 | | (소유권 이외의 권리에 관한 사항) | | | |
| 순위번호 | 등 기 목 적 | 접 수 | 등 기 원 인 | 권 리 자 및 기 타 사 항 | |
| 1 | 근저당권설정 | 2010년10월26일 제104799호 | 2010년10월26일 설정계약 | 채권최고액 금612,000,000원 채무자 김○예 전라남도 화순군 ○○읍 ○○리 457-3 근저당권자 영동농업협동조합 114636-0000353 서울특별시 서초구 양재동-372 (개포지점) | |
| 1-1 | 1번등기명의인표시변경 | | 2011년10월31일 도로명주소 | 영동농업협동조합의 주소 서울특별시 서초구 동산로6길 3(양재동) 2013년8월26일 부기 | |

소유권 이외의 권리(저당권, 전세권, 임차권, 지상권, 지역권)가 기재되고, 이러한 권리의 변경, 이전, 말소도 기재된다.

은행에서는 근저당을 근거로 한 채권최고액을 설정할 때 대출금액의 120~130%를 설정한다(요즘에는 은행이 근저당 설정비를 절감하기 위해 110% 설정을 하는 곳도 있다). 사채의 경우는 실제 채무액보다 채권최고액을 200% 넘게 설정하기도 한다. 이것을 감안하면 역으로 실제 채무 금액을 산정하는 것이 가능하다.


**등기부등본 보는 방법을 다시 정리해보면,**

① 등기부등본을 제대로 보려면 표제부에서 '부동산의 소유권보존일'과 '대지지분', '건평' 등 부동산의 외형(1동의 표시 및 전체 건물)에 관한 부분을 확인한다.

② '갑구'와 '을구'의 권리들을 날짜순대로 나열하여 말소기준권리를 찾고 소유권의 변동사항이나 인수권리가 없는지 확인한다(경매정보지와 유료경매 사이트는 이러한 수고를 대신해 준다).

## 〈건축물대장 제대로 보는 법〉

건축물대장은 건물에 대한 자세한 사항을 명확하게 기록해 놓은 장부로서 등기부등본과 마찬가지로 일반건축물대장과 집합건축물대장으로 나뉜다. 일반건축물대장은 건축물 및 대지에 관한 사항을 기재한 것이며, 대표적으로 다가구주택, 단독주택 등 토지와 건물의 등기가 따로 존재하는 경우의 건축물에 관한 현황을 기재한 장부를 말한다. 집합건축물대장은 토지와 건물등기가 일체로 된 집합건축물에 대한 현황을 기재한 것인데, 대표적으로 아파트나 연립, 근린상가가 있다.

① **표제부, 갑**(대지면적, 연면적, 건축면적, 용적률, 주용도 등 건축물에 대해 세세한 사항이 기재되어 있다)

② **전유부**(건물의 전유부분과 공용부분의 면적, 용도, 소유자를 가늠하는 부분)

부동산의 지번, 면적, 용도가 기재된다. 일반건물의 경우 대지의 면적과 건축물의 연면적 등도 표시되어있다. 간혹 부동산이 빌라 1층일 경우 실제 용도는 근린생활시설이나 창고인데, 불법 개조하여 주거용으로 사용하는 경우가 있다. 이런 물건을 낙찰 받게 되면 불법 용도 변경한 부분을 원상복구하거나 위반건축물 이행강제금을 납부하여야 하는데, 건축물 대장에서 불법건축물로의 구조 변경이나 증축 등의 여부를 알 수 있으니 입찰 전 잘 파악하여야 한다.

**건축물대장 보는 방법을 다시 정리해보면,**

① 건축물대장을 제대로 보려면 표제부에서 '대지면적'과 '연면적', '건평', '주 구조' 등 부동산 외형에 관한 부분을 확인한다.

② 전유부에는 불법건축물이 등재되어 있는지, 실제 전용 부분은 면적이 얼마인지, 공용부분은 면적이 얼마인지, 건축물에 대한 모든 사항이 필요할 때 가장 손쉽게 볼 수 있는 장부이다.

## 〈권리분석 하기 〉

경매할 때 가장 먼저 해야 하는 것이 권리분석이다. 초보자의 경우 권리분석이 어렵다고 생각하지만 의외로 그 원리만 알면 어렵지 않다.

권리분석상 하자가 있는 물건은 현장조사를 해봐야 시간만 낭비하는 것이다. 이 책에서는 실전에서 자주 활용할 수 있는 것만 기술했다.

### 1. 말소기준권리

한마디로 권리분석의 기준이 되는 권리이다. 등기부등본상에 말소기준권리보다 뒤에 있으면 말소권리를 포함하여 뒤에 붙어있는 모든 지저분한 것들이 무조건 말소된다. 즉, 등기부등본이 깨끗하게 세탁되는 것이다.

따라서 말소기준권리보다 앞선 순위에 있는 권리나 전입일이 빠른 임차인이 없으면 경매로 매각되면서 모든 권리가 소멸되기에 낙찰자에게는 안전하고 깨끗한 물건이 되는 것이다(소멸주의).

**경매물건의 80% 이상이 말소기준권리만 찾고 나면 선순위권리가 없어 낙찰자가 인수할 것이 없는 물건이다. 이 간단한 원리만 알아도 입찰할 수 있는 물건이 시장에는 얼마든지 많다.**

### 2. 말소기준권리가 될 수 있는 것들

① 저당권(근저당권)

② 압류(가압류)

③ 담보가등기

④ 경매기입등기(등기부등본에 보면 '강제경매개시결정' 이라고 표시되어 있다)

**위의 권리가 여러 개인 경우 가장 앞선 순위에 있는 권리가 말소기준권리가**

**된다.**

## 말소기준권리 사례 1. 근저당이 선순위인 경우

\* 등기부현황 ( 채권액합계 : 125,000,000원 )

| No | 접수 | 권리종류 | 권리자 | 채권금액 | 비고 | 소멸여부 |
|---|---|---|---|---|---|---|
| 1 | 2004.09.16 | 소유권이전(증여) | 안병희 | | | |
| 2 | 2006.03.08 | 근저당 | 오정농협<br>(성곡지점) | 65,000,000원 | 말소기준등기 | 소멸 |
| 3 | 2010.03.31 | 근저당 | 오정농협 | 60,000,000원 | | 소멸 |
| 4 | 2011.10.12 | 압류 | 부천시오정구 | | | 소멸 |
| 5 | 2011.11.02 | 압류 | 국민건강보험공단 | | | 소멸 |
| 6 | 2012.01.05 | 임의경매 | 오정농협 | 청구금액:<br>109,774,794원 | 2011타경27177 | 소멸 |

☞ 최선순위권리가 근저당인 경우 근저당이 **말소기준권리**가 된다.

## 말소기준권리 사례 2. 가압류가 선순위인 경우

\* 건물등기부 ( 채권액합계 : 3,240,000,000원 )

| No | 접수 | 권리종류 | 권리자 | 채권금액 | 비고 | 소멸여부 |
|---|---|---|---|---|---|---|
| 1 | 2004.03.06 | 소유권보존 | 권영안 | | | |
| 2 | 2009.11.29 | 가압류 | 이범학 | 600,000,000원 | 말소기준등기 | 소멸 |
| 3 | 2009.12.01 | 가압류 | 김인경 | 750,000,000원 | | 소멸 |
| 4 | 2010.01.25 | 가압류 | 안덕환 | 360,000,000원 | | 소멸 |
| 5 | 2010.02.10 | 가압류 | 이범학 | 500,000,000원 | | 소멸 |
| 6 | 2010.10.04 | 가압류 | 권해범 | 570,000,000원 | | 소멸 |
| 7 | 2010.12.03 | 근저당 | 김종류 | 300,000,000원 | | 소멸 |
| 8 | 2011.05.11 | 가압류 | 박윤전 | 160,000,000원 | | 소멸 |
| 9 | 2011.11.14 | 강제경매 | 김인광 | 청구금액:<br>750,000,000원 | 2011타경23080 | 소멸 |

☞ 최선순위권리가 가압류인 경우 가압류가 **말소기준권리**가 된다.

## 말소기준권리 사례 3. 채권계산서를 제출한 선순위 담보가등기의 경우

\* 토지등기부 ( 채권액합계 : 692,550,000원 )

| No | 접수 | 권리종류 | 권리자 | 채권금액 | 비고 | 소멸여부 |
|---|---|---|---|---|---|---|
| 1 | 2004.06.15 | 소유권이전(매매) | 박영전 | | | |
| 2 | 2009.03.05 | 소유권이전<br>청구권가등기 | 국제산덕(주) | | 말소기준등기<br>신탁소멸 | 소멸 |
| 3 | 2009.03.05 | 근저당 | 키콤토지개발(주) | 346,275,000원 | | 소멸 |
| 4 | 2010.03.05 | *1종토지개발(주)근저당부<br>질권 | 한국종합개발(주) | 346,275,000원 | | 소멸 |
| 5 | 2011.11.29 | 임의경매 | 한국종합개발(주) | 청구금액:<br>246,287,371원 | 2011타경16767 | 소멸 |

\# 문건처리내역

| 접수일 | 접수내역 | 결과 |
|---|---|---|
| 2011.12.02 | 등기소 수원지방법원 광역지원 등기과 등기필증 제출 | |
| 2011.12.08 | 감정인 광림감정평가사사무소 감정평가서 제출 | |
| 2011.12.26 | 채권자 한국종합개발㈜ 주식회사 보정서 제출 | |
| 2012.01.02 | 기타 김홍만사무실 현황조사서 제출 | |
| 2012.02.13 | 교부권자 광력시 교부청구 제출 | |
| 2012.02.17 | 가등기권자 국제산덕주식회사 채권계산서 제출 | |
| 2012.04.18 | 채권자 한국종합개발㈜ 주식회사 보정서 제출 | |

☞ 가등기권자가 **채권계산서**를 제출한 경우 **담보가등기**로 소멸되며 **말소기준권리**가 된다.

## 말소기준권리 사례 4. 경매기입등기만 있는 경우

\* 토지등기부

| No | 접수 | 권리종류 | 권리자 | 채권금액 | 비고 | 소멸여부 |
|---|---|---|---|---|---|---|
| 1 | 1975.10.07 | 소유권이전(상속) | 류덕연외3명 | | 재산상속, 이창숙, 류덕연 각<br>4/18, 류근수 4/18, 류종자<br>2/18 | |
| 2 | 2011.12.06 | 류덕연지분강제경매 | 한국자산관리공사 | 청구금액:<br>111,095,031원 | 말소기준등기<br>2011타경24963 | 소멸 |

☞ 아무런 권리관계가 없이 경매기입등기가 있는 경우 경매기입등기가 **말소기준권리**가 된다.

## 3. 권리분석방법

⟨권리분석 4단계⟩

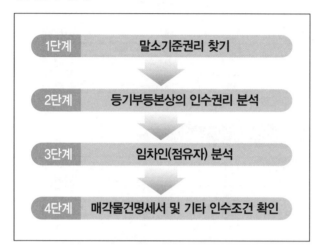

## 1단계 – 말소기준권리(최선순위권리)찾기

등기부등본상에 날짜대로 순위를 배열하여 말소기준권리를 찾는다.

⟨건물 등기부등본⟩

| 구분 | 설립일자 | 권리소유 | 권리자 | 권리금액 | 인수/소멸 | 비고 |
|---|---|---|---|---|---|---|
| 1 |  | 소유권 | 조○항 |  | 소멸 |  |
| 2 | 2008년 2월 26일 | 근저당권 | 중소기업은행 | 240,000,000원 | 소멸기준 |  |
| 3 | 2008년 2월 26일 | 근저당권 | 중소기업은행 | 400,000,000원 | 소멸 |  |
| 4 | 2009년 6월 10일 | 근저당권 | 중소기업은행 | 200,000,000원 | 소멸 |  |
| 5 | 2014년 10월 30일 | 가압류 | 서울보증보험(주) | 100,000,000원 | 소멸 |  |
| 6 | 2014년 11월 11일 | 임의경매 | 중소기업은행 | [청구금액] 600,000,000원 | 소멸 |  |
| 7 | 2014년 12월 9일 | 가압류 | 서울보증보험(주) | 77,805,000원 | 소멸 |  |
| 8 | 2015년 7월 22일 | 임의경매 | ○○○○○○1503유통화전문유한회사 | [청구금액] 600,000,000원 | 소멸 |  |
| 9 | 2016년 1월 6일 | 압류 | 부천시원미구 |  | 소멸 |  |

위 등기부등본은 실제 등기부등본의 갑구와 을구의 모든 권리사항을

한눈에 보기 좋게 순서대로 나열한 것이다.

위 등기부등본을 보면 2008. 2. 26에 중소기업은행에서 설정한 근저당권이 말소기준권리가 되고, 말소기준권리를 포함하여 그 이후에 설정된 근저당 2건, 가압류 2건, 압류, 임의경매기입등기는 말소된다.

## 2단계 - 등기부등본상의 인수권리 분석

말소기준권리보다 앞선 권리나 하자가 있는지 확인한다. 통상 말소기준권리(최선순위권리)를 포함하여 후순위 권리들 모두 소멸이 된다. 그렇다면 권리분석 시 선순위 권리가 있어 인수하는 경우와 후순위 권리이지만 인수해야 되는 경우들을 알아보자(위 두 가지만 확인하면 권리분석은 간단해진다).

**① 말소기준권리보다 순위가 앞선 권리 중 인수되는 경우**

선순위가처분, 지상권, 지역권, 소유권이전청구권가등기(담보가등기가 아닌 경우), 선순위전세권(배당요구를 하지 않은 경우)의 권리들은 모두 인수된다.

**② 말소기준권리보다 후순위 권리지만 인수되는 경우**

소유권에 관한 다툼이 있는 가처분, 말소기준권리가 되는 근저당의 말소를 구하는 가처분, 건물철거 및 토지 인도청구권 가처분은 말소기준권리보다 후순위 권리임에도 말소되지 않는 권리이다.

위의 경우라고 해서 무조건 피할 것이 아니라 입찰해도 되는 것들이 있는데, 이때 수익을 내는 경우가 많다. 이 부분은 다음 장에서 자세히 다루기로 하겠다.

## 3단계 - 임차인(점유자) 분석

말소기준권리보다 순위가 앞선 대항력이 있는 임차인이 있는지 확인하고, 대항력이 있는 임차인이 있는 경우 배당요구종기일 이내에 배당요구 신청을 했는지, 확정일자를 갖췄는지 등을 확인하여 임차인이 경매절차에서 보증금 전액을 배당받을 수 있는지, 낙찰 후 인수금액은 얼마인지 사전에 확인한다.

인수할 권리가 없으면 안전한 물건이므로 입찰 가능하며, 인수할 권리가 있으면 판례나 권리분석 책을 참고하여 입찰여부를 판단한다.

## 4단계 - 매각물건명세서 및 기타 인수조건 확인

부동산의 낙찰 후 추가로 인수해야 되는 권리나 공법상의 하자, 농지취득자격증명 필요 여부 등이 있는 경우 집행법원에서는 낙찰자가 불측의 손해를 입지 않도록 매각물건명세서에 그 내용을 명시한다. 따라서 권리 분석 후 매각물건명세서에 기재되어 있는 인수조건이나 공법상 하자부분을 꼼꼼하게 체크해야 한다.

# memo

🏠

## 2장

# 초보에서
# 중수되기

# 1

적과의 동침

# 위장 임차인
# 실전사례

## 1. 사건 발생

어느 날 30대 중반의 여자 분이 사무실에 찾아왔다. 경매로 아파트를 낙찰 받은 후 점유자를 명도하지 못해 법원 주위에서 경매전문가를 수소문해서 찾아왔다고 했다(소문낸 적 없는데…).

사연을 들어보니 이 분이 아파트 한 채를 낙찰 받았는데 입찰하기 전에 현장을 방문하여 소유자 부인에게 임대차 관계가 없다는 사실을 직접 확인하고 다소 높은 가격으로 낙찰을 받은 것이다. 그런데 낙찰 후 다시 방문했더니 소유자 부인의 태도가 180도 바뀌어서 김ㅇ수라는 대항력 있는 임차인이 있으니 보증금 2,000만 원을 물어줘야 한다는 것이었다(나중에 알고 보니 중간에 브로커가 접근하여 소유자 부인에게 이사비를 높게 받아준다고 꼬드긴 것이었다. 세상엔 별놈이 다 있다).

| 소재지 | 인천광역시 연수구 선학동 ○○ 선학동○○○○아파트 102동 ○층 ○○호 도로명주소검색 |  |  |  |  |  |  |
|---|---|---|---|---|---|---|---|
| 물건종별 | 아파트(32평형) | 감정가 | 165,000,000원 |  |  |  |  |
|  |  |  |  | 구분 | 입찰기일 | 최저매각가격 | 결과 |
| 대지권 | 36.237㎡(10.962평) | 최저가 | (70%) 115,500,000원 | 1차 | 2006-10-27 | 165,000,000원 | 유찰 |
| 건물면적 | 84.53㎡(25.57평) | 보증금 | (10%) 11,550,000원 | 2차 | 2006-11-24 | 115,500,000원 |  |
|  |  |  |  | 낙찰 : 168,760,000원 (102.28%) |  |  |  |
| 매각물건 | 토지·건물 일괄매각 | 소유자 | 국○춘 | (입찰11명,낙찰:이○준) |  |  |  |
| 개시결정 | 2006-02-22 | 채무자 | ○○기업(주), 국○춘 | 매각결정기일 : 2006.12.01 - 매각허가결정 |  |  |  |
|  |  |  |  | 대금지급기한 : 2006.12.27 - 기한후납부 |  |  |  |
| 사건명 | 임의경매 | 채권자 | 한국씨티은행 | 배당기일 : 2007.01.31 |  |  |  |
|  |  |  |  | 배당종결 2007.01.31 |  |  |  |

사진 촬처보기 ☑

| 사진 | 건물등기 | 감정평가서 | 현황조사서 | 세대열람내역서 | 문건/송달내역 | 전자지도 | 전자지적도 |
| 로드뷰 | 온나라지도+ | | | | | | |

▶ 임차인현황 ( 말소기준권리 : 1997.11.04 / 배당요구종기일 : 2006.09.20 )

===== 조사된 임차내역 없음 =====

| 기타사항 | ☑조사외 소유자 점유<br>☑소유자가 전부 점유사용하고 있으며, 임대차 없다고 소유자측 진술함(주민등록등본전입은 소유자외 김○수(전:1992.10.21)전입되어 있음) |

▶ 등기부현황 ( 채권액합계 : 620,303,700원 )

| No | 접수 | 권리종류 | 권리자 | 채권금액 | 비고 | 소멸여부 |
|---|---|---|---|---|---|---|
| 1 | 1992.12.08 | 소유권이전(매매) | 국○춘 |  |  |  |
| 2 | 1997.11.04 | 근저당 | 한국씨티은행 | 65,000,000원 | 말소기준등기 | 소멸 |
| 3 | 2001.11.30 | 근저당 | 한국씨티은행 | 57,200,000원 |  | 소멸 |
| 4 | 2005.02.25 | 근저당 | (주)금성산업 | 100,000,000원 |  | 소멸 |
| 5 | 2005.06.08 | 근저당 | 기술신용보증기금 | 200,000,000원 |  | 소멸 |
| 6 | 2005.10.18 | 가압류 | 신용보증기금 | 144,000,000원 |  | 소멸 |
| 7 | 2005.10.21 | 가압류 | 중소기업협동조합중앙회 | 54,103,700원 |  | 소멸 |
| 8 | 2005.12.01 | 압류 | 서인천세무서 |  |  | 소멸 |
| 9 | 2006.02.24 | 임의경매 | 한국씨티은행<br>(여신관리부) | 청구금액:<br>106,608,311원 | 2006타경16569 | 소멸 |

경매기록을 살펴보니 이 경매물건의 말소기준권리는 1997. 11. 4에 한국씨티은행에서 설정한 근저당이다. 그런데 임차인 현황을 살펴보면 말소기준권리보다 앞선 1992. 10. 21에 김ㅇ수가 전입되어 있다. 언뜻 서류만보면 대항력이 있어 보인다.

이 낙찰자는 소유자 부인과 타협이 안 되어 법원에 전입이 빠른 김ㅇ수를 상대로 인도명령신청을 했지만 기각되었고 소유자 국ㅇ춘을 상대로만인도명령결정을 받아낼 수 있었다.

결국, 소유자 국○춘의 인도명령결정문만을 첨부하여 강제집행신청을 했고, 집행관을 대동하여 강제집행을 나갔는데, 집행현장에서 소유주가 방 한 개와 거실은 김○수와 임대차계약이 되어있다고 법원 직원에게 강력하게 주장하는 바람에 그 부분에 대해서는 강제집행하지 못했다.

어쩔 수 없이 방 한 개만 강제 집행한 후, 집행이 완료된 방 한 칸에 낙찰자 아버지가 임시방편으로 이불 하나 달랑 들고 들어가 있는 상태이며, 나머지 방 한 개에는 김○수를 포함하여 소유자 가족이 들어가 사는 웃지 못 할 상황이 벌어졌다.

그야말로 적과의 동침이 시작된 것이다. 이 분은 심각하게 얘기하는데 나는 어이가 없어 웃음을 참을 수가 없었다.

## 2 증거자료 수집

일단 명도사건에 관해 수임계약을 체결하고 법원경매기록을 모두 복사해서 사건 검토에 들어갔다. 김○수는 소유자 국○춘의 사촌 동생이었다.

그리고 법원 서류를 자세히 살펴보니 김ㅇ수는 경매물건의 또 다른 채무자로 되어 있는 법인 대ㅇ기업(주)에 직원으로 등재되어 있고 국ㅇ춘은 대표이사로 등재되어 있었다(슬슬 입질이 온다).

ㅇㅇ은행 대출담당자에게 전화를 걸어 혹시 은행에서 대출 실행 당시에 무상임차인각서를 받아 두었는지 물어보았다. 담당자는 이 물건은 기업대출로 실행되었기에 김ㅇ수에게 따로 무상임차인각서는 받지 않았다는 간단한 대답만 하고 전화를 끊으려고 애썼다. 낙찰자가 잔금납부를 했으니 은행에서는 배당만 받으면 되니까 별로 적극성을 보이지 않았다. 은행과의 통화는 별 수확이 없었다.

다시 한 번 차분히 이 사건의 집행관 현황조사서를 살펴보았더니 의외로 쉽게 답이 나왔다. 집행관이 방문했을 때 소유자 부인이 임대차가 없다고 정확하게 진술한 것이다.

**부동산의 현황 및 점유관계 조사서**

1. 부동산의 점유관계

| 소재지 | 1. 인천광역시 연수구 선학동○○선학동○○○○아파트 102동 14층○○호 |
|---|---|
| 점유관계 | 채무자(소유자)점유, 임차인(별지)점유 |
| 기 타 | 소유자가 전부 점유사용하고 있으며, 임대차 없다고 소유자처 진술함 (주민등록등본전입은 소유자외 김○수 전입되어 있음) |

2. 부동산의 현황

1) 본건은 인천 연수구 선학동 352에 소재하는 ○○○아파트 102동 ○○호임

## 3. 인도명령의 재신청

김ㅇ수가 소유자의 사촌 동생이라는 점과 소유자와 같은 법인의 직원으로 등재된 점 그리고 소유자의 부인이 집행관 현황조사 당시 임대차관계가 없다고 진술한 점을 증거자료로 첨부하여 인도명령을 다시 신청했다.

그리고 소유자와 그 일당을 경매방해죄와 사기죄 등의 죄목으로 고소

장을 작성했다. 하지만 고소장을 작성하고 곧바로 검찰에 접수하진 않았다. 일단 점유자들에게 기회를 주고 싶었다. 만약 법대로만 진행하면 그들도 돌이킬 수 없는 아픈 경험을 해야만 하기에…

## 4. 현장방문

이제는 점유자를 상대할 수 있는 모든 준비를 마쳤다. 김○수에 대해 기각되었던 인도명령결정도 무난하게 나올 것으로 판단되었다. 작성한 고소장과 허위로 임대차를 주장해서 징역 10개월의 처벌을 받은 대법원 판례를 챙겨서 저녁 7시에 적과의 동침을 하고 있는 아파트로 향했다. 동호수를 확인한 후 아파트 문을 힘차게 열고 들어갔다.

갑자기 검은 양복을 입은 남자가 불쑥 들어가니 소유자 부인과 딸 그리고 사촌 동생인 김○수는 놀란 눈으로 나를 쳐다보았다. 일단 나는 그들의 시선을 무시하고 낙찰자 아버지가 있는 방으로 들어갔다. 낙찰자 아버지는 이불 하나 달랑 펴놓고 낡은 텔레비전을 보고 있었다. 낙찰자 아버지는 마치 구세주가 온 것처럼 나에게 자초지종을 늘어놓았다.

낙찰자 아버지의 대략적인 상황설명을 들은 후 내가 바깥에서 저들과 대화를 나누는 동안 절대 밖으로 나오지 말라고 당부한 뒤 거실로 나와 주방으로 향했다. 주방을 보니 전 소유자의 냉장고를 비롯한 살림살이가 그대로 있어서 그야말로 가관이었다. 소중한 자기 재산을 지키기 위해 한쪽 방에 숨죽이고 있는 낙찰자 아버지가 처량해 보였다.

화장실 문도 열어 보고 이곳저곳을 말없이 살펴본 뒤 나는 시선을 그들과 정면으로 마주쳤다. 나와 눈이 마주치는 순간 조용한 정적이 흐르고 그들은 내 시선을 피하기만 할 뿐 똑바로 쳐다보지 못했다(죄를 지었으니 똑바로 못 쳐다보는 게 당연하지). 나는 한 걸음 더 다가가서 소유자 부인으로 보이는 여자에게 말을 건넸다.

"송사무장이라고 합니다. 잠시만 세 분 모두 이쪽으로 오세요."
"네?"
"잠깐이면 되니깐 이쪽으로 오셔서 모두 앉으시라고요."
"…"

상황이 너무 어이가 없어서 나도 모르게 목소리가 커지고 있었다. 잠시 후 세 사람 모두 거실로 나와 앉았고, 곧이어 나도 시선을 맞추며 그들의 정면에 앉았다. 이들은 이미 내 기세에 눌려 당황하고 있다는 것을 알 수 있었다.

"김ㅇ수씨 되십니까? 소유자와 임대차계약을 맺은 김ㅇ수씨 맞으시죠?"
"(머뭇거리며)네, 제가 김ㅇ수 맞습니다."
"지금 여기 세 사람 모두 범죄를 저지르고 있다는 것도 아시죠?"
"(소유자 부인이 끼어들며)지금 무슨 말씀 하시는 거예요? 여기 협박하러 오셨어요?"
"협박이 아니고 여러분에게 마지막으로 기회를 드리러 온 겁니다. 오히려 좋은 일 하러 온 것이죠."
"네? 기회요?"

대화를 나누는 동안 소유자 부인과 딸 그리고 사촌 동생 김○수 모두 완강하게 사촌 동생 김○수가 정당한 임차인이라고 주장하고 임의로 작성한 임대차계약서까지 내밀었다. 그러나 나는 그들의 말을 자르고, 반박하며 그들의 행동이 왜 죄가 되는지 설명했다. 그리고 그들 앞에 미리 작성한 고소장을 꺼내놓았다.

그 순간 사촌동생 김○수의 표정은 변화가 없었지만, 소유자 부인과 딸은 움찔하는 것을 느낄 수 있었다. 그리고 보기 좋게 형광펜으로 칠해진 징역 10개월에 대한 판례도 꺼내 놓았다.

"아니, 집도 경매로 넘어갔는데 남은 가족 모두 구치소에 가려고 이러 십니까? 주위에 한번 알아보시고 합리적으로 행동하셔야지요."

이럴 때 소유자와 너무 오래 대화하고 법까지 들먹이면 약발(?)이 떨어진다. 마지막 선전포고를 날리고 그 자리에서 바로 나와야 한다.

"저는 이제 마음이 편합니다. 그래도 여러분 얼굴을 보고 대화를 나누었으니 제가 할 도리는 다했다고 생각합니다. 변호사는 곧바로 고소장을 접수하라고 했지만 저는 꼭 기회를 드리고 싶었거든요. 마지막으로 한 말씀 드립니다. 이것은 명백한 범죄행위입니다. 그리고 사촌 동생을 상대로 신청한 인도명령도 곧 결정될 것이므로 시간이 지나면 더 많이 상처받고 더 많이 후회하실 겁니다. 내일 저녁까지 저한테 연락이 없으면 협의할 의사가 없는 것으로 간주하고 곧바로 검찰청에 고소장을 접수한 뒤 모든 부분도 법대로 처리하겠습니다. 기회는 드렸으니 나중에라도 저를 원망하시면 안 됩니다. 저는 이만 가보겠습니다."

그들은 밖으로 나가는 나를 보며 고소장을 놓고 가라고 했지만 나는 판결문 하나만 딸랑 남겨놓고 그 자리에서 일어났다.

내가 집에서 나가는 순간 그들은 돌아가며 판례를 볼 것이고 형광펜으로 칠해진 징역 10개월의 문구가 그들을 상당히 심란하게 만들 것이다. 그리고 결정할 수 있는 시간을 단 하루만 주었으므로 아마도 세 사람 모두 오늘 밤은 편히 잠들지 못할 것이다.

〈인천지법 부천지원 2001고단23, 선고〉

【판시사항】
허위임대차계약서를 작성하여 대항력 있는 주택임차인인 것처럼 경매법원에 권리신고를 한 경우, 경매방해죄의 성립 여부

【판결요지】
경매의 목적이 된 주택의 실질적 소유자인 피고인이 전처 명의로 허위임대차계약서를 작성하고 이를 첨부하여 경매법원에 전처가 주택임대차보호법상 대항력 있는 주택임차인인 것처럼 권리신고를 하였다면 대항력 있는 주택임차인의 외관을 갖추고 그 사실을 권리신고를 통하여 입찰참가인에게 나타내어 그 보증금액만큼 입찰가를 저감시킴으로써 공정한 경매를 방해한 것이므로, 형법 제315조의 위계의 방법에 의한 경매방해죄가 성립한다.

【주문】
피고인을 징역 10월에 처한다.
이 판결선고 전의 구금일수 40일을 위 형에 산입한다.

## 5. 작별

다음 날 오후가 되었다. 예상대로 소유자 부인에게서 연락이 왔다. 나는 고삐를 늦추지 않고 지금 당장 세 사람 모두 인감도장과 인감증명서를

가지고 사무실로 오라고 했다. 그들은 내 말대로 모든 서류를 준비하여 사무실을 방문했고, 사무실에서 김ㅇ수에게 임차인이 아니라는 각서와 지금까지 행한 범죄행위에 대한 확인서를 받고 이사하는 것으로 매듭지었다. 그러는 와중에 소유자 부인이 간절하게 낙찰자의 동정을 구했다. 마음이 약해지기 시작했다.

화가 잔뜩 나 있던 낙찰자를 설득해 이 정도면 빠른 시간에 마무리했으므로 전 소유자 부인에게 이사비를 조금이라도 지급하라고 권유하고 훈훈한 마무리를 지었다.

만약 내가 낙찰자와 똑같은 위치에 있었더라도 이사비는 지급했을 것이다. 경매를 하면서 지금까지도 최소한 지키려고 하는 원칙이 있다면 점유자와 원만한 마무리를 하는 것이다. 낙찰자가 우세하다고 절대 점유자를 짓밟아선 안 된다. 나는 큰 돈은 아니지만, 항상 이사비는 손에 쥐어서 내보냈다. 그들도 원래부터 나쁜 사람이 아니고 상황이 그렇게 만든 것이라고 생각하기에…

하지만 낙찰자가 강해야만 일도 원만하게 끝낼 수 있다. 그게 어쩔 수 없는 경매시장의 현실이다.

# 대항력, 선순위 위장 임차인 제대로 알기

경매물건에서 임차인의 전입일이 말소기준권리보다 빨라 대항력이 있으나, 배당요구 신청을 하지 않은 경우 낙찰자는 임차인의 보증금을 전부 인수해야 한다. 또 대항력 있는 임차인이 배당요구 신청을 했다고 하더라도 경매절차에서 보증금 전액이 배당되지 않는다면 나머지 금액은 낙찰자가 낙찰금액 외에 추가로 인수해야 한다.

이처럼 대항력 있는 임차인은 법원에서 배당받을 수도 있고, 낙찰자에게 받을 수도 있기 때문에 확실한 대항력이 있는 임차인은 낙찰자에게 그만큼 위험하다. 실제로 대항력이 없다고 판단하여 입찰했는데 낙찰 후 임차인이 대항력을 주장하여 낙찰자를 곤경에 빠뜨리는 경우도 간혹 있다. 요즘은 전입일만 빨라도 낙찰자에게 이사비 등을 대신 받아주겠다고 컨설팅 해주는 브로커도 있으니 많은 주의가 필요하다.

이렇게 대항력 있는 임차인은 낙찰자에게 부담이 크긴 하지만 전입일만 빠르고 임차인의 지위에 있지 않은 자나, 임차인일지라도 경매부동산의 대출실행 시 임차인의 지위를 주장하지 않겠다고(무상임차인각서 등) 한 자도 허위로 서류를 꾸며 법원에 신고하거나, 신고하지 않았더라도 낙찰된 후 낙찰자에게 임차인의 권리를 주장하며 대항하는 일도 있는데 낙찰자 입장에서는 이런 물건을 피하기만 할 것이 아니라 잘만 분석하면 오히려 큰 수익을 올릴 수 있게 된다.

하지만 초보경매인이 정확한 물증 없이 심증만으로 이런 물건을 낙찰받고 속을 썩이다가 변호사 사무실에 찾아오는 경우도 종종 있으니 이런 물건에 도전하려면 무엇보다도 이론을 완전무장하고 상황에 따른 대처능력을 키워야 한다.

## 1. 대항력이란?

주택 임대차보호법에서 대항력이란 임차주택이 매매나 경매 등의 사유로 소유자가 변경되는 경우 새로운 소유자(낙찰자)에게 계속 임차권을 주장할 수 있는 권리이다. 따라서 대항력 있는 임차인이 법원에서 보증금을 전액 배당받지 못한 경우 낙찰자가 나머지 금액을 갚을 때까지 임차인은 해당 부동산을 비워주지 않아도 된다. 배당요구 신청을 하지 않은 경우도 마찬가지다(낙찰자가 보증금을 갚지 않고 신청한 인도명령은 무조건 기각된다).

## 2. 대항력의 요건

대항력 있는 임차인이 되려면 저당권, 근저당권, 가압류, 가등기 등 말소기준권리(=최선순위권리)가 될 수 있는 권리보다 앞서 임대차계약을 하고 주택의 인도를 받고, 해당 부동산에 주민등록을 해야 한다. 그러면 전입한 다음날 오전 0시부터 대항력이 생긴다.

결론적으로 임차인은 ①임대차계약을 맺고, ②주택을 인도받고, ③주민등록의 요건을 모두 갖추어야 대항력이 생기는 것이다(토지와 건물등기가 따로 되어 있고 저당권 등의 설정일이 다른 경우 건물에 등기된 권리를 기준으로 임차인의 대항력 유무를 판단한다).

## 3. 대항력에서 추가로 알아야 할 사항

다음 사항을 제대로 숙지하면 실수하지 않고 수익을 올릴 수 있다.

① 대항력이 있는 임차인은 배당요구 종기일까지 배당신청을 했을 경우 배당된다. 그리고 배당요구 종기일까지 배당요구철회도 가능하

다. 실제 대항력이 있고 확정일자도 제때에 받아둔 임차인은 배당요구를 해서 법원에서 배당을 받을 수도 있고, 배당요구 신청을 안 했거나 철회한 경우에는 낙찰자에게 변제를 요구할 수도 있다(경매가 개시되면 해당 법원에서 임차인에게 경매절차에서 배당을 받으려면 권리신고를 하라는 최고통지를 하고 매각기일 전까지 배당요구 신청 기간을 정해두는데, 이 시한을 '배당요구 종기일'이라고 한다).

② 임차인이 본래 대항력이 있다고 하더라도 전입 후 건물에 근저당 등 기타 권리들이 발생되고 난 뒤 증액한 보증금에 대해서는 대항력이 없어서 낙찰자가 추가로 인수하지 않아도 된다.

③ 다가구주택이나 단독주택의 경우 건물 호수가 다르더라도 지번만 제대로 기재되어 있으면 대항력이 발생한다. 임대인의 편의상 구분하여 놓은 호수까지 임차인이 의무로 기재할 필요가 없는 것이다(다가구, 단독주택).

④ 집합건물, 즉 빌라, 연립주택, 오피스텔의 경우 현황에는 1동, 2동 또는 101호, 201호로 되어 있으나, 건축물대장과 등기부등본상의 기재가 위의 현황과 다른 경우 임차인은 대항력을 인정받지 못한다. 만약 임차인이 잘못 기재된 사실을 알고 주소를 정정하여 전입신고를 수정한 경우 수정한 날 이후로 대항력이 생긴다(특수주소변경).

⑤ 「중소기업기본법」 제2조에 따른 중소기업에 해당하는 법인이 소속 직원의 주거용으로 주택을 임차한 후 그 법인이 선정한 직원이 해당 주택을 인도받고 주민등록을 마쳤을 때에는 제1항을 준용한다. 임대차가 끝나기 전에 그 직원이 변경된 경우에는 그 법인이 선정한 새

로운 직원이 주택을 인도받고 주민등록을 마친 다음 날부터 제삼자에 대하여 효력이 생긴다〈신설 2013.8.13.〉.

⑥ 전 소유자가 임차인인 경우 제3자에게 소유권 이전 등기가 된 날 다음날부터 임차인으로서 대항력이 생긴다(전 소유주가 임차인이 된 경우).

⑦ 대출받을 당시 전입된 채무자나 그 외 친인척들이 무상임차인각서나 임차인의 권리 일체를 주장하지 않겠다는 각서를 작성하여 은행에 제출한 경우 실제 임대차가 있는 임차인일지라도 낙찰자에게 대항력을 주장할 수 없다(무상임차인각서).

⑧ 임차인이 세대주인 경우 세대주의 주민등록 전입 일자는 늦지만 다른 세대원의 주민등록이 앞서 전입되어 있다면 빠른 세대원의 전입일을 기준으로 대항력을 인정받는다(세대합가).

⑨ 임차인이 미등기건물을 임차한 경우에도 주택의 인도와 주민등록을 마친 때에는 그 다음날부터 대항력이 생긴다(미준공된 건물의 경우).

⑩ 대항력이 있는 임차인이 법원에서 일부만을 배당받고 계속해서 사용·수익했을 경우 배당받은 보증금에 해당하는 부분에 대하여 낙찰자에게 부당이득반환의무가 있다(부당이득).

⑪ 주택임대차보호법의 적용대상인 주거용 건물에 대하여 주거용인지 아닌지는 건물의 현황, 용도 등에 비추어 일상생활을 영위할 수 있느냐에 따라 실질적으로 판단해야지 등기부나 건축물관리대장 등의 공부상 표시에 의하여 형식적으로 판단하지 않는다(대판 1995. 3. 10,

94다52522).

⑫ 경매절차에서 배당받지 못하거나, 전액배당을 받지 못한 대항력 있
는 임차인의 보증금을 낙찰자가 변제했다 하더라도 낙찰자는 전 소
유주를 상대로 변제해준 금액에 대해 부당이득반환청구를 할 수 없
다(낙찰자는 전 소유주에 대한 구상권 및 부당이득청구 불가).  그러나 대항
력 있는 임차인에게 갚아준 금액은 취득 당시의 필요비용으로 인정
된다.

## 4. 선순위 위장임차인 해결 방안

### ① 증거자료 수집

은행에 제출된 무상임차인각서나 소유자와 친인척관계를 알 수 있
는 가족관계증명서, 점유자가 소유자나 채무자와 동일 법인에 재직
한다는 법인등기부등본, 점유자에게 불리한 진술을 하거나 사실관계
를 부인한 녹취록 등을 수집해야 한다.

### ② 소유자나 대항력을 주장하는 사람과의 협상

낙찰자에게 요구하는 이사비가 많지 않을 경우 적정 이사비를 지급
하고 마무리하면 된다. 그러나 그 금액이 상당할 경우 민사소송을 벌
여 월 임대료 상당의 부당이득청구와 명도청구가 가능하고 상황에
따라 경매방해죄, 강제집행 면탈죄, 사기죄, 사문서위조죄, 협박죄
등으로 고소 할 수 있다.

### ③ 인도명령신청

위 ①번의 증거자료가 충분한 경우 인도명령신청서를 꼼꼼하게 작

성하여 법원에 제출하면 인도명령결정도 가능하고 그 후 강제집행 절차를 밟을 수 있다. 개인적으로 이러한 사건을 해결할 때 내용증명, 명도소송, 형사고발을 사용하여 점유자를 굴복시키고 적정 이사비를 지급하여 마무리해왔다.

## ④ 명도소송

소송절차에서 임차인이라고 주장하는 자에게 임대차계약서와 보증금 지급에 관한 영수증 그리고 은행거래명세를 요구한다. 또 임대차계약서상에 임차인과 임대인 쌍방계약이 아닌 공인중개사의 직인이 있다면 그 중개업자를 증인 신청하여 심문절차를 거치면 법원에서 빠른 판단이 가능할 것이다.

필자는 웬만하면 점유자와 미소 지으며 이별할 수 있도록 노력하는 편이다. 모든 사항을 법으로만 해결하려 하지 말고 적정한 선에서 타협 하는 것이 가장 좋은 방법이다.

## 소액임차인의 범위와 최우선변제금액

| 법령시행일 | 서울특별시, 광역시 | | 기타 시도지역 | |
|---|---|---|---|---|
| | 소액보증금 범위(이하) | 최우선변제금액 | 소액보증금 범위(이하) | 최우선변제금액 |
| 1984. 06. 14 | 300만 원 | 300만 원 | 200만 원 | 200만 원 |
| 1987. 12. 01 | 500만 원 | 500만 원 | 400만 원 | 400만 원 |
| 1990. 02. 19 | 2,000만 원 | 700만 원 | 1,500만 원 | 500만 원 |
| 1995. 10. 19 | 3,000만 원 | 1,200만 원 | 2,000만 원 | 800만 원 |

| 법령 시행일 | 서울시 | | 수도권 정비계획법에 의한 수도권 중 과밀억제권역 | | 광역시(군지역 제외) 안산시, 용인시, 김포시, 광주시 | | 기타 지역 | |
|---|---|---|---|---|---|---|---|---|
| | 소액보증금 범위(이하) | 최우선 변제금액 | 소액보증금 범위(이하) | 최우선 변제금액 | 소액보증금 범위(이하) | 최우선 변제금액 | 소액보증금 범위(이하) | 최우선 변제금액 |
| 2001. 09.15 | X | | 4,000 만 원 | 1,600 만 원 | 3,500 만 원 | 1,400 만 원 | 3,000 만 원 | 1,200 만 원 |
| 2008. 08.21 | X | | 6,000 만 원 | 2,000 만 원 | 5,000 만 원 | 1,700 만 원 | 4,000 만 원 | 1,400 만 원 |
| 2010. 07.26 | 7,500 만 원 | 2,500 만 원 | 6,500 만 원 | 2,200 만 원 | 5,500 만 원 | 1,900 만 원 | 4,000 만 원 | 1,400 만 원 |
| 2014. 01.01 | 9,500 만 원 | 3,200 만 원 | 8,000 만 원 | 2,700 만 원 | 6,000 만 원 | 2,000 만 원 | 4,500 만 원 | 1,500 만 원 |

| 법령 시행일 | 서울시 | | 수도권 정비계획법에 의한 수도권 중 과밀억제권역 | | 광역시(군지역 제외), 안산시, 용인시, 김포시, 광주시, 세종시 | | 기타 지역 | |
|---|---|---|---|---|---|---|---|---|
| | 소액보증금 범위(이하) | 최우선 변제금액 | 소액보증금 범위(이하) | 최우선 변제금액 | 소액보증금 범위(이하) | 최우선 변제금액 | 소액보증금 범위(이하) | 최우선 변제금액 |
| 2016. 03.31 | 1억 원 | 3,400 만 원 | 8,000 만 원 | 2,700 만 원 | 6,000 만 원 | 2,000 만 원 | 5,000 만 원 | 1,700 만 원 |

| 법령 시행일 | 서울시 | | 과밀억제권역, 세종시, 용인시, 화성시 | | 광역시(군지역 제외), 안산시, 김포시, 광주시, 파주시 | | 기타 지역 | |
|---|---|---|---|---|---|---|---|---|
| | 소액보증금 범위(이하) | 최우선 변제금액 | 소액보증금 범위(이하) | 최우선 변제금액 | 소액보증금 범위(이하) | 최우선 변제금액 | 소액보증금 범위(이하) | 최우선 변제금액 |
| 2018. 09.18 | 1억 1,000 만 원 | 3,700 만 원 | 1억 원 | 3,400 만 원 | 6,000 만 원 | 2,000 만 원 | 5,000 만 원 | 1,700 만 원 |

| 법령<br>시행일 | 서울시 | | 과밀억제권역,<br>세종시, 용인시,<br>화성시, 김포시 | | 광역시(군지역 제외),<br>안산시, 광주시,<br>파주시, 이천시, 평택시 | | 기타 지역 | |
|---|---|---|---|---|---|---|---|---|
| | 소액보증금<br>범위(이하) | 최우선<br>변제금액 | 소액보증금<br>범위(이하) | 최우선<br>변제금액 | 소액보증금<br>범위(이하) | 최우선<br>변제금액 | 소액보증금<br>범위(이하) | 최우선<br>변제금액 |
| 2021.<br>05.11 | 1억 5,000<br>만 원 | 5,000<br>만 원 | 1억 3,000<br>만 원 | 4,300<br>만 원 | 7,000<br>만 원 | 2,300<br>만 원 | 6,000<br>만 원 | 2,000<br>만 원 |

**수도권 과밀억제권역**

- 서울특별시, 의정부시, 구리시, 하남시, 고양시, 수원시, 성남시, 안양시, 부천시, 광명시, 과천시, 의왕시, 군포시
- 인천광역시(강화군, 옹진군, 서구 대곡동·불로동·마전동·금곡동·오류동·왕길동·당하동·원당동, 인천경제자유구역 및 남동 국가산업단지는 제외한다)
- 남양주시(호평동·평내동·금곡동·일패동·이패동·삼패동·가운동·수석동·지금동 및 도농동에 한한다)
- 시흥시〔반월특수지역(반월특수지역에서 해제된 지역을 포함한다)은 제외한다〕

# 만약 당신의 꿈이 '경제적 자유'라면

나는 경제적 자유를 얻고 싶다. 뉴스에서 국제유가가 오르니 내리니 해도 아무 걱정 없이 내 차에 기름을 가득 채우고 여행을 떠나고 싶고, 공공요금과 물가 인상에 관한 뉴스를 보고도 내가 사고 싶은 것이 있으면 아무 거리낌 없이 쇼핑도 하고 싶다. 또한, 나름대로 미식가인 내가 먹고 싶다는 생각이 들면 아무리 비싼 음식일지라도 돈에 구애받지 않고 코스요리 정도는 주문하고 싶다.

《2001년 11월 송사무장의 종잣돈 모으던 시절 일기 중에서》

앞에서 예로 든 빌라 낙찰기를 보고 무슨 생각을 했는가? 혹시 단순히 경매를 이용하여 부동산을 싸게 샀다는 생각만 한 것은 아닌지? 그렇다면 당신은 아직 내 의도를 눈치 채지 못한 것이다. 경매를 통해 단순히 시세보다 싸게 부동산을 매입하여 차익을 남기는 게임의 의미보다 조금 더 폭넓게 생각해보자.

경제적 자유란 무엇인가? 내가 생각하는 '경제적 자유'는 일을 하지 않아도 월급 이상을 벌고 기본적인 의식주와 여가생활을 하는 데 전혀 지장이 없는 상태이다. 본인과 가족이 쓸 것 쓰면서도 시간적으로 물질적으로 여가를 즐기는 데 전혀 지장이 없어야 하는 것이다.

사람들은 대부분 경제적으로 자유로워지고 싶다고 말하지만, 현실은 그렇지 못하니 단지 꿈으로만 묻어 놓는다. 그 단계에 진입하게 되면 행복할 것이라고 생각은 하지만 진정 어떻게 해야만 큰 꿈인 경제적 자유를 얻게 되는지 막막하기 때문이다. 돈을 어떻게 불려야 하는지, 어떻게 해야만 부자가 되는지 모른다는 말이다.

그래서 사람들은 경제적 자유란 단지 많은 돈을 소유하는 것이라고만 오해하며 사는 것이다. 무엇이든 어렵다고 생각하면 어려운 것이고 쉽다고 생각하면 쉬운 것이다. 내가 볼 땐 경제적 자유를 얻느냐 마느냐는 자신의 능력보다 생각의 차이에 따라 더 크게 좌우된다. 큰 부자는 하늘이 내리지만 조그만 부자는 노력으로 충분히 가능하다고 생각한다. 단지 어렵다고 여기고 노력하지 않기 때문에 현재 그 자리에 머물러 있는 것이다.

경제적 자유로 가는 길은 생각의 전환에서부터 시작된다. 경제적 자유를 얻으려면 본인의 노동력을 투입하지 않고도 매월 돈이 나오는 시스템을 구축해야 한다. 노동력 없이 돈이 나오는 시스템이 제대로 구축이 되고 그 시스템에서 매달 지급되는 돈이 월급보다 많아지는 순간 '경제적 자유'의 문턱에 입성하게 되는 것이다. 쉽게 말해서 노동력이 투입된 본인의 월급 외에 매달 일정한 월세가 나오는 부동산이나 주기적으로 배당금을 받을 수 있는 주식 또는 이자가 지급되는 채권을 소유하면 되는 것이다. 이런 모든 것들은 노동력 외에 수익을 안겨주는 시스템이라 할 수 있다. 회사에서 연봉을 올리는 것은 마음처럼 쉽지가 않다. 그러나 이자를 제외하고 매달 월세 수입이 30만 원이 되는 부동산을 소유하게 된다면 나의 연봉은 360만 원이 상승하는 것이다.

이러한 단순한 원리를 이용하여 효과적인 관리를 한다면 자산 증가 속도에서 많은 차이가 날 것이다. 똑같은 20억 원의 자산을 갖고 있어도 열심히 일해야 하는 사람이 있는가 하면, 20억 원으로 효과적인 포트폴리오를 통해 여유 있는 생활을 하는 사람이 있는 것이다(경제적 자유를 이루기 전에 주거비용으로 자산 대부분을 지출하는 사람은 미련한 사람이라고 생각한다).

종잣돈이 적어도 마찬가지다. 대출(레버리지)을 잘 활용한다면 월세가 나오는 1채의 부동산을 매입할 때 제반 비용을 고려하더라도 결과적으로 드는 투자금은 2,000만 원도 되지 않는다. 나의 빌라 사례를 보더라도 262만 원의 투자금이 지출되었지만, 여유 있게 잡아서 1채당 2,000만 원을 지출한다 해도 1억 원이면 5채를 보유할 수 있다. 5채 정도면 매달 100~150만 원 정도의 수익이 생길 것이다. 실제로 내가 위 빌라 외에 투자했던 다른 빌라에서도 임대를 놓고 나면 1,000만 원도 안 되는 금액이 투자되었다.

당신이 나보다 경매기술이 능숙하지 못하다고 하더라도 내가 임의로 책정한 2,000만 원에 집 1채를 매입하는 것은 결코 무리가 아니다. 단, 부동산 매입 시 레버리지(대출금, 임차인의 보증금)를 최대한 활용해야 한다. 경매로 낙찰 받으면 낙찰가의 70~80%까지 대출이 가능하고, 만약 급매물을 이용하여 부동산을 매입한다면 매매가격의 60~70%까지 대출을 받을 수 있다.

이렇게 매달 월세를 받을 수 있는 부동산이 수익형 부동산이다. 지금부터 나는 이런 수익형 부동산을 배당부동산이라 칭하겠다. 배당부동산은 빌라, 아파트, 오피스텔, 상가, 공장 등 월세가 안정적으로 나오는 모든 부동산을 말한다. 이러한 배당부동산은 당신의 또 다른 일꾼이 된다.

양도세와 보유세에 대한 걱정은 잠시 접어두자. 항상 느끼는 것이지만 걱정부터 앞서는 사람은 아무것도 하지 못한다. 양도세는 파는 시점에서 이익이 생겼을 때 내면 되는 것이다.

처음부터 부동산을 매입하고 곧바로 팔 목적이 아니라면 지레 겁먹을 필요는 없다. 텔레비전이나 신문에서 부동산가격이 내려간다고 보도하는 데 내 집 값도 내려가면 어떻게 하느냐고? 걱정하지 마라! 집값은 내려가도 월세는 떨어지지 않는다. 집값이 내려갔다고 주인에게 전화해 월세를 깎아달라고 엄장 지르는 세입자는 아직까지 한 번도 보지 못했다. 그렇다고 집값이 올랐다고 월세가 팍팍 오르는 것도 아니다. 희한하게 집값과 전셋값은 함께 움직이지만 월세는 둔감한 것이 현실이다(여기서 내가 언급하는 부동산은 서울에 있는 고가의 아파트는 예외다. 그곳은 전세가가 매매가격과 어느 정도 연동하여 시세가 형성된다. 그러나 강남의 고가 아파트를 월세수익 생각하고 사는 사람은 없을 것이다). 따라서 집값이 내려가면 월세만 받으면 되는 것이고 다시 집값이 올라가면 계속해서 월세를 받든지 아니면 적정한 타이밍에 매도하고 다른 물건으로 갈아탈 수 있다.

종부세가 걱정이라고? 임대사업을 할 때에는 종부세 부과 대상에서 예외다. 나는 현재 이런 든든한 배당부동산을 소유하고 있고 이 일꾼들은 매달 나를 위해 열심히 일을 하고 있다.

## 모두가 알고 있는 블루마블 게임은 현실에서 그대로 적용된다

똑같은 자산을 가지고 있고 똑같은 월급을 받는 사람이라도 숨은 '돈의 원리'와 '게임의 법칙'을 깨닫지 못한다면 효과적으로 자산을 불리는 것은 매우 힘들다. 경매에 접근할 때 단순한 머니게임으로만 생각하면 부자가 될 수 없다. 감정가격 대비 저가로 유찰된 금액과의 차익만을 바라보는 게임은 어느 누구든 생각하는 것이다.

아직도 돈이 돈을 번다고 생각하는가? 아니다. 틀린 말은 아니지만 맞는 말은 더더욱 아니다. 대부분의 사람들이 직장에 취직해서 집 장만을 하고 그 다음에 여유가 생기면 부동산 투자를 생각한다. 가끔 나에게 컨설팅 의뢰를 하며 찾아오는 이들은 대부분 곧 직장에서 은퇴하게 될 위치에 있거나 은퇴한 노부부들이다.

그분들과 상담을 해보면 월세가 많이 나오는 상가나 다가구 주택을 가장 선호하고 그러한 물건만을 낙찰 받겠다고 고집을 부린다. 그분들은 노후에 월세가 나오는 부동산을 갖고 있으면, 마음이 편안하고 생활의 여유를 즐길 수 있다고 굳게 믿고 있다.

그런데 왜 은퇴를 앞두고 있거나 목돈이 생겼을 때에만 이런 배당부동산을 찾는 것인가? 그것은 사람들 대부분이 아직 '발상의 전환'을 하지 못해서이다. 2,000만 원으로는 절대 월세가 잘 나오는 부동산을 살 수 없다고 생각하는 것과 같다. 일반 사람들은 2억 원에서 3억 원 정도 모여야 이런 수익형 부동산을 살 수 있다고 생각한다.

하지만 생각을 바꾸어보자. 다가구가 무엇인가? 여러 가구가 사는 집이지만 건물등기는 하나로 되어 있는 건물이다. 한 번에 여러 가구를 사는 것과 시간을 두고 하나씩 한 가구를 사는 것은 크게 차이가 나지 않는다. 그런데 사람들은 한 번에 사려고만 고집하고 그것이 올바른 방법이라고 생각한다.

대중화된 적립식 펀드의 장점이 상승장과 폭락장에서 주식을 골고루 매입하여 평균매입단가를 낮추어 리스크를 줄임으로써 수익을 극대화하는 방법이라면, 배당부동산을 매입하는 방법도 한 채씩 한 채씩 사는 적립식 펀드와 같다고 생각하면 된다. 경험상 한 채씩 나누어 사는 것이 더 효과적인 방법이었다(물론 자금 여력이 충분한 사람은 한 번에 큰 물건을 사는 것이 좋지만, 이 칼럼에서는 돈이 없어도 수익형 부동산을 소유할 수 있음을 강조하는 것이다).

분산투자의 효과로 리스크 관리가 가능하고 혹시 집안에 급한 일이 생겨 급전이 필요할 경우 다가구는 한 번에 모두 처분해야 하지만 후자를 선택한 사람은 한 채만 팔아도 된다. 또한, 후자를 선택하면 여러 가구 중

하나가 재개발 지역에 포함될 수도 있고, 뉴타운이나 기타 호재구역 안에 지정될 확률도 높아서 전체적인 수익률이 높아지는 것은 당연하다. 이렇게 여러 가구를 한 번에 사서 한 채를 소유하는 것과 한 채씩 한 채씩 사서 여러 가구를 소유하는 것은 결과적으로는 똑같지만 후자를 선택하는 이는 거의 드물다.

내가 부동산게임을 너무 쉽게 표현했다고 생각하는가?

요즘 젊은 남성들은 대부분 맞벌이를 할 수 있는 배우자와 만나기를 선호한다. 그 말을 뒤집어보면 남성 혼자서 일하는 외벌이로는 여유롭고 안정적인 가정생활과 부를 축적하기가 버겁다고 느끼기 때문일 것이다.

맞벌이를 생각하는 것처럼 나의 또 다른 일꾼을 고용하라! 매달 나에게 돈을 벌어줄 부동산 매입 계획을 세워라! 생각만 해도 즐거울 것이다.

실제로 배당부동산을 사는 것은 어려운 일이 아니어서 레버리지와 임대보증금을 이용하면 경매초보자도 1,000만 원 정도면 한 채를 소유할 수 있다. 내가 바로 그 증거이고 내 주변의 증거는 더 많이 있다(2008년 처음이 책을 출간하고 행복재테크 카페에서 평범한 초보에서 경제적 자유를 얻은 수많은 월세부자들이 나왔다).


앞에서 나는 262만 원을 투자해서 매월 30만 원의 현금흐름을 만들었다. 이때 주위 경매 투자자들의 반응은 기대 이하였다. 그들에게는 한 채에서 얻어지는 매월 현금흐름 30~40만 원이 그리 크게 느껴지지 않은 것이다. 맞다. 사실이다. 한 채를 갖고선 그리 실감을 하지 못한다. 그러나 2~3채에서 100만 원 이상의 현금이 나올 때는 그 반응들이 달라지기 시작한다. 이런 배당형 부동산은 종목을 가리지 않아도 된다. 빌라, 오피스텔, 아파트 등의 물건으로 대출과 임대보증금을 활용하여 임대수익이 충분하다고 생각될 경우 매입하는 것이다.

## 현금흐름 월 300만 원을 완성하라

일하지 않아도 매월 300만 원이 나온다면??

이때부터는 좀 더 여유 있는 생활을 할 수 있게 된다. 나는 애초부터 1,000만 원을 목표로 삼았다. 보통의 경매인들이 빌라 단기 투자로 1,000만 원 정도의 매매차익을 거두는데, 내가 현금흐름으로 1,000만 원을 만들게 된다면 그들과 나는 비교할 수 없는 위치가 될 것이라 생각했기 때문이다. 현금흐름 300만 원을 달성하여 500만 원이 넘고, 목표한 1,000만 원을 넘어 현재는 현금흐름이 2,000만 원, 3,000만 원… 그 이상의 수준을 훨씬 넘어섰다. 내가 목표한 대로 현금흐름을 이룬 후 뒤를 돌아보니 이 부분을 전혀 신경 쓰지 않았던 이들은 여전히 경매법정을 출근하는 생계형 경매인이고, 나는 경매인을 뛰어 넘어 부자가 되었다. 경매법정도 거의 드나들지 않고 말이다.

## 먹이사슬의 윗 단계로 올라가라

자연에서 모든 인간은 똑같은 먹이사슬의 위치에 있다. 그런데 그러한 인간세계에서 느끼지 못하는 또 하나의 먹이사슬이 있다. 만약 돈과 자본주의라는 잣대로 인간사회의 먹이사슬을 그려보면 모든 인간의 위치는 다르다. 초식동물의 위치에 있는 인간도 있고 그런 초식동물만 노리는 맹수(육식동물)의 위치에 서 있는 인간이 있는 것이다. 아래 표를 보면 먹이사슬에서 당신은 어떠한 위치에 있는지 금방 알 수 있다.

월세 받는 자
(육식동물)

월세 내는 자
(초식동물)

사람들은 대개 위 도표상의 먹이사슬에서 윗단계로 올라가려면 많은 노력과 큰 돈이 필요하다는 크나큰 착각 속에 살고 있다. 2~3억 원이 넘는 종잣돈이나 그 이상을 저축해야만 윗단계로 오르려는 시도를 할 수 있다고 생각을 한다. 정말 그럴까? 과연 다가구의 집주인만 저 위치에 있는 것일까?

아니다. 빌라 한 채, 오피스텔 한 채에서도 분명 이런 먹이사슬이 존재한다. 부동산 하나로만 먹이사슬을 표현한다면 세입자는 초식동물이고 임대인은 육식동물이다. 배당부동산을 매입하여 초식동물을 그 안에 가두어 놓으면 그 초식동물은 매달 월세라는 먹잇감을 내놓는다.

누구든 2,000만 원이 안 되는 돈으로 먹이사슬의 윗단계에 진입할 수 있다. 처음 한두 채를 매입했을 때는 육식동물이라도 고양이 수준에 불과하지만 배당부동산을 몇 채 소유하게 되면 호랑이는 아니어도 표범까지 되는 것은 어렵지 않다. 먹이사슬의 윗단계로 올라가라. 한번 형성된 먹이사슬은 세입자가 웃돈을 주고 부동산을 매입하기 전에는 절대 바뀌지 않는다. 맹수와 초식동물의 차이는 정말 한 끗 차이다.

2008년 1월 초에 사촌동생 녀석이 1억 원이 조금 넘는 돈으로 전세를 구하려고 서울을 돌아다니다가 전화를 걸어왔다. "형, 이젠 아파트도 전세보다는 거의 월세로 바뀌고 있나봐. 적당한 전셋집 찾기가 너무 힘들어." 한국에만 존재한다는 전세 문화가 조금씩 바뀌고 있는 것이다(여기에는 집주인에게 부과되는 세금도 한몫하고 있다).

이젠 먹이사슬에 있는 먹잇감이 전세 보증금에서 월세로 바뀌고 있는 것이다. 생각을 바꾸고 움직여라. 아무리 맹수라도 열심히 움직이고 뛰어야만 사냥에 성공할 수 있다. 돈만 쥐고 있고 이러한 투자를 하지 않는다면, 당신은 맹수도 초식동물도 아닐뿐더러 당신을 위한 먹이사슬은 없다는 것을 알아야 한다.

## '배당부동산' 효과적으로 매입하는 방법

### 1. 똑같은 임대가격이라면 일단 싼 물건부터 매입하라!

2016년 12월 현재 시점에서 인천 구월동의 오피스텔(구 18평형)은 매매가격이 6,500-7,000만 원이고, 임대시세는 500/43-45만 원이다. 반면 경기도 부천의 오피스텔(구 17평형)은 매매가격 1억2천만 원이고, 임대시세는 500/50만 원이다.

임대목적으로 매입한다면 무조건 인천 오피스텔을 택할 것이다(임대물건 투자를 할 때 반드시 수요와 공급, 공실률 여부도 확인해야 한다). 물론 인천지역에 공급이 많아서 부천에 비해 공실률이 높은 것은 사실이나 수익률을 계산해 보아도 이 정도의 가격차이라면 인천이 좋다고 생각한다. 부동산투자를 할 때 입지보다 더 중요한 것이 매수·매도의 타이밍인데, 현재 인천 구월동은 공급이 늘어난 뒤 가격 조정이 된 후 바닥을 다진 상태라서 매수 타이밍도 괜찮다고 생각하기 때문이다.

결론은 임대목적이라면 일단 싼 물건이 우선이고 향후 임대시세가 오를 경우 시세차익은 보너스라는 말이다.

## 2. 분양물건(신축)은 정확한 임대가격을 파악해야 한다!

월세를 받을 목적으로 상가나 오피스텔, 도시형 생활주택, 수익형 호텔을 분양받았다가 속병을 앓는 분들을 많이 봤다. 2014년부터 도시형 생활주택, 수익형 호텔 열풍이 불었다(정부에서 치솟는 전세가를 잠재우기 위해 도시형 생활주택의 주차장법을 완화했던 것이 한몫했다). 그래서 분양 물량도 엄청나게 많았다. 앞으로 도시형 생활주택이 유망하다고 신문에 광고가 계속되었고 한 사람이 3채씩, 5채씩 분양받아서 세를 놓았다. 그러자 정부에서는 이 열풍을 잠재우려고 도시형 생활주택에 관한 주차장법을 다시 강화했다.

오피스텔을 1억 원에 분양했다면 분양가격의 70~80%가 넘는 금액(7,000만 원)을 대출해줬다. 이렇게 좋은 조건에 실제 투자금액도 적고 분양사무실에서 수익률에 맞추어 월세까지 놓아준다고 하니 그 말에 혹한 사람이 많았을 것이다. 그런데 2015년 말부터 무리하게 분양받았던 사람들의 물량이 경매시장에 쏟아졌다.

똑같이 배당형 부동산에 접근했는데 이들은 왜 실패했을까? 그 이유는 상가와 오피스텔, 도시형 생활주택의 분양가격이 대부분 시세보다 높게 책정되어 있기 때문이다. 그래서 분양 시점에서 1년이 지나면 분양가격보다 20~30% 빠지는 것이 보통이다.

시세가 하락하면 은행에서 대출연장을 해주지 않고 원금의 일부를 갚으라고 독촉하는데, 무리해서 물량을 많이 매입한 사람은 은행 돈을 갚을 여력이 안 되니까 물건을 포기할 수밖에 없었던 것이다.

오피스텔과 상가 시세는 대부분 임대가격과 연동한다. 따라서 본인이 매입하려는 오피스텔이나 상가의 분양가격이 적정한지 높은지는 임대가격을 월세로 적용하여 비교해보면 된다.

① 분양가격-(대출금액+세를 놓을 수 있는 임대보증금)
   = **실제 투자현금**
② (받을 수 있는 월세)-(현금투자에 대한 대출이자)
   = **수익**
③ (②번의 수익÷①번의 실제 투자현금)×100=12% 이상

바로 위의 방법이 상가나 오피스텔, 도시형생활주택, 수익형 호텔 등의 수익률을 계산할 때 간단하게 적용할 수 있는 계산법인데, 이때 주의해야 할 것이 있다. 이러한 계산법의 틈을 이용하여 분양할 때 현실적으로 임대가격보다 더 높게 분양사무실에서 책임지고 임대를 놓아준다고 광고할 때가 있기 때문이다.

분양받은 사람에게 분양과 임대를 동시에 해준다고 하니 정말 좋은 조건이다. 그러나 이때 주변의 임대가격을 미리 조사하지 않고 분양사무실에 가면 분양 팀에서 얘기하는 황금빛 수익률에 꼬임을 당하는 경우가 있다.

이런 경우 1년 임대 기간이 종료되면 분양 팀과 미리 짠 세입자는 보증금을 받아 나가고 높은 가격에 분양받은 사람이 다시 이 가격에 임대를 놓기는 힘들어 임대가격을 낮출 수밖에 없는 것이다. 그러면 자연스레 분양가격에서 거품이 제거되는 것이다. 결과적으로 분양 팀에서 분양가격을 높게 책정하고 1년 월세를 분양가격에서 깎아준 셈이 되는 것이다.

오피스텔은 급매물을 매입하는 것도 괜찮은 방법이지만 상가는 경매를 이용해 매입할 것을 추천한다. 흑진주 같은 분양상가를 찾는 것보다 경매를 통해 거품이 제거된 가격에 상가를 매입하기가 훨씬 쉽고 유리하기 때문이다.

### 3. 노후도가 심하거나 임대를 놓기 힘든 지역은 피하라!

빌라는 지은 지 10년이 되면 보일러를 교체해야 하고, 수도관이 터지거나 수도에서 녹물이 나오기도 한다(실제 부실공사가 많다). 따라서 같은 가격이면 신축에 가까운 부동산을 매입하는 것이 우선이다. 월세는 건물에 하자가 생기면 임대인이 수리해주는 것이 원칙이므로 이왕이면 신경이 덜 가는 물건이 좋다.

고지대에 있거나 지역주민들 수준이 낮은 동네 부동산은 아무리 싸더라도 매입여부를 신중하게 결정해야 한다. 이런 곳에 들어오는 세입자는 대부분 직업이 일정하지 않으므로 월세를 연체하는 경우가 많다(희한하게 월세가 높을수록 연체율은 낮다).

### 4. 채광이 잘 되고 주차장이 확보된 건물을 매입하라!

월세를 사는 사람도 주거환경에 대한 눈높이가 높아져 웬만하면 반지하를 꺼린다. 반지하는 사생활이 쉽게 노출될 수 있고, 습기가 많아 곰팡이가 잘 생기며 눅눅한 느낌이 들어 임대하기가 쉽지 않다. 그러나 채광이 잘 되는 반지하는 임대가 수월하다. 햇빛이 잘 들면 반지하의 핸디캡이 줄어들기 때문이다. 요즘에는 월세 사는 사람도 대부분 승용차가 있으므로 주차장 확보가 매우 중요하다.

### 5. 교통, 학군, 기타 사항을 잘 점검하라!

이는 자주 들어본 정보일 것이다. 소형아파트와 소형빌라는 일단 역세권에 있는 것이 좋다. 역세권이 아니라면 주변에 병원과 마트 등 편의시설이 잘 정리된 곳이나 공원이 가까운 곳에 있어서 쾌적한 곳이면 좋다.

### 6. 관리비가 저렴한 곳을 선택하라!

관리비가 저렴한 곳은 세입자도 선호한다.

비슷한 주거환경에 동일 면적의 건물이 있다고 가정하자. A 집에서는 매달 관리비가 5만 원 나오지만, B 집에서는 30만 원이 나올 수 있다. 관리비 문제는 세입자 입장에서 민감할 수밖에 없는데, 그 이유는 월 임대료와 함께 매달 내야 하는 고정비용의 일종이기 때문이다. 임차인의 입장에서 관리비가 비싸면 그만큼 부담될 수밖에 없다는 뜻이기도 하며, 관리비가 비싼 집은 임차인의 선호도가 떨어지기 때문에 수익형 부동산으로 적합하지 않다.

하지만 좋은 점만 찾으려고 하면 안 된다. 위 사항을 모두 만족하는 빌라나 아파트는 가격이 높다. 따라서 비슷한 가격이라면 좋은 점이 많은 물건을 매입해야 한다. 투자에서 가장 중요한 부분은 원금 대비 수익률이다. 이 점을 잊지 말아야 한다.

---

tip

**아파트 관리비 상태를 점검 해보자**

아파트 관리비가 얼마나 나오는지, 어디에 쓰이는지, 관리비 사용내역을 확인해 볼 수 있는 사이트가 있다. 누구나 정보를 쉽게 조회할 수 있으며, 주변의 유사 단지와 비교해볼 수 있는 장점이 있다.

**공동주택관리정보시스템- http://www.k-apt.go.kr/**

# memo

# 2

발상의 전환

## 상가 낙찰기

친분 있는 분이 의뢰하여 컨설팅 해 드린 물건이다. 재테크에 관심이 많아 경매를 공부하면서 여러 강좌를 들은 젊은 분이었다. 괜찮은 상가 물건이 있어 추천해 드렸는데 현장을 보고 마음에 들어 했다. 그래서 입찰하기로 결정하고 물건을 꼼꼼하게 살펴보았다.

## 1. 이 물건을 추천한 이유

### 〈장점〉
① 주위 아파트의 배후 세대수가 많다.
② 아파트 후문에 위치하나 공단과 학교가 가까이 있다.
③ 유치권이 신고 되었으나 허위로 판명되었다.
④ 이 허위 유치권 신고를 이용하여 저가에 매입할 수 있다.
⑤ 월세를 많이 받을 수 있으므로 매매 부담이 없다(경락잔금대출을 이용하더라도 매달 부담해야 하는 이자보다 월세가 많으면 보유에 부담이 없고, 좋은 가격을 제시하는 매수인이 나타날 때까지 여유가 있으므로 매매가 쉽다).
⑥ 경매로 나온 상가임에도 장사가 잘 되는 자리이다.
⑦ 분양 평수가 넓은 편이다.
⑧ 1층이다.

**〈단점〉**

① 아파트 후문에 위치한다.

② 개별매각이 되는 물건들 중의 하나인데, 다른 물건 중에서 유찰이 여러 번 예상되는 물건이 끼어있다(개별매각의 경우 전체 물건이 모두 낙찰되어야만 배당기일이 정해지는데, 임차인이 있는 물건의 경우 배당기일까지 인도명령결정을 해주지 않고 있어 명도가 늦어질 수도 있다).

## 2 현장조사

현장에 갔다. 건물 전체는 5층이며, 입찰예정인 1층에는 모두 세 상가가 입점하고 있었다. 좌측에는 식당, 가운데는 병원, 우측에는 문구점이 영업 중이었다. 병원은 장사가 잘 되는 것으로 보였지만 갈비를 파는 식당은 그저 그렇고, 문구점은 보통 수준으로 보였다(물건번호 2번 문구점, 3번 병원, 4번 음식점).

식당   병원 문구점

현장에 도착했지만 상가에 직접 들어가서 경매 얘기를 하는 것은 보류하기로 했다. 점유자를 마주하는 상황이 껄끄럽고 부딪치기 싫어서가 아니라, 상가임차인들은 대부분 경매입찰을 생각하고 있기 때문이다(장사가 아예 안 될 경우는 예외).

대부분의 상가 임차인들은 상가임대차 보호법을 적용받기에는, 우선

변제권이나 최우선 변제권의 보장 금액이 현실적으로 너무 적으므로 보호받는 데는 무리가 많다. 따라서 상가임차인의 대부분은 배당절차에서 배당을 받는 것이 현실적으로 어렵다.

딸랑 책상 하나만 놓고 단순한 좌판을 하는 임차인이 아닌 이상 대부분의 임차인은 영업(장사)을 하기 위해 건물에 시설투자를 한다. 시설을 하고 영업하던 중에 상가가 경매로 제3자에게 낙찰된다면 시설투자에 따른 투자비용을 건지는 것은 고사하고 낙찰자가 이사비나 많이 챙겨주면 감사할 따름이다. 따라서 상가가 경매로 제3자에게 낙찰되면 재계약을 성사시키지 못할 경우 보증금, 시설비(권리금) 모두를 손해 보게 되니 상가임차인으로서는 입찰을 생각하는 것이 당연할 것이다. 실제 상가임차인이 본인이 세를 든 물건이 경매로 넘어가게 되었다고 상담해오면 나 또한 입찰을 권유하여 가능하면 손해를 줄일 수 있도록 컨설팅 한다.

상가의 경우, 임차인도 경쟁자가 될 수 있다. 그래서 나는 상가입찰 전에 권리분석이 복잡하거나 유치권이 존재하는 등 특별한 경우를 제외하면 임차인과 만나지 않는다.

본인이 초보자이거나 생소한 지역에 입찰하는 경우 영업이 잘 되는 지역인지 꼼꼼히 조사하려면 상가 지역에 차를 세워두고 영업 현황을 점검하도록 하자. 어느 시간대에 손님이 많은지, 하루 매출은 어느 정도 되는지 감을 잡아야만 한다. 부동산은 기본적으로 목돈(?)이 투자되기에 항상 철저하고 꼼꼼하게 사전조사를 해야 한다. 특히 인근 시세를 조사하는 것도 빠뜨리면 안 된다. 상가는 인근에 거래가 없으면 매매가격을 책정하는 것이 애매할 수도 있는데 이럴 경우에는 임대가격을 꼼꼼하게 조사하면 역으로 매매가격을 산출할 수 있다. 상가를 매입할 때 순수 현금투자비용(대출을 받지 않았을 경우라고 가정) 임대가격을 비교하여 월세 수익률이 6% 이상이면 괜찮은 것이다.

현장조사를 한 결과, 가운데 위치한 병원과 맨 끝에 있는 문구점 이렇게 두 곳을 입찰하기로 했다. 병원은 필자가 입찰하고 문구점은 젊은 투자자가 입찰하기로 했다. 2억 원의 유치권 신고가 있었지만, 유치권 신고자가 점유하지 않아 무시하기로 했다(경매를 진행하다 보면 유치권이 신고 된 물건을 많이 볼 수 있다. 실제로 공사한 공사업자가 신고하는 경우도 있지만 그렇지 않은 경우도 많다. 따라서 유치권을 제대로 해결할 수 있다면 그만큼 저가에 낙찰 받을 수 있다. 유치권은 '송사무장의 실전경매'에 자세히 기술하였다).

## 3. 입찰

병원은 2억 8,900만 원에 입찰하고, 문구점은 2억 7,800만 원에 입찰하기로 했다. 병원이 임대수익이 더 괜찮았기에 금액을 높여서 썼다. 그런데 개찰 결과를 보니 병원은 떨어지고 문구점만 낙찰되었다. 병원을 낙찰 받은 사람은 나를 보고 얼굴에 회심의 미소를 띠며 영수증을 받아갔다(과연 당신의 미소가 영원할지…).

내 눈에 좋아 보이면 다른 사람 눈에도 좋아 보인다는 사실을 다시금 깨달았다. 아마도 나와 경쟁해서 병원을 낙찰 받은 사람도 병원이 다른 곳으로 쉽게 이사하지 못하고 재계약하리라 판단했을 것이다(병원은 시설비 투자가 만만치 않다). 병원에서 배당요구를 하면서 신고한 내역을 보니 보증금 1억 원에 월세가 400만 원이었다. 적은 금액이 아니었다. 그런데 자세히 보니 1층으로만 그렇게 임대된 것이 아니고 4층을 함께 임차한 금액이었다. 4층에 전용입원실이 있었는데, 병원은 입원실을 사용해야만 영업할 수 있었다.

## 4. 명도

낙찰을 받고 문구점에 갔다. 문을 열고 들어가니 나이 드신 아저씨 내외가 장사를 하고 있었다. 그들은 낯선 남자가 무슨 이유로 왔는지 이미 눈치 챈 얼굴이었다.

낙찰자라고 인사드렸더니 부부가 이구동성으로 장사가 엄청나게 안 된다고 한다. 매번 느끼지만 명도 할 때 주택이든 상가든 항상 죽는 소리를 한다. 그리고 아무 이유 없이 낙찰 받은 사람에게 원망스런 한탄을 하는 것은 레퍼토리이다. 솔직히 누구를 원망하겠는가? 빚이 이렇게 많은 상가에 임대차 계약을 하고 들어간 임차인이 일단 가장 큰 실수를 한 것이다.

이 물건의 경우 경매가 진행되면서 월세를 내지 않아도 되었으므로 문구점은 손해가 거의 없었다. 일단 임차인에게 재계약 의사를 물어봤으나 모른다는 말뿐이었다.

"아, 몰라~."

임차인이 제시한 임대가격과 의뢰인이 생각하는 금액이 차이가 커서 재계약을 하지 않고 명도 하는 것으로 결정했다.

이 상가는 경매사건번호 외에 1번부터 9번까지 물건번호가 있다. 바로 개별경매에 해당하는 것이다. 개별경매의 경우에는 주의해야 할 것이 있는데, 물건번호가 부여된 9개 물건 전부가 낙찰될 때까지 배당기일이 결정되지 않는다는 것이다. 모든 물건을 매각하고 그 매각대금을 합해서 채권자와 이해관계인에게 배당해야 하기 때문이다. 배당기일이 잡히지 않으면 낙찰자가 신청한 인도명령결정도 늦어지게 된다.

tip
### 인도명령결정

실무에서는 임차인의 경우 대개 배당기일이 지정되면 그 다음날 인도명령결정을 해준다. 임차인이 배당받기 전에 강제집행을 당하지 않게 하려는 법원의 최소한의 배려이다. 채무자나 소유자의 경우 배당기일과 관계없이 인도명령결정이 된다(법원마다 차이 있음). 가끔 해당 물건 경매계에 맛난(?) 것을 많이 사 들고 가면 대항력이 없고 배당을 전혀 받지 못하는 임차인에 한해서는 배당기일지정 전에 인도명령결정을 해주기도 한다.

물건번호 4번인 식당은 2007. 1. 16에 낙찰되었다. 병원물건은 2번으로 2006. 7. 13에 낙찰되었는데 말이다. 이럴 때 방심하고 명도를 신경 쓰지 않으면 '완전히 새~'되는 수가 있다. 대항력이 없는 임차인의 경우 낙찰자가 임차인에게 소유권 이전일로부터 부당이득 청구를 할 수 있다. 그렇지만 문구점 임차인을 법대로 명도를 하려고 하면 모든 물건들이 매각되는 시점(약 1년 정도)이 되어야만 인도명령결정이 나온다. 이런 개별경매를 간과하는 경매인들을 가끔 볼 수 있는데, 어떤 이는 상당한 기간을 명도하지 못하고 끙끙대는 경우도 있다(경매에서 중요한 것은 상황판단이다~!).

이럴 때는 어떻게 해야 할까? 이 경우 인도명령신청이 아닌 명도소송을 제기하면 된다. 하지만 명도소송의 결과가 나오려면 3-6개월 정도 기간 소요가 되므로 법적절차에만 의존해선 안 되고 현장에서 적극적으로 협상을 해야만 한다.

1주일에 직접 세 번 방문하기도 했다. 친근한(?) 얼굴도 보여드리고 공손한(?) 내용증명도 두 번이나 발송했다. 이런 만남이 2주일 정도 지속되니 문구점 임차인이 나간다고 했다. 이사하기 전에 미리 명도확인서를 건네주고 시원하게 이사비를 송금해드렸다. 법으로만 했다면 낙찰 받고 상당기간 명도가 지연될 수 있었는데 정말 다행이었다.

## 5. 명도 후 임대하기

막상 속을 썩이던 문구점에서 나간다고 하니 우리 상가 뒷부분을 사용하던 병원도 명도를 마무리하기로 했다. 매각물건명세서에 보면 병원이 문구점 뒷부분을 원무과로 쓰고 있었다. 병원 문을 열고 들어갔더니 간호사가 차트에 뭔가를 적고 있었다. 다가가서 느끼한 눈을 마주쳤다.

"안녕하세요. 이곳을 낙찰 받은 송사무장입니다. 원장님 뵐 수 있을까요?"
"(느끼한 모습에 깜짝 놀라며)아, 네. 잠시만 기다리세요."

잠시 후 여자 한 분이 들어왔다. 병원 원무과 과장님이었다.

"안녕하세요. 송사무장입니다."
"아~네. 늦게 오셨네요."
"상가 앞부분에 있는 문구점 사장님과 이사 날짜를 상의하느라 인사가 늦었습니다. 1주일 후에 그분들이 이사하기로 하셔서 저희 상가 뒷부분 이사에 대해 말씀드리려고 왔습니다."
"당연히 저희도 이사해야지요."
"문구점은 제가 영업을 권유해도 나가신다고 하시네요(착한 척)."

"아휴, 병원 낙찰 받은 사람도 선생님처럼 좋은 분이면 좋았을 텐데요."

"네? 왜 그런 말씀을…?"

"병원 낙찰가가 높다고 예전 월세보다 무리하게 월세를 요구해서 고민입니다. 내기 싫으면 나가래요. 소유권을 이전하고 곧바로 월세를 요구해서 지금도 내고 있어요."

"아, 그래요. 이런(나도 미리 받을걸…)."

원무과장님과 대화를 해보니 우리와 경합해서 높은 가격에 병원을 낙찰 받은 낙찰자가 낙찰 가격이 높으니 월세를 올리겠다고 병원을 심하게 압박하는 중이었다(그러게 누가 그리 높게 쓰래?). 병원을 낙찰 받고 소유권 이전을 하자마자 월세를 받아가는 것을 보면 성격이 급한 초보이거나 경매를 무척 잘하거나 둘 중의 하나일 것이다.

30분 동안 원무과장의 하소연을 들어주고 마지막에 짧게 이사 준비를 하라고 끝맺음하고 차에 올라탔다. 차 안에 케니 지의 연주곡을 틀어 놓았다. 조용한 배경음악을 들으며 피곤한 뇌에 휴식을 주기 위해서다. 그냥 아무 생각 없이 음악 감상을 하고 담배를 한 대 태웠다.

이젠 명도도 어느 정도 마무리되었으니 앞으로 문구점 대신 어떤 업종으로 임대를 놓을지 생각에 잠겼다. 이런저런 생각을 하던 중 갑자기 좋은 생각이 떠올라 핸드폰을 꺼내어 원무과장에게 전화를 했다.

"원무과장님! 내일 원장님을 좀 뵐 수 있을까요?"

"네, 무슨 일로 그러시죠?"

"좋은 일이니까 내일 뵙고 말씀드릴게요."

"…."

다음날 오전 10시에 곧바로 병원 문을 열고 들어갔다. 원무과장이 진료

실에 들어가서 원장에게 나의 방문을 전했다.

"원장님, 안녕하십니까? 송사무장입니다."
"네, 안녕하세요."
"거두절미하고 바로 말씀드리죠. 병원 전체가 이사 나갈 생각이십니까?"
"아뇨. 투자한 게 많아서 그냥 나가면 손실이 큽니다." ('역시 권리금을 생각하는군.')
"그렇다면 월세 금액은 어느 정도까지 생각하고 계십니까?"
"예전 수준이면 연체하지 않고 낼 수 있습니다."
"음~ 그렇다면 저희 문구점 쪽으로 이사하시죠. 제가 이사비를 부담하고 월세도 맞춰드리죠."
"네?"

원장님께 가운데 있는 병원을 문구점 쪽으로 옮기자고 했다. 그 대신 이사비용은 우리가 모두 부담하는 것으로 했다. 사실 낙찰자로서는 적당히 할 만한 업종이 없었다. 빵집, 미용실, 식당 등 여러 가지 궁리를 해보았는데 시장 상황에 너무도 민감한 업종이고 모두 월세가 싼 곳만 찾으니 임대인과 임차인이 생각하는 월세의 차이가 너무 컸다.

병원장 입장에서는 낙찰자가 월세를 너무 높게 요구하는 바람에 이러지도 저러지도 못하는 상황에 모든 시설을 돈 한 푼 안 들이고 이사해주고 월세도 똑같은 조건으로 맞춰 준다고 하니 흔쾌히 동의할 수밖에 없었다.

그동안 병원장은 열심히 영업을 했기에 경매로 인해 임차보증금은 전부 잃긴 했지만 주변에 공단이 형성되어 있고, 주위에 병원이 없어서 독점적으로 영업이 잘되고 있기 때문이었다(그러니까 나도 입찰을 했지~). 이 좋은 인프라를 버리고 권리금도 못 받고 홀쩍 떠나기는 너무 아쉬운 상황이었는데 낙찰자의 이런 제안이 무척 반가웠을 것이다.

낙찰자로서도 병원이 임차인으로 있는 건물은 매도하기도 쉽다. 매수자 입장에서 보면 병원, 약국 등 전문분야의 우량 임차인이 월세를 안정적으로 낼 수 있다고 느끼는 것은 당연하기 때문이다.

병원과 임대보증금 7,000만 원에 월 임대료 230만 원으로 임대차계약을 맺기로 하고, 친하게 지내는 공사업자 사장님과 함께 공사를 시작했다. 쓸 수 있는 물건은 모조리 재활용하기로 하고, 칸막이 공사만 새로 해주기로 했다. 문짝조차 떼어가기로 했다. 공사를 맡은 사장님은 경험이 많고 숙련되어서 병원을 원만하게 이사하는 데 무리가 없었다.

병원 이사는 물건만 옮기는 것이 아니라 엑스레이 기계 등 각종 의료설비 등을 옮겨야 하므로 노동력과 기술력이 동시에 투입되어야 한다.

이사를 마무리할 무렵 병원을 낙찰 받은 사내가 내 연락처를 알아내 사무실로 찾아왔다. 병원이 세 들어 있어서 높게 낙찰 받았는데 나 때문에 일이 엉망이 되었다는 것이다. 이제 와서 누굴 탓하랴~! 나를 제치고 병원을 낙찰 받았을 때 그 사람이 내게 날리던 미소가 떠올랐다.

현재도 낙찰자는 매달 월세를 꼬박꼬박 잘 받고 있으며 부동산에서 4억 2,000만 원에 팔라고 해도 매도하지 않고 있다.

| | |
|---|---|
| **낙찰가 :** | 2억 7,800 만 원 |
| **대출금 :** | 1억 9,700 만 원(월 이자 : 약 100만 원) |
| **보증금 :** | 7,000 만 원(월 차임 : 230만 원) |
| **이사비 :** | 2,150 만 원 |
| **등기비 및 기타잡비 :** | 3,000 만 원 |

실투자금 : 낙찰가(+부대비용) - 대출금 - 보증금 = 6,250만 원
월 순수익 : 월 차임 - 월 이자 = 약 130만 원

| 소재지 | 인천광역시 남동구 ○○동 ○○○, ○○프라자 1층 101호 도로명주소검색 | | | | | | | |

| 물건종별 | 근린상가(46평형) | 감정가 | 615,000,000원 | 구분 | 입찰기일 | 최저매각가격 | 결과 |
|---|---|---|---|---|---|---|---|
| 대지권 | 45.36㎡(13.721평) | 최저가 | (34%) 210,945,000원 | 1차 | 2006-04-14 | 615,000,000원 | 유찰 |
| | | | | 2차 | 2006-05-12 | 430,500,000원 | 유찰 |
| 건물면적 | 118.95㎡(35.982평) | 보증금 | (10%) 21,100,000원 | 3차 | 2006-06-14 | 301,350,000원 | 유찰 |
| 매각물건 | 토지·건물 일괄매각 | 소유자 | 전○빈 | 4차 | 2006-07-13 | 210,945,000원 | |
| | | | | 낙찰 : 278,000,000원 (45.2%) | | | |
| 개시결정 | 2004-12-30 | 채무자 | 전○빈,최○일 | (입찰3명,낙찰:백○훈) | | | |
| | | | | 매각결정기일 : 2006.07.20 - 매각허가결정 | | | |
| 사건명 | 임의경매 | 채권자 | 에이스상호저축은행 | 대금납부 2006.08.18 / 배당기일 2007.06.01 | | | |
| | | | | 배당종결 2007.06.01 | | | |
| 관련사건 | 2005타경43830(중복) | | | | | | |

| 사진 | 건물등기 | 감정평가서 | 현황조사서 | 문건/송달내역 | 전자지도 | 전자지적도 | 로드뷰 |

은나리지도*

▶ 매각물건현황( 감정원 : 코리아감정평가 / 가격시점 : 2004.12.21 )

| 목록 | 구분 | 사용승인 | 면적 | 이용상태 | 감정가격 | 기타 |
|---|---|---|---|---|---|---|
| 건물 | 5층중 1층 | | 118.95㎡<br>(35.98평)<br>(46.32평형) | 문구점 및 약국 | 430,500,000원 | |
| 토지 | 대지권 | | 811.1㎡ 중 45.36㎡ | | 184,500,000원 | |
| 현황<br>위치 | • 논현중학교 남측인근 위치, 주변은 아파트,다세대주택,근린시설,공장등이 혼재<br>• 남측으로 폭 약24미터,북측으로 폭 약8미터의 포장도로가 접합 | | | | | |

▶ 임차인현황 ( 말소기준권리 : 2004.02.27 / 배당요구종기일 : 2005.12.06 )

| 임차인 | 점유부분 | 전입/확정/배당 | 보증금/차임 | 대항력 | 배당예상금액 | 기타 |
|---|---|---|---|---|---|---|
| 설○권 | 점포 전부 | 사업자등록: 2004.09.15<br>확 정 일: 2004.10.29<br>배당요구일: 2005.05.03 | 보10,000,000원<br>월400,000원<br>환산5,000만원 | 없음 | | |
| 임○상 | 점포 일부 | 사업자등록: 2004.10.26<br>확 정 일: 2004.10.26<br>배당요구일: 2005.11.22 | 보20,000,000원<br>월800,000원<br>환산10,000만원 | 없음 | | |
| 기타사항 | 임차인수: 2명 , 임차보증금합계: 30,000,000원, 월세합계: 1,200,000원 | | | | | |

▶ 등기부현황 ( 채권액합계 : 2,576,666,040원 )

| No | 접수 | 권리종류 | 권리자 | 채권금액 | 비고 | 소멸여부 |
|---|---|---|---|---|---|---|
| 1 | 2004.02.27 | 소유권이전(매매) | 전○빈 | | | |
| 2 | 2004.02.27 | 근저당 | 에이스상호저축은행 | 1,820,000,000원 | 말소기준등기 | 소멸 |
| 3 | 2004.03.10 | 근저당 | 양평동새마을금고 | 700,000,000원 | | 소멸 |
| 4 | 2004.08.23 | 압류 | 인천광역시남동구 | | 세무과-18544 | 소멸 |
| 5 | 2005.01.07 | 임의경매 | 에이스상호저축은행 | 청구금액:<br>1,400,000,000원 | 2004타경○○○ | 소멸 |
| 6 | 2005.02.21 | 가압류 | 서울보증보험 | 18,038,000원 | | 소멸 |
| 7 | 2005.03.28 | 가압류 | 서울보증보험 | 18,925,190원 | | 소멸 |
| 8 | 2005.04.13 | 압류 | 국민건강보험공단 | | | 소멸 |
| 9 | 2005.07.18 | 가압류 | 서울보증보험 | 19,702,850원 | | 소멸 |
| 10 | 2005.10.14 | 압류 | 의정부세무서 | | | 소멸 |
| 11 | 2005.11.17 | 압류 | 이천세무서 | | | 소멸 |
| 주의사항 | ☞이 사건 경매목적물 전체에 관하여 서○태의 유치권(피담보채권액 합계 금 210,000,000원) 신고 있음 | | | | | |

이렇게 해서 낙찰자인 젊은 투자자는 6,000만 원 정도 투자해 3억 원이 넘는 수익과 매달 순수익 약 130만 원을 올릴 수 있는 상가를 소유하게 되었다. 이 물건은 통쾌한 반전으로 병원 입찰에서 밟힌 패찰의 쓰라린 아픔(?)을 되갚아준 물건으로 기억에 남는다.

# 상가임대차보호법 제대로 알기

경매공부를 했을지라도 주택임대차보호법에 비해 상가임대차보호법은 어렵게 생각하는 분들이 많다. 실전에서 뛰는 고수들도 상가임대차의 대항력과 우선변제권에 대해 오해하는 부분이 많다. 이럴 때 다음에서 제시하는 사항만 정확하게 이해하면 큰 도움이 될 것이다.

◆ **적용시점**

2002년 11월 1일부터 상가임대차보호법(이하 '상임법'이라 함)이 시행되었다. 따라서 해당 부동산의 등기부등본상의 선순위 담보물권(근저당, 담보가등기)이 상임법 시행 이후에 설정된 시점을 기준으로 상가임대차 보호법을 적용받는다(표 참조).

◆ **적용대상**

상가임대차보호법 적용대상은 법에서 정해놓은 보증금의 일정액 이하인 상가임차인(표 참조)이며 임대인과 임대차계약을 맺은 임차인이 사업자등록을 하면 대항력이 인정되기 때문에 반드시 확인해야 한다(법에서 지역별로 제한하는 보증금이 초과된 임차인은 상가임대차보호법 적용대상이 안 된다).

◆ **우선변제**

말소기준권리보다 앞서 임대차계약을 맺고 세무서에 사업자등록을 한 뒤 건물을 점유한 상가임차인은 대항력이 발생한다. 대항력 있는 임차인이 배당요구를 하지 않거나 보증금 전액을 배당받지 못할 경우 낙찰자가 인수해야 한다(상가임대차보호법 제3조). 임차인의 경우 말소기준권리보다 앞서 세무서에서 확정일자를 받으면 후순위권리보다 우선변제권이 생긴다.

◈ **최우선변제**

경매기입등기 전까지 대항력 요건을 갖춘 소액 상가임차인은 낙찰가의 1/2범위에서 보증금 중 일정액을 1순위 근저당권자보다 최우선하여, 최우선변제를 받을 수 있다(이전에는 낙찰가의 1/3 범위였는데 2014.1.1 부터 주택임대차와 동일하게 적용).

◈ **환산보증금**

만약 임대차보증금 이외에 차임(월세)이 있는 경우 차임에 100을 곱하여 보증금으로 환산해 기존의 보증금에 합산한 금액을 환산보증금이라고 하는데, 이 환산보증금을 기준으로 해당 지역별 상가임대차보호법 기준금액에 따라 적용대상 유무가 결정된다(계약서 작성 시 '부가세 별도'라는 약정이 있다면 차임(월세)에 부가가치세는 포함하지 않고 순수한 차임만을 보증금액으로 환산하여야 한다고 해석하고 있으며, 부가가치세에 관한 약정이 없다면 부가가치세는 월세에 포함한 것으로 해석하고 있다).

---

**환산 보증금 = 보증금 + (월세액 x 100)**

\* **환산보증금 계산 시에는 부가세를 포함하지 않는다**

예시1) 보증금 2,000만 원에 월세 55만 원(부가세 5만 원 **포함**)의 경우
=2,000+(50x100)=7,000만 원 (환산보증금)

예시2) 보증금 2,000만 원에 월세 55만 원(부가세 5만 원 **별도**)의 경우
=2,000+(55x100)=7,500만 원 (환산보증금)

# 상가건물임대차보호법 적용대상

상가건물의 모든 임차인에 대하여 적용되는 것이 아니라 환산보증금 (보증금+월세환산액)이 해당 지역별로 다음 금액 이하인 경우에만 적용된다 (월세환산액 = 월세x100).

| 법령 시행일 | 지 역 | 환산보증금 (이하) | 소액보증금 범위 (이하) | 최우선변제금액 |
|---|---|---|---|---|
| 2010.07.26 ~ 2013.12.31 | 서울특별시 | 30,000만 원 | 5,000만 원 | 1,500만 원 |
| | 과밀억제권역 (서울外) | 25,000만 원 | 4,500만 원 | 1,350만 원 |
| | 광역시 (군지역外), 안산시, 용인시, 김포시, 광주시 | 18,000만 원 | 3,000만 원 | 900만 원 |
| | 그 밖의 지역 | 15,000만 원 | 2,500만 원 | 750만 원 |
| 2014.01.01 ~ 2018.01.25 | 서울특별시 | 40,000만 원 | 6,500만 원 | 2,200만 원 |
| | 과밀억제권역 (서울外) | 30,000만 원 | 5,500만 원 | 1,900만 원 |
| | 광역시 (군지역外), 안산시, 용인시, 김포시, 광주시 | 24,000만 원 | 3,800만 원 | 1,300만 원 |
| | 그 밖의 지역 | 18,000만 원 | 3,000만 원 | 1,000만 원 |
| 2018.01.26 ~ 2019.04.01 | 서울특별시 | 61,000만 원 | 6,500만 원 | 2,200만 원 |
| | 과밀억제권역 (서울外) | 50,000만 원 | 5,500만 원 | 1,900만 원 |
| | 부산광역시 (기장군外) | 50,000만 원 | 3,800만 원 | 1,300만 원 |
| | 부산광역시 (기장군) | 50,000만 원 | 3,000만 원 | 1,000만 원 |
| | 광역시 (군지역 外), 안산시, 용인시, 김포시, 광주시 | 39,000만 원 | 3,800만 원 | 1,300만 원 |
| | 세종시, 파주시, 화성시 | 39,000만 원 | 3,000만 원 | 1,000만 원 |
| | 그 밖의 지역 | 27,000만 원 | 3,000만 원 | 1,000만 원 |
| 2019.04.02 ~ | 서울특별시 | 90,000만 원 | 6,500만 원 | 2,200만 원 |
| | 과밀억제권역 (서울外) | 69,000만 원 | 5,500만 원 | 1,900만 원 |
| | 부산광역시 (기장군外) | 69,000만 원 | 3,800만 원 | 1,300만 원 |
| | 부산광역시 (기장군) | 69,000만 원 | 3,000만 원 | 1,000만 원 |
| | 광역시 (군지역 外), 안산시, 용인시, 김포시, 광주시 | 54,000만 원 | 3,800만 원 | 1,300만 원 |
| | 세종시, 파주시, 화성시 | 54,000만 원 | 3,000만 원 | 1,000만 원 |
| | 그 밖의 지역 | 37,000만 원 | 3,000만 원 | 1,000만 원 |

※ 이전 기준시점은 대법원 인터넷등기소 「소액임차인의 범위 안내」 참조

# 👍 10년은 써먹을 경매의 기술

## 인테리어로 부동산 살리기

필자는 부동산을 보면 항상 이 물건의 본래 가치보다 그 가치를 더 높게 만들 방법이 무엇인지, 그리고 그 물건을 통해 투자 수익을 극대화할 수 있는 방법은 무엇이 있을지 늘 생각하고 연구한다. 기존 부동산의 단점은 보완하고 장점은 최대한 살린 새로운 부동산으로의 변신은 마치 새 생명의 탄생과도 같은 기쁨을 준다.

부동산 경매를 싼 물건을 찾는, 단순히 기회를 찾는 게임으로 볼 것이 아니라 그 기회를 통해 수익을 만들어 내는 게임이라 여기고 항상 연구하는 자세를 갖길 바란다. 경매 시장의 경쟁이 치열하다면 투자자의 시각도 바뀌어야 한다.

### 1. 반지하 빌라에서 전원주택을 느끼다 – 멋진 대문과 테라스 만들어 주기

이 물건은 언덕진 곳에 위치한 반지하 빌라였다. 현장을 다녀온 직원은 주변 부동산에서도 별로 반기지 않는 물건이며, 임대·매매가 수월하지 않다는 등 물건에 대해 부정적 의견을 내 놓았다.
하지만 나는 반지하임에도 창문이 커서 채광이 좋고, 이 집만이 사용할 수 있는 전용 통로와 공간을 가지고 있어 자꾸 눈길이 갔다.

〈Before〉

　빌라에서 더군다나 이런 반지하에서 이렇게 전용 공간을 가지고 있는 경우는 매우 드물기에 이 부분을 잘 활용하면 임대 및 매매를 할 때 괜찮은 물건이 될 것이라고 생각하고 낙찰을 받았다. 그리고 생각했던 대로 그 부분에 초점을 맞추어 인테리어 공사를 했다.

〈After〉

　이 빌라만의 멋진 대문과 테라스를 만들고 예쁜 조명을 넣어 도심 속에서 전원주택을 느낄 수 있게 포인트를 주었다.
　이렇듯 반지하 물건이라도 앞마당 또는 테라스를 활용하거나 옥상을 이용할 수 있다면, 이런 작은 변화를 주는 것만으로도 부동산의 가치를 크게 끌어올릴 수 있다. 이런 발상의 전환을 통해 입찰 전 임장 시에 아무도 예상하지 못한 가격(감정가를 훨씬 상회하는 금액)으로 매도하였다.

## 2. 반지하를 반 1층으로 만들기 – 곰팡이 가득한 반지하에 창 내기

경매로 여러 물건들을 접하다보면 가끔 내부에 습기와 곰팡이가 가득한 집을 볼 수 있다. 외부 하자의 경우 옥상방수, 외벽발수 및 코킹작업을 통해 보수를 하지만, 내부 하자의 경우에는 제습기와 단열재 등의 도배만으로는 하자를 완벽하게 잡기 어렵다.

이런 사유로 인해 이 물건의 경우에도 주변의 임대시세가인 6,000만 원보다 턱없이 낮은 2,500만 원에 임대를 놓고 있었다. 전 소유자도 그동안 이 하자를 잡아내기 위해 무던히 노력했겠지만, 공기가 통할 길 하나 없는 이런 물건은 단열재 등의 도배로는 해결할 수 없다. 짧은 순간은 효과가 있긴 하겠지만 근본적인 하자의 원인이 해결된 것이 아니기 때문에 보유하는 내내 계속해서 속을 썩이게 될 것이다.

〈Before〉

이 물건은 카페 회원 중 한 분이 낙찰을 받았는데 처음부터 창을 낼 계획을 하고 입찰에 참여했다. 낙찰 후, 건축사와 상담을 통해 벽을 뚫어 창문을 내었다. 환기가 안 되어 생기는 곰팡이뿐만 아니라 채광까지 확보하여 반지하에서 반1층을 느낄 수 있게 해주기 위함이었다. 이 창문 하나로 주변의 임대시세보다 더 높은 임대료를 받게 됐음은 물론이고 매매 시에도 많은 수익을 남길 수 있었다.

〈After〉

경매를 하다보면 여러 가지 하자 있는 물건들을 접하게 된다. 하수는 현재의 흉측한 모습을 보고 피하지만, 고수는 이런 하자 있는 물건을 멋지게 바꾸어 부동산에 새 생명을 불어 넣어주고 더불어 수익까지 가져가는 것이다.

상상을 하라! 진짜의 가치를 숨기고 있는 현재의 모습에 속지 않을 수 있는 안목을 길러야 큰 수익을 내는 진정한 투자를 할 수 있다.

# 3

누가 주인?

# 경매와 공매가 동시에
진행되는 경우

경매는 근저당, 가압류, 가등기 등의 채권자가 채권회수를 법원을 통해 하는 절차이고, 공매는 채무자의 부동산에 공공기관(구청, 세무서, 건강보험 공단 등)이 압류한 후, 한국자산관리공사에 매각의뢰를 하여 체납금을 회수하는 절차이다(양도소득세 관련해서 개인이 공매신청을 하기도 하며, 은행이나 국가기관, 신탁회사 등에서 자산을 처분할 때도 공매를 통해서 하기도 한다).

등기부등본상에 근저당, 가압류와 함께 압류가 되어 있는 경우에는 경매와 공매가 동시에 진행되는 것을 볼 수 있다. 그렇다면 경매와 공매가 동시에 진행될 때 어느 절차를 통해 낙찰 받은 사람이 소유권을 갖게 될까? **정답은 잔금을 빨리 내는 사람이다.**

실제로 진행되었던 사례를 살펴보자.

경매사건번호는 2005타경14○○○5이고 물건주소지는 인천 주안동이다. 이 물건은 2006. 6. 7에 5,599만 원에 낙찰되었다. 낙찰자는 낙찰 받고 잔금 낼 준비를 하고 있었을 것이다.

**2005타경14◯◯◯5**

| 소 재 지 | 인천광역시 남구 ◯◯동 ◯◯◯ ◯◯아파트 102동◯층◯◯호 [도로명주소검색] | | | | | |
|---|---|---|---|---|---|
| 물건종별 | 아파트 | 감 정 가 | 70,000,000원 | | |
| 대 지 권 | 22.56㎡(6.824평) | 최 저 가 | 0원 | | |
| 건물면적 | 58.02㎡(17.551평) | 보 증 금 | (10%) 0원 | | |
| 매각물건 | 토지·건물 일괄매각 | 소 유 자 | 이◯성 | | |
| 개시결정 | 2005-12-26 | 채 무 자 | 이◯성 | | |
| 사 건 명 | 임의경매 | 채 권 자 | 국민은행 | | |

| 구분 | 입찰기일 | 최저매각가격 | 결과 |
|---|---|---|---|
| 1차 | 2006-05-04 | 70,000,000원 | 유찰 |
| 2차 | 2006-06-07 | 49,000,000원 | |

낙찰 : 55,999,000원 (80%)
매각결정기일 : 2006.06.14 - 매각허가결정

| 2006-06-23 | 0원 | 기각 |
|---|---|---|

본사건은 기각(으)로 경매절차가 종결되었습니다.

| 사진 | 건물등기 | 감정평가서 | 감정평가서 | 현황조사서 | 문건/송달내역 | 전자지도 | 전자지적도 |
|---|---|---|---|---|---|---|---|
| 로드뷰 | 온나라지도+ | | | | | | |

● 매각물건현황( 감정원 : 제일감정평가 / 가격시점 : 2006.03.28 )

| 목록 | 구분 | 사용승인 | 면적 | 이용상태 | 감정가격 | 기타 |
|---|---|---|---|---|---|---|
| 건물 | 6층중 5층 | | 58.02㎡ (17.55평) | | 42,000,000원 | ● 도시가스보일러난방 |
| 토지 | 대지권 | | 218.9㎡ 중 22.56㎡ | | 28,000,000원 | |
| 현황 위치 | "주안역" 서측 인근에 위치<br>● 부근은 공동주택 및 단독주택 등으로 형성<br>● 북서측으로 노폭 약 6m 포장도로에 접함 | | | | | |

그런데 이 물건은 공매로도 진행이 되고 있었다. 등기부등본을 살펴보자.

〈건물등기부 등본〉

● 등기부현황 ( 채권액합계 : 95,500,000원 )

| No | 접수 | 권리종류 | 권리자 | 채권금액 | 비고 | 소멸여부 |
|---|---|---|---|---|---|---|
| 1 | 2002.12.30 | 소유권이전(매매) | 이◯성 | | | |
| 2 | 2002.12.30 | 근저당 | 국민은행 (동인천역지점) | 32,500,000원 | 말소기준등기 | 소멸 |
| 3 | 2003.01.30 | 가압류 | ◯◯종합건설 | 63,000,000원 | | 소멸 |
| 4 | 2003.05.22 | 압류 | 인천광역시남구청 | | 세무13410-3172 | 소멸 |
| 5 | 2003.07.11 | 압류 | 서초세무서 | | | 소멸 |
| 6 | 2005.12.27 | 임의경매 | 국민은행 (인천여신관리센터) | 청구금액: 26,307,257원 | 2005타경◯◯◯ | 소멸 |

채무자가 이자를 연체하여 국민은행에서 임의경매를 신청했다(경매).
그런데 아래 그림을 살펴보면 채무자가 세금을 체납하여 인천 남구청 세무과에서 자산관리공사에 매각의뢰를 했다(공매).

| 입찰번호 | 물건관리번호 | 용도 | 소재지/물건명 | 개찰일시 | 최저입찰가 예정금액 | 낙찰가 | 낙찰률 | 입찰결과 | 입찰상세 |
|---|---|---|---|---|---|---|---|---|---|
| 200528896001 | 2005-○○○-001 | 근린생활시설 | 인천 낙구 ○○동 395-7○○아파트 제102동 제5층 제○○호 | 2006/06/15 11:00 | 42,000,000 | 47,000,000 | 11.9% | 낙찰 | 보기 |
| 200528896001 | 2005-○○○-001 | 근린생활시설 | 인천 낙구 ○○동 395-7○○아파트 제102동 제5층 제○○호 | 2006/06/08 11:00 | 49,000,000 | | | 유찰 | 보기 |
| 200528896001 | 2005-○○○-001 | 근린생활시설 | 인천 낙구 ○○동 395-7○○아파트 제102동 제5층 제○○호 | 2006/06/01 11:00 | 56,000,000 | | | 유찰 | 보기 |
| 200528896001 | 2005-○○○-001 | 근린생활시설 | 인천 낙구 ○○동 395-7○○아파트 제102동 제5층 제○○호 | 2006/05/25 11:00 | 63,000,000 | | | 유찰 | 보기 |
| 200528896001 | 2005-○○○-001 | 근린생활시설 | 인천 낙구 ○○동 395-7○○아파트 제102동 제5층 제○○호 | 2006/05/18 11:00 | 70,000,000 | | | 유찰 | 보기 |

경매는 사건번호로 물건을 파악할 수 있고 공매는 고유의 관리번호로 분류된다. 관리번호가 2005-○○○-001번이다. 주소지를 보면 경매주소지와 동일한 물건이라는 것을 알 수가 있다.

경매는 2006.06.07에 5,599만 원에 낙찰되었고, 공매는 2006.06.15에 4,700만 원에 경매보다 1주일이 늦게 낙찰되었다(경매보다 900만 원 정도 저렴하다).

그렇다면 공매보다 1주일 빠르게 낙찰 받은 경매낙찰자가 이 물건의 주인이 될까? 아니다. 주인은 **잔금을 먼저 내는 사람이다.** 경매는 잔금을 납부하려면 낙찰일로부터 1주일 뒤 매각허가결정이 나고, 또 1주일 항고기간이 지나야, 즉 낙찰일로부터 총 2주가 경과되어야 잔금을 납부할 수 있다(낙찰 받은 날부터 최소한 2주가 지나야 한다).

그런데 공매는 매주 월요일부터 수요일까지 입찰하고 목요일에 개찰이 되면서 낙찰이 결정되는데, 통상적으로 낙찰일 다음 주 월요일에 매각허가결정이 되어 이 날부터 바로 잔금납부가 가능하다. 즉 낙찰 받은 날 그 다음 주 월요일에 매각허가결정통지서를 수령하고 바로 잔금납부를 할 수 있다.

위 물건은 경매낙찰자가 항고기간(2주차에 접어들었을 때) 경과를 기다리는 도중에 공매 낙찰자가 바로 잔금을 납부해버렸다.

◈ 사건기본내역

| 사건번호 | 2005타경○○○ | | 사건명 | 부동산임의경매 |
|---|---|---|---|---|
| 접수일자 | 2005.12.23 | | 개시결정일자 | 2005.12.26 |
| 담당계 | | 경매13계 전화 : 032-860-161※(구내:1613) | | |
| 청구금액 | 26,307,257 | | 사건항고/정지여부 | |
| 종국결과 | 기각 | | 종국일자 | 2006.06.23 |

그래서 경매는 기각되고 경매낙찰자는 닭 쫓던 개 지붕 쳐다보는 격이
된 것이다. 가끔 공매로 낙찰되어 경매가 취하된 것도 모르고 열심히 세입
자를 명도 하는 사람도 있다(나중에 세입자에게 욕을 바가지로 먹는다).

## 2006.06

| 일 | 월 | 화 | 수 | 목 | 금 | 토 |
|---|---|---|---|---|---|---|
| | | | | 1 | 2 | 3 |
| 4 | 5 | 6 | 7 〈경매〉 낙찰 | 8 | 9 | 10 |
| 11 | 12 | 13 | 14 | 15 〈공매〉 낙찰 | 16 | 17 공매 낙찰 3일 후 |
| 18 | 19 〈공매〉 잔금납부가능 | 20 경매 낙찰 14일 후 | 21 | 22 〈경매〉 잔금납부가능 | 23 | 24 |
| 25 | 26 | 27 | 28 | 29 | 30 | |

| 경매 | 공매 |
| --- | --- |
| 2006.06.07 낙찰 | 2006.06.15 낙찰 |
| 2006.06.14 매각허가결정 | |
| 2006.06.21 항고기일 | |
| 2006.06.22 잔금납부가능 | 2006.06.19 매각허가결정 및 잔금납부가능 |
| 낙찰 후 14일 이후 잔금납부가능 | 낙찰 후 3일 이후 잔금납부가능 |

경매, 공매가 동시 진행될 때 이를 이용하여 손해를 줄이는 사례도 있었다. 시세 조사를 소홀히 하여 공매로 낙찰 받은 것을 경매진행 시에 공매보다 낮은 입찰가로 다시 낙찰 받은 케이스이다.

| 2016-○○○○○-001 | 입찰시간 : 2016-09-26 10:00~ 2016-09-28 17:00 | | | 조세정리팀(☎ 032-509-1539) | | |
| --- | --- | --- | --- | --- | --- | --- |
| 소재지 | 경기도 부천시 소사구 송내동○○○○아파트 제106동 제12층 제1201호 (도로명주소 : 경기도 부천시 소사구○○○번길 ○○○아파트 제106동 제12층 제1201호 (송내동, ○○유치원)) | | | | | |
| 물건용도 | 주거용건물 | 감정가 | 458,000,000 원 | 재산종류 | 압류재산(캠코) | |
| 세부용도 | 아파트 | 최저입찰가 | (80%) 412,200,000 원 | 처분방식 | 매각 | |
| 물건상태 | 낙찰 | 집행기관 | 한국자산관리공사 | 담당부서 | 인천지역본부 | |
| 토지면적 | 61.353m² | 건물면적 | 164.963m² | 배분요구종기 | 2016-09-05 | |
| 물건상세 | 건물 164.963 m², 대 61.353 m² 지분 (총면적 39,536.2m²) | | | | | |
| 위임기관 | 남인천세무서 | 명도책임 | 매수인 | 조사일자 | 0000-00-00 | |
| 부대조건 | | | | | | |

▶ 입찰 정보(인터넷 입찰)

| 입찰번호 | 회/차 | 대금납부(기한) | 입찰시작 일시~입찰마감 일시 | 개찰일시 / 매각결정일시 | 최저입찰가 |
| --- | --- | --- | --- | --- | --- |
| 010 | 036/001 | 일시불(30일) | 16.09.19 10:00 ~ 16.09.21 17:00 | 16.09.22 11:00 / 16.09.26 10:00 | 458,000,000 |
| 010 | 037/001 | 일시불(30일) | 16.09.26 10:00 ~ 16.09.28 17:00 | 16.09.29 11:00 / 16.10.04 10:00 | 412,200,000 |
| | | | | 낙찰 : 412,480,000원 (100.07%) | |
| 010 | 038/001 | 일시불(30일) | 16.10.03 10:00 ~ 16.10.05 17:00 | 16.10.06 11:00 / 16.10.10 10:00 | 366,400,000 |

2016.09.29에 공매로 입찰하여 입찰가 4억 1,248만 원에 단독으로 낙찰이 되었다. 그러나 당시 실제 시세는 4억 원 전후였는데, 시세 조사를 제대로 하지 않아 다소 높은 금액으로 낙찰을 받은 것이다. 그런데 물건검색을 해보니 동일한 주소가 경매로 나와 있는 게 아닌가?

| 소재지 | 경기도 부천시 소사구 송내동 ○○ ○○○아파트 106동 12층 1201호 | | | 도로명주소검색 | | | |
|---|---|---|---|---|---|---|---|
| 새 주소 | 경기도 부천시 소사구 ○○○○번길 ○○○○○아파트 106동 12층 1201호 | | | | | | |

| 물건종별 | 아파트 | 감 정 가 | 458,000,000원 | 구분 | 입찰기일 | 최저매각가격 | 결과 |
|---|---|---|---|---|---|---|---|
| 대 지 권 | 61.353㎡(18.559평) | 최 저 가 | (70%) 320,600,000원 | 1차 | 2016-08-25 | 458,000,000원 | 유찰 |
| 건물면적 | 164.963㎡(49.901평) | 보 증 금 | (10%) 32,060,000원 | 2차 | 2016-10-06 | 320,600,000원 | |
| 매각물건 | 토지·건물 일괄매각 | 소 유 자 | 이○규 | 낙찰 : 380,140,000원 (83%) | | | |
| 개시결정 | 2016-04-21 | 채 무 자 | 이○규 | (입찰14명,낙찰:정○오 / 차순위금액 371,000,000원) | | | |
| 사 건 명 | 임의경매 | 채 권 자 | 한국주택금융공사 | 매각결정기일 : 2016.10.13 - 매각허가결정 | | | |
| 관련사건 | 2012타경○○○소유권이전) | | | 대금지급기한 : 2016.11.15 | | | |
| | | | | 대금납부 2016.11.03 / 배당기일 2016.12.01 | | | |
| | | | | 배당종결 2016.12.01 | | | |

이번엔 제대로 시세 조사를 하여 2016.10.06에 입찰가 3억 8,014만 원으로 경매를 통해 다시 낙찰 받아 3,000만 원 정도의 투자 원금을 줄일 수 있었다. 낙찰 후 경매 잔금을 먼저 납부하여 공매 보증금을 돌려받은 것이다.

# 경매와 공매의 차이

## 1. 명도절차

경매와 공매의 가장 큰 차이점은 해당 부동산에 있는 점유자에게 부동산을 인도 받는 절차, 즉 명도부분에서 법적 절차의 차이에 있다. 즉 경매에는 낙찰자에게 부동산 강제집행(인도집행)을 간소화하기 위한 인도명령제도가 있으나 공매에는 없다는 것이다. 그래서 공매의 경우에는 점유자와 합의가 되지 않을 때에는 점유자를 상대로 본안소송인 명도소송을 제기해야 한다. 명도소송은 기본적으로 6개월에서 1년가량 소요된다. 이렇듯 공매가 경매보다 법적으로 처리하는 기간이 더 길기 때문에 법적 절차 측면에서 본다면 공매 낙찰자가 점유자를 명도 하는 것이 조금 더 어려운 것이 사실이다. 이런 불편함 때문에 똑같은 물건일 경우 공매가 경매보다 10~15% 낮게 낙찰된다(요즘 아파트, 빌라 등 주거형 물건은 경쟁이 높아져서 별로 그렇지도 않다).

## 2. 유찰되어 다음 매각기일까지의 기간과 그 감가율

경매물건이 유찰될 경우 법원에 따라 20~30%씩 저감한 가격으로 큰 변동사항이 없으면 유찰된 날로부터 그 다음 달 비슷한 일자에 매각절차를 진행한다. 그러나 공매의 경우 10%씩 1주일마다 유찰된다. 유찰된 가격이 감정가격에서 절반으로 되었을 경우 곧바로 진행되는 것이 아니라 다시 매각절차를 검토한 후(1~2개월 소요) 진행된다.

## 3. 입찰 보증금

2016년 첫 공고 이후 압류재산인 공매물건에 한해 경매와 마찬가지로 최저매각가의 10%로 변경이 되었다.

## 4. 잔금납부방법

경매는 낙찰 후 2주를 기다려야 잔금지급기일이 잡히지만, 공매는 개찰일로부터 3일 이내에 매각 결정이 되고 매각결정일부터 잔금 납부가 가능하다. 납부 잔금이 3,000만 원 미만이면 7일 이내에 납부하여야 하며 3,000만 원 이상이면 30일 이내에 납부하면 된다(압류재산일 경우 30일 이내에 잔금을 납부 하지 못했을 때에는 납부최고기일 10일이 더 추가된다).

# memo

# 👍 10년은 써먹을 경매의 기술

## 공매로 매입하여 경매로 매각하기

실무에서 경·공매의 고수는 낙찰을 잘 받는 사람이 아니라 최종 마무리를 잘하는 사람이다. 왜냐하면 아무리 좋은 수익을 예상하고 낙찰 받았다고 할지라도 최종적으로 임대, 매매가 안 된다면 그것은 실패 사례에 속하기 때문이다. 그래서 어떤 투자든 수익을 생각하기에 앞서 최악의 상황을 가정해봐야 한다.

### 1. 공매로 낙찰 받다

온비드에서 물건을 검색하던 중 감정가격이 7,373만 원인데 최저가격이 1,843만 원으로 유찰된 730㎡(구 220평) 논이 보였다. 근처 부동산에 나온 농지와 시세를 확인해 보고 계산을 하니 평당 36.8만 원인 농지가 8.3만 원까지 유찰된 것이다. 평당 단가로 계산해보니 더 싸게 느껴졌다.

이 물건은 왜 이렇게 많이 유찰되었을까??
필자는 물건분석을 할 때 늘 유찰의 원인을 찾아내려고 노력하는데 이 물건은 특별한 이유를 찾지 못했다. 나름 추측한 것은,

① 토지 모양이 정말 못생긴 점
② 해당물건으로만 단독으로 농사를 지어서 수확을 하기에는 평수가 적

128

다는 점

③ 경매가 아닌 공매로 진행되는 점

이 정도로만 생각되었다. 하지만 이 토지 하나만 봤을 때는 그 모양이 못생겼을 수는 있으나, 주변의 토지와 합한다면 본래의 가격은 충분히 받을 수 있을 것이라 생각했다. 이른바 합치기가 가능한 물건으로 보였다. 현장으로 출발하여 중개업소에서 시세를 확인하니 이 주변에 평당 20만 원 이하로는 매물이 없다고 했다. 입찰가를 얼마나 써야 할지 고민하다 적어냈는데, 결과를 보니 총 3명이 입찰했고 차순위와는 152만 원의 차이로 낙찰을 받았다.

| 소재지 | 경기 파주시 광탄면 ○○리 ○○ 도로명주소검색 | | | | |
|---|---|---|---|---|---|
| 물건용도 | 답 | 위임기관 | 수원지방검찰청 | 감정기관 | (주)가온감정평가법인 |
| 세부용도 | | 집행기관 | 한국자산관리공사 | 감정일자 | 2012-07-09 |
| 물건상태 | 낙찰 | 담당부서 | 조세정리부 | 감정금액 | 73,730,000 |
| 공고일자 | 2013-05-08 | 재산종류 | 압류재산 | 배분요구종기 | 2012-09-10 |
| 면적 | 답 730㎡ | | | 처분방식 | 매각 |
| 명도책임 | 매수자 | 부대조건 | 농지(전, 답, 과수원 등)에 대해서는 농지법 제8조의 규정에 의거 농지취득자격증명를 발급 받을 수 있는 개인과 농업법인만이 소유권 이전등기를 받을 수 있고, 농지취득자격증명을 발급받지 못하는 개인이나 일반법인이 농지를 낙찰 받은 후 농지취득자격증명을 발급받지 못하여 소유권이전등기를 할 수 없더라도 매각결정은 취소되지 않으므로 입찰자 책임 하에 사전 조사하고 입찰에 참가하시기 바랍니다. | | |
| 유의사항 | | | | | |

▶ 입찰 정보(인터넷 입찰)

| 회/차 | 대금납부(납부기한) | 입찰시작 일시~입찰마감 일시 | 개찰일시 / 매각결정일시 | 최저입찰가 | 결과 |
|---|---|---|---|---|---|
| 028/001 | 일시불(낙찰금액별 구분) | 13.07.08 10:00 ~ 13.07.10 17:00 | 13.07.11 11:00 / 13.07.15 10:00 | 18,433,000 | 낙찰 |

| ☞ 낙찰 결과 | | | | | |
|---|---|---|---|---|---|
| 낙찰금액 | 20,020,000 | 낙찰가율 (감정가격 대비) | 27.15% | 낙찰가율 (최저입찰 대비) | 108.61% |
| 유효입찰자수 | 3명 | 입찰금액 | 20,020,000원, 18,500,000원, 18,500,000원 | | |

| 현장사진 | 위치도 | 개황도 | 토지등기 | 감정평가서 | 재산명세 열람 | 전자지도 | 전자지적도 | 로드뷰 |
|---|---|---|---|---|---|---|---|---|
| 토지이용계획열람 | 인근공매정보 | 인근경매정보 | 인근동산정보 | | | | | |

▶ 물건정보

| 위치 및 부근현황 | 파주시 광탄면 ○○리 소재 "윤관장군묘" 인근에 위치하며, 대중교통은 보통시됨 |
|---|---|

## 2. 매수자를 찾아라

이 물건은 대박을 노리고 낙찰을 받은 것은 아니었다. 현재 이 논에 농사를 짓고 계신 분 또는 동네 이장님을 찾아가면 수월하게 매도할 수 있을 것이라 생각하고 그냥 용돈벌이(?)나 하려고 받은 물건이었다.

농사를 짓는 분을 만나 이 토지의 자초지종을 들으니 토지의 주인은 따로 있고, 본인은 소작농으로서 일 년에 한 번씩 토지 주인에게 쌀 한 가마니 정도를 주고 몇 해 동안 계속 농사를 지어왔다고 했다. 토지를 매입할 의사가 없냐고 물으니 돈도 없고 관심도 없다고 한다. 싸게 준다고 설득해도 거절하면서, 본인이 농사를 짓고 있으니 이 토지를 본인에게 소작을 달라는 말만 했다.

이렇게 첫 번째 대상자에게 매도를 실패한 후, 그 다음으로 매수 가능성이 있을 것 같았던 이장님을 만났으나 근처 동네에서 이 토지에 관심 있는 사람은 없다는 부정적인 말만 들었다.


내가 처음 예상했던 시나리오와는 전혀 딴판으로 스토리가 전개되고 있었다. 나는 다음 매수자를 찾기 위해 많은 고민을 했다.

우선 이 토지를 동네 중개업소에 급매물로 내놓고, 토지 위에 매매 푯말을 세우기로 했다. 푯말을 세우면 지나가는 사람들이 보다가 매매에 관심 있는 사람이라면 전화를 할 것이라 생각했고, 이런 방식으로 직접 매도가 가능할 것이라 여긴 것이다.

푯말을 세우고 추수시기가 올 때까지 기다렸다. 추수 시기는 추수를 마친 농민들이 목돈을 쥐게 되는 시기로, 농지의 경우에는 그 시기에 매매가 활발하기 때문이다.

그런데 추수시기가 지났는데도 불구하고 아무런 소식이 없었다. 평생 이 땅을 소유하면서 매 년 쌀 한 가마니만 받으란 말인가??

### 3. 경매로 매수자 찾기

나는 최후의 수단으로 이 농지를 경매로 매각하기로 결정했다.

경매도 또 하나의 매매 방법이다. 경매가 대중화되어 전국의 투자자뿐만 아니라 많은 예비 매수자들이 이 물건을 검색하고 있다. 이미 나는 공매로 저렴한 가격에 매입을 했고, 경매로 매각하면 공매보다 좀 더 높은 가격에 낙찰을 받아갈 것이기에 손해는 안 볼 거라 생각했다(보통 경매가 공매보다 높은 가격에 낙찰되는 경향이 있다).

경매로 매각하면 결국에는 분명 매수자를 찾게 되어있다. 몇 번 유찰이
된다면 투자자들이나 실수요자의 관심을 끌게 되어 있으며, 이 때는 시세
보다 저렴하게 살 수 있으니 이런 기회를 어느 누가 놓치려 하겠는가.

결국 이 골칫거리 농지는 경매를 통해서 공매로 매입했던 가격보다
1,100만 원이나 높은 가격에 낙찰이 되었다.

2013.07.15. 공매 매수가격 2,002만 원
2015.08.12. 경매 매도가격 3,111만 원

결론적으로 2,000만 원을 투자해서 1,000만 원의 용돈(?)을 받았다고 할 수 있겠다. 필자는 이렇게 공매로 낙찰 받아 다시 경매로 매각한 사례가 더러 있다. 이런 방식으로 매각한 물건들은 본래 예상했던 금액 이상으로 낙찰되어 용돈 같지 않은 용돈(?)으로 돌아오곤 했다.

경매는 망해야만 나오는 것이 아니다. 경매시장도 일종의 매매시장이라는 것을 알기 바란다.

**4**

종합예술

# 다가구 주택
# 낙찰기

## 1. 물건검색

독서하기 좋은 5월. 책을 뒤로하고 컴퓨터 앞에 앉았다. 나에게는 독서보다 경매물건 검색하기 좋은 계절이다. 물건을 검색하는데 한 녀석이 눈에 들어오기 시작했다. 감정평가서에 나와 있는 사진을 보니 건물을 짓다가 중단한 것인지, 리모델링하다가 중단된 것인지 보기 싫은 철제 구조물로 덮여 있었다.

언뜻 보니 건물 외형도 완성되지 않았고 세입자가 많아서 권리관계도 복잡해 보이는 상가주택이었다. 상가주택이나 다가구주택은 경매에서 종합예술이라고도 한다. 그만큼 다른 물건에 비해 권리분석이나 현장에서 할 일이 많고 명도 해야 하는 가구 수도 많기 때문이다. 그래서 다가구주택을 제대로 경매하려면 중급 수준 이상은 되어야 한다.

컴퓨터 화면을 뚫어져라 쳐다보며 등기부등본, 매각물건명세서, 감정평가서 등 이것저것을 클릭해 보고 건물을 감상했다. 이 건물에는 상가를 포함하여 9가구가 있었는데 1층에 4가구, 2층에 2가구, 3층에 주인세대를 포함하여 2가구와 지하가 있었다.

일단 가구 수가 많은 것이 마음에 들었다. 나는 이왕이면 같은 크기의 토지, 건물일 경우에는 가구 수가 많은 주택을 선호한다. 그래서인지 이 물건은 한번 보고서 계속 눈길이 갔다.

| 소재지 | 인천광역시 남동구 ○○동 ○○○ 도로명주소검색 | | | | | | | |
|---|---|---|---|---|---|---|---|---|
| 물건종별 | 근린주택 | 감정가 | 359,748,270원 | 구분 | 입찰기일 | 최저매각가격 | | 결과 |
| 토지면적 | 230.8㎡(69.817평) | 최저가 | (49%) 176,277,000원 | 1차 | 2006-02-27 | 359,748,270원 | | 유찰 |
| | | | | 2차 | 2006-03-29 | 251,824,000원 | | 유찰 |
| 건물면적 | 409.99㎡(124.022평) | 보증금 | (10%) 17,630,000원 | | 2006-04-27 | 176,277,000원 | | 변경 |
| | | | | 3차 | 2006-05-26 | 176,277,000원 | | |
| 매각물건 | 토지·건물 일괄매각 | 소유자 | 전○경 | 낙찰 : 185,000,000원 (51.42%) | | | | |
| 개시결정 | 2005-09-02 | 채무자 | 전○경 | (입찰1명, 낙찰:강○수) | | | | |
| | | | | 매각결정기일 : 2006.06.02 - 매각허가결정 | | | | |
| 사건명 | 강제경매 | 채권자 | 최○희 | 대금납부 2006.07.07 / 배당기일 2006.08.11 | | | | |
| | | | | 배당종결 2006.08.11 | | | | |

| 사진 | 토지등기 | 건물등기 | 감정평가서 | 현황조사서 | 문건/송달내역 | 전자지도 | 전자지적도 |
|---|---|---|---|---|---|---|---|
| 로드뷰 | 온나라지도+ | | | | | | |

● 임차인현황 ( 말소기준권리 : 2004.08.16 / 배당요구종기일 : 2005.12.13 )

| 임차인 | 점유부분 | 전입/확정/배당 | 보증금/차임 | 대항력 | 배당예상금액 | 기타 |
|---|---|---|---|---|---|---|
| 김○환 | 주거용 203호 | 전 입 일: 2002.10.02<br>확 정 일: 2002.10.02<br>배당요구일: 2005.12.09 | 보32,000,000원 | 있음 | 순위배당가능<br>예상배당표참조 | |
| 김○숙 | 주거용 201호 | 전 입 일: 2003.12.22<br>확 정 일: 2003.12.22<br>배당요구일: 2005.12.06 | 보25,000,000원 | 있음 | 순위배당가능<br>예상배당표참조 | |
| 변○주 | 주거용 302호 | 전 입 일: 2005.01.25<br>확 정 일: 2005.01.25<br>배당요구일: 2005.11.30 | 보12,000,000원 | 없음 | 전액 최우선배당가<br>능 | |
| 우○분 | 점포 1층1호(장수건강<br>원) | 사업자등록: 2001.04.22<br>확 정 일: 2003.05.15<br>배당요구일: 2005.12.05 | 보22,000,000원 | 있음 | 순위배당가능<br>예상배당표참조 | |
| 윤○자 | 기타 1층일부 | 전 입 일: 미전입<br>확 정 일: 미상<br>배당요구일: 없음 | 보5,000,000원<br>월28,000,000원 | 불투명 | 배당금 없음 | 2003.07~,권리신고없<br>음 |
| 이○안 | 미상 미상 | 전 입 일: 미전입<br>확 정 일: 미상<br>배당요구일: 2005.12.08 | 보5,000,000원 | 불투명 | 배당금 없음 | |
| 최○희 | 주거용 301호 | 전 입 일: 2003.12.29<br>확 정 일: 2002.03.04<br>배당요구일: 2005.12.01 | 보25,000,000원 | 있음 | 순위배당가능<br>예상배당표참조 | 임차권등기자 신청채<br>권자 |
| 임차인분석 | 임차인수: 7명, 임차보증금합계: 126,000,000원, 월세합계: 28,000원<br>□☞임차인 노○효(전입:2003.03.11), 조○상(전입:2003.12.22), 지○구(전입:1996.10.21)<br>☞예상배당표를 참고하시기 바랍니다. | | | | | |

● 등기부현황 ( 채권액합계 : 255,000,000원 )

| No | 접수 | 권리종류 | 권리자 | 채권금액 | 비고 | 소멸여부 |
|---|---|---|---|---|---|---|
| 1 | 2004.08.13 | 소유권이전(매매) | 전○경 | | | |
| 2 | 2004.08.16 | 근저당 | 남동신협 | 195,000,000원 | 말소기준등기 | 소멸 |
| 3 | 2004.08.24 | 가압류 | 최○희 | 30,000,000원 | | 소멸 |
| 4 | 2005.02.01 | 압류 | 인천광역시남동구 | | | 소멸 |
| 5 | 2005.03.14 | 주택임차권 | 최○희 | 25,000,000원 | 전입:2003.12.29<br>확정:2002.03.04 | 소멸 |
| 6 | 2005.09.07 | 강제경매 | 최○희 | 청구금액:<br>25,000,000원 | 2005타경93729 | 소멸 |
| 7 | 2005.12.29 | 가압류 | 이○안 | 5,000,000원 | | 소멸 |
| 등기부 분석 | □☞전액미배당시 주택임차권 등기 말소안됨 | | | | | |

이 물건의 문제점 파악에 들어갔다. 낙찰자가 인수할 권리가 있는지 없는지를 따져보는 것이다. 언뜻 보기에 배당요구 신청을 하지 않은 대항력 있는 임차인(노○효, 조○상, 지○구)이 3가구나 되고, 공사하다가 중단되었기 때문에 유치권이 존재할 수 있다는 위험성이 있어 유찰되었다는 생각이 들었다.

하지만 감정가격이(3억 5,974만 원) 반값(1억 7,600만 원)으로 유찰되었고 임차인이 9가구나 되는 점이 나의 구미를 당기기에 현장 조사를 하기로 마음먹었다.

## 2. 현장조사(모든 답은 현장에 있다)

현장을 방문하기 전에 일단 인근 부동산 중개업소에 들렀다. 첫 번째 중개업소에 들러서 매수인 행세를 하며 비슷한 수준의 다가구주택과 상가주택이 매물로 나와 있는지 물어보았다. 부동산을 매수할 것처럼 얘기했더니 친절한 사장님이 이곳저곳을 걸어 다니며 여러 매물을 보여주었다.

다가구주택과 상가주택을 몇 곳 보고 나니 내가 입찰하려는 물건의 시세가 대략 감이 잡혔다(부동산에 시세만 물어보려고 한 건데 좋은 물건이 있다고 아주 적극적이고 친절한 전화가 계속 온다. 이럴 땐 솔직히 귀찮기보다는 미안한 마음이 더 크다). 이 주변 상가주택들은 대부분 많이 낡았고, 감정가격과 비슷하게 매매되는 것을 확인할 수 있었다.

두 번째 중개업소에는 들어가지 않고 문 앞에 붙어 있는 매물을 훑어보았다. 역시 비슷한 크기의 건물이 3억 원 이하로 나온 매물은 없었다(부동산에서 답해주는 시세 차이가 클 수 있으므로 시세를 파악할 때는 항상 두 곳 이상 방문해야 한다). 이 정도면 시세파악은 충분히 된 것 같았다.

부동산 중개업소에서 곧바로 현장으로 향했다. 운전하는 내 시야에 사진에서만 보던 그 물건이 들어왔다. 건물에서 약간 떨어진 곳에 주차를 하고 건물 쪽으로 걸어갔다. 건물 앞에 서서 건물을 아래에서 위로 그리고 건물 주변 이쪽저쪽을 훑어보았다. 컴퓨터 화면으로는 공사하다가 중단된 건물처럼 흉물스럽게 보였지만 현장에서 확인해보니 실제 모습은 그렇지 않았다. 건물 리모델링 공사를 하다가 중단되었지만, 추가공사비를 들여서 마무리 한다면 새 건물로 탈바꿈할 수 있을 것 같았다.

이 정도 수준의 공사면 매매가격에 공사비를 얹어서 받아도 무리가 없을 것으로 보였다. 내가 건물을 이리저리 훑어보고 있으니 멀리서 슈퍼마켓 아저씨가 머리를 살짝 내놓고 쳐다보고 있었다(딱 걸렸어!).

저렇게 잘 기웃거리는 사람은 대부분 남의 사정도 잘 알고, 남의 일에 상관도 많이 하는 편이다. 슈퍼마켓으로 들어가 음료수를 사며 말을 건넸다.

"안녕하세요. 사장님! 바로 앞 건물 사정 잘 아시죠?"

"(머뭇거리며) 아니, 뭐, 공사하다가 말고 골치 아픈 건물이에요. 댁이 관심 있소? 이렇게 골치 아픈 물건을⋯."

"아~ 제가 아는 분이 알아봐 달라고 해서요. 그분은 꼭 이런 물건만 관

심 있어 하시더라고요. 사장님은 건물 공사하는 것도 보셨겠네요. 공사
업자들은 어디 있습니까?"

"주인이 돈 안 주니까 저대로 방치하고 철수했지."

"아~ 그래요. 집주인이 돈이 없나 보죠? 세입자도 보증금을 안 빼줘서
경매신청을 한 것 같은데요."(이 물건은 임차권의 강제경매로 진행되었다)

"여기에 사는 임차인들 모두 그 사람을 무서워해요. 보증금 빼 달라고
말도 못 꺼내요."

"그래요. 집주인이 좀 무서운 사람인가 보죠?"

"뭐, 건들건들 거린다고 그러더라고요."

슈퍼마켓 아저씨의 '건들건들'이라는 아름다운 표현으로 내 머릿속에
건물주의 모습이 대략 그려졌다.

슈퍼마켓 아저씨와의 대화를 통해 공사업자들이 점유하지 않았다는 것
도 알아냈다. 유치권이 성립되려면 여러 가지 요소가 있는데, 그 중에 점
유는 선택이 아닌 필수 요건이다.

유치권은 법원에 신고하는 것이 대부분이지만 신고하지 않는다고 해
서 권리를 포기한 것이 아니다. 신고하지 않아도 낙찰자에게 대항할 수 있
다. 따라서 법원의 매각물건명세서에 유치권신고가 되어 있지 않다고 해
서 일반 물건과 똑같이 생각해선 안 된다.

공사업자들이 점유를 하고 있지 않은 것을 알아낸 것도 큰 수확이다.
시원하게 음료수를 마시고 건물로 들어갔다. 아줌마들이 1층 상가에 옹기
종기 모여 부업으로 무언가를 열심히 붙이고 있었다. 그 모습을 뒤로하고
일단 건물 위로 올라갔다. 2층으로 가서 벨을 눌렀지만, 아무 반응이 없어
문을 두드렸다. 그래도 아무런 반응이 없었다. 문틈에 눈을 바짝 대고 안
을 들여다보았다(가끔 안에 있으면서도 문을 열어주지 않는 사람이 있어서…).

3층으로 올라갔다. 문은 열려 있고 공사 장비도 널브러져 있었다. 돈을

받지 못해 공사가 중단된 듯했다. 공사현장을 열쇠로 잠금장치도 해두지 않았다(잠금장치를 해두는 것만으로도 유치권은 점유가 인정된다). 따라서 유치권 성립은 안 될 것으로 확신했다.

3층을 둘러보는데 공사가 중단 된 방 옆에서 아저씨 한 분이 불쑥 나와 나에게 다가왔다. '뭐야? 공사업자?' 갑자기 약간 긴장이 되었다. 만약 공사업자라면 영양가(?) 없는 말다툼이 벌어질지도 모른다. 상대가 누구인지 모르는 의심스러운 가운데 내가 먼저 인사를 하고 소개를 했더니 자기는 임차인이라고 하며(다행이다) 본인도 이사를 가고 싶은데 집주인이 보증금을 빼주지 않아서 못 나간다고 하소연했다.

간략하게 앞으로 경매가 어떻게 진행되며 임차인으로서 어떻게 대처하면 되는지 말씀드렸더니 계속 졸졸 따라다니며 뭔가를 얘기한다. 그러나 아저씨 얘기는 귀에 들리지 않았고 나는 건물의 이곳저곳을 훑어보기만 했다.

건물의 상태는 그런대로 괜찮았다. 낙찰 후 조금만 손을 보면 괜찮은 상품이 될 듯했다. 내부는 입식 화장실과 싱크대를 설치하면 매매나 임대가 수월할 것으로 보였다(화장실 리모델링 비용은 시공업자마다 약간 차이가 있지만 대략 200만 원 전후 들어간다). 이제 건물상태와 유치권은 파악했으니 남은 것은 배당요구를 하지 않은 대항력 있는 선순위 임차인이었다.

**대항력이 있는데 법원에 배당요구 신청을 하지 않은 경우**

① 소유자나 채무자의 친인척인 경우(성이 같거나 이름에서 돌림자를 쓴 것을 통해 알 수 있다)
② 친구 집에 얹혀사는 사람(보통 남성이 많으며 작은 집에 두 사람이 얹혀살 때도 있다)

③ 신용불량자일 경우(빚쟁이들에게 쫓겨 전입만 해놓고 도피 중인 경우이다)

④ 직장생활이 너무 바빠 법원에서 배당요구 최고통지를 받고도 배당요구 신청을 못 한 경우(편의점 등 24시 업종에 종사하거나 일일노동자, 지방으로 자주 출장 가는 사람의 경우 등 낙찰자 입장에서는 속이 터진다)

⑤ 부부인데도 따로 전입되어 있는 경우(그렇다고 부부 사이가 안 좋은 것은 아니다)

⑥ 실제 임차인이 맞는데 저가로 유찰시켜서 낙찰을 노리는 경우(경매투자 시 지뢰에 해당하는 경우이다)

⑦ 점유자가 무식해서 배당요구를 하지 못한 경우(무식이 용감한 게 아니고 무식이 무섭다)

⑧ 건물주에게 받을 돈이 있는데 돈을 못 받아서 받을 때까지 눌러 사는 경우(이럴 땐 채권을 다시 경매개시 전에 전세계약으로 전환했는지 여부를 파악해야 한다)


초보는 대개 이런 경우를 고려하지 않고 현장조사를 한다. 그러나 위와 같은 경우의 수를 미리 파악하고 임장활동을 하면 현장에서 이해당사자를 직접 만나지 못하고 제3자를 만나서 대화를 하더라도 짧은 말 한마디에서 결정적인 단서를 찾을 수도 있다. 그런 후 추가 조사와 추리를 해보면 위의 사례가 하나씩 걸려들어 정확한 판단이 가능하다.


부업중인 아줌마들이 있는 1층 상가로 향했다. 아줌마들 8명 가운데는 분명히 이 건물 임차인도 있을 것이다. 아줌마들을 위해 시원한 음료수를 한 박스 들고 들어갔는데 나를 보는 분위기가 영 썰렁했다. 다들 바쁘다며 말하기를 꺼려하는 눈치이다. 사실 이런 경우 사람이 많으면 서로 눈치 보며 먼저 말하기를 주저한다. 일단 위 건물의 임차인이 누군지 물어보고 임차인이 셋 있는 것을 확인한 후 그나마 가장 호응이 좋았던 아줌마의 연락처를 어렵게 받아서 바로 나왔다. 이런 분위기에서는 눈치 없이 계속 물어보면 안 된다.

저녁에 임차인 아줌마에게 전화를 걸었다. 일단 아줌마를 위로하고 앞으로 진행될 법적 절차를 차근차근 설명해 드렸다. 다행히 배당요구 신청을 해서 배당을 다 받는 임차인이었다.

내게 필요한 정보는 미리 꺼내지 않고 대화 중간 중간 자연스럽게 질문을 던졌다. 호응 좋은 아줌마와 통화하면서 선순위 임차인 가운데 두 사람은 부인과 남편이 따로 전입되어 있다는 것을 알아냈고, 나머지 한 사람은 실제 대항력 있는 임차인이 맞고 인수해야 할 금액이 900만 원이라는 사실도 알아냈다.

내가 생각해도 운이 좋았다(현장조사 시 중요한 단서를 제공해준 이 아줌마는 이사도 가장 나중에 했고 이사비도 가장 많이 받았다). 이렇게 해서 이 상가주택의 모든 현장조사를 마쳤다. 역시 또 한 번 현장조사의 중요성을 실감하는 순간이었다.

tip

**협상의 법칙**

단순한 원리지만 상대방에게 친절하게 대하고 먼저 베풀어라. 음료수 한 박스의 힘은 대단하다. 또 위로의 말 한마디도 상대방에게 빚을 진 것처럼 미안한 마음이 들게 한다. 그러고 나면 상대방은 나에게 조그만 것이라도 보상하려고 한다. 이것은 심리학 책에도 등장하는 '작은 협상의 법칙'이다.


## 3. 입찰

현장에 갔을 때 슈퍼마켓 주인과 부업 하시는 아줌마들은 나 말고는 현장에 다녀간 사람이 없다고 했다. 이런 물건은 절대로 겉만 훑어보고 입찰할 수 없다. 반드시 이해관계인을 만나보고 현장을 확인한 뒤 입찰해야 한다. 따라서 나 외에는 입찰자가 없을 것이라고 예상했다.

아마도 공사를 하다가 중단된 건물의 외모(?)와 배당요구 신청을 하지 않은 대항력 있는 임차인 3가구 덕분에 경쟁자가 없는 것 같았다. 그래도 확실하게 낙찰받기 위해 최저가에서 900만 원을 더 써서 1억 8,500만 원을 적어 냈다. 결과는 단독낙찰! 기분 좋게 경매법원을 빠져나왔다.

## 4. 소유자와 만남

낙찰을 받고 며칠이 지나지 않아 소유자에게서 다급한 목소리로 전화가 왔다. 슈퍼마켓 아저씨가 말하는 소위 '건들건들'이라는 수식어를 달고 다니는 사람이었다. 뻔한 내용이겠지만 변호사사무실로 오라고 했다. 선글라스를 끼고 머리에 젤을 흠뻑 바른 덩치가 만만치 않은 아저씨가 사무실로 들어왔다. 나이에 맞지 않게 액세서리를 많이 걸치고 있었다(이 사람이 세입자들이 무서워하는 집주인이구나!).

소유자는 주저리주저리 이 물건의 스토리를 얘기했다. 노후 된 건물을 팔려고 했으나 그 상태로는 도저히 팔리지 않자 리모델링해서 제3자에게 매도하려고 공사를 하는 도중에 3층 세입자가 보증금 2,500만 원을 달라고 하고, 공사업자가 공사비를 달라고 하여 이중으로 자금 압박을 받고 있는 가운데 3층 세입자가 보증금 반환 소송에서 판결문을 받아 건물을 경매에 넣어버린 것이다.

"긴말은 필요 없고, 이 물건 취하해주소! 내가 얼마나 공들인 물건인데 낙찰 받은 거요?"(역시 막무가내군)

"아니, 법원에서 정당하게 낙찰 받았는데 왜 저에게 화를 내십니까? 제가 그쪽의 허락을 받고 낙찰 받아야 하나요?"

"아따 다른 말 하지 마소! 내가 합의금을 줄 테니까 잔금 내지 말란 말이오!"

"합의금이요?"

2,500만 원의 임차보증금도 제대로 돌려주지 못해 경매로 넘어가게 한 소유자가 나에게 합의금을 줄 테니 경매를 취하하라고?

"합의금은 내일이라도 줄 테니 적당한 선에서 합의를 봅시다."
"이 물건을 입찰할 때 최소 1억 원의 수익을 예상하고 입찰한 건데(1억 원을 달라는 직접적인 표현은 하지 않음)…."
"아니, 뭐요? 이 사람이 말이 되는 소리를 해야지. 1억 원씩이나… 너무한 거 아니오?"
"1억 원 남기고 파는 것은 제 능력이지 제가 지금 사장님께 그 금액을 달라고 한건 아니잖습니까? 그러니 화내지 마시고…"
"아따 빨리 말 좀 해보쇼."
"(3분 동안 고민하는 척하고) 1억 원에서 1/4 금액으로 양보하죠. 합의하려면 2,500만 원을 준비하세요. 기한은 잔금일 3일 전까지. 이젠 더 이상할 말 없습니다."
"이거 완전 날강도도 아니고…."
"내일까지 계약금 1,000만 원 하고 인감도장, 인감증명서 갖고 오지 않으면 없던 일로 하겠습니다."
"…."

이 상황에서 내가 합의금을 높게 부른 것은 그 금액을 다 받으려고 한 것은 아니었다. 이럴 경우 합의금을 낮게 부르면 돈이 없는 소유자에게 이런저런 핑계로 계속해서 질질 끌려 다니게 된다. 애초부터 소유자가 합의금 2,500만 원을 준비하리라고 생각하지 않은 것이다.
그런데 바로 다음 날 소유자는 600만 원을 갖고 왔고, 또 그 다음 날

400만 원을 갖고 왔다. 그리고 그 자리에서 소유자의 인감증명서를 첨부하여 약정서를 작성했다. 내 예상이 빗나간 것인가?

하지만 역시 남은 합의금 1,500만 원에 대해서는 약정된 날짜를 어기고 계속해서 '며칠만 기다려주소~' 라는 말을 반복했다. 마지막 약정일인 경매잔금기일 3일 전이었지만 소유주는 나머지 돈을 마련하지 못했다.

소유주 상황에서 나에게 줄 합의금 2,500만 원과 강제 경매 신청한 임차인의 2,500만 원까지 준비해서 경매를 취하해야 하니 쉬운 일이 아니다. 또한 약정기일이 지났으므로 소유자는 나에게 합의금으로 지급했던 1,000만 원까지 추가로 손실 나는 상황이었다.

'돈도 없는 소유자가 1,000만 원 날리고 가만히 있을 것 같지 않은데….'

아니나 다를까? 예상대로 소유자가 사무실로 다시 찾아왔다. 자기는 불쌍한 사람이니 합의금으로 지급한 1,000만 원을 돌려달라는 것이다. 그렇지 않으면 소송하느니 고소하느니 횡설수설했다. 20분 동안의 실랑이 끝에 바짝 꼬리를 내린 소유자에게 500만 원을 주어 돌려보냈다. 소유자도 이번 기회에 알았을 것이다. 세상에 억지는 통하지 않는다는 것을. 세상에 공짜는 없다는 것을! 그렇게 아름다운 수식어를 달고 다니는 그는 떠나갔다. 그렇지만 기분은 썩 좋지 않았다.

## 5. 세입자들과 만남

잔금을 치르고 세입자를 명도하기 위해 다시 건물을 찾아갔다. 그런데 모두 나를 환영하는 분위기였다. 세입자들은 나가고 싶어도 보증금을 돌려받지 못해 못 나간 사람들이 대부분이었다. 낙찰자가 세입자에게 환영받기는 처음이었다!

모두 모여서 이런저런 대화를 하던 중 낙찰자가 지급하는 이사비용 대목이 나오자 갑자기 모두들 표정이 굳어지고 나에게 시선이 집중되었다.

"남들은 이사비로 300만 원 정도 준다고 그러던데 저희는 얼마 정도 주시나요?"

"아, 그래요."

이 건물은 임차인 수가 무려 9가구였다. 여기서 입을 잘못 놀리면 나는 순식간에 그들의 적으로 바뀌게 된다. 많은 세입자를 한군데에 모아 놓고 내 의도대로 설득하기는 어려울 듯싶어 일단 후퇴하기로 했다.

"모두 한 건물에 사시지만 이사를 이미 나가신 분(임차권등기)들도 있고, 보증금을 물어줘야 하는 분도 있어 각각 사정이 다릅니다. 이 자리에서 결론을 낼 수 없으니 제가 개별적으로 연락드리겠습니다."

"대충이라도 말씀해 주시면 안 되나요?"

"제가 다른 볼일을 보다가 잠깐 들러서요. 다음에 말씀드리죠."

잽싸게 모든 가구의 연락처를 받아 적고 건물을 빠져나왔다.

이제부터는 개별방문, 즉 각개전투를 벌여야 한다. 나는 가장 먼저 이 건물에 정나미가 떨어진 세입자가 누굴까 생각해 보았다. 이렇게 오래된 주택에서 그 답은 쉽게 나온다. 그것은 바로 물이 새거나 건물의 하자가 많은 집에 사는 사람이다.

나는 제일 먼저 배당요구 신청을 미처 하지 못한 대항력 있는 세입자(노ㅇ효)를 만나러 갔다. 역시나 그의 방에 들어갔더니 벽에는 대부분 곰팡이가 피어 있고 집안은 엉망이었다. 악취도 심했다(명도 1순위 후보로 선정되는 순간이다). 배당요구 신청을 하지 못해서 낙찰자가 인수해야 하는 보증금이 900만 원이었는데 전부 드릴 테니 더 좋은 곳으로 이사하시라고 말씀드렸더니, 지금까지 무서운 소유자에게 받지 못한 보증금을 곧바로 준다는 말을 듣자마자 1주일 만에 이사를 가버렸다.

일이 잘 풀렸다. 두 번째는 현장 조사할 때 나를 졸졸 따라다니던 3층 사시는 아저씨였다. 전세로 사시는 아저씨는 재계약을 원했지만 재계약하려면 월세로 해야 한다고 하니 소정의 이사비를 받고 바로 이사를 가셨다.

### 가구 수가 많을 때 명도 하는 방법

사람들은 대부분 가장 저항이 센 가구나 대표를 맡은 사람을 먼저 명도하는 것이 우선이라고 알고 있다. 대표를 제거하면 나머지 가구들도 기가 꺾여 이사 갈 것이라고 생각하는 것이다. 하지만 나는 상황에 따라 대표를 제거한다. 그런데 대표 제거방법은 생각보다 비신사적이고 부작용(?)이 많다.

그러나 다음과 같은 방법을 알아두면 대표를 먼저 제거하지 않아도 다가구나 세입자가 많은 빌딩, 사우나 등의 명도에도 신사적이며 원만하게 마무리 할 수 있을 것이다.

'뭉치면 살고 흩어지면 죽는다' 를 역이용 하는 것이다. 명도 해야 할 가구 수가 많을 때는 가장 먼저 이사를 나갈 수 있는 집을 찾아야 한다. 즉 이사를 가고 싶어 하는 집을 찾는 것이다.

예를 들면 경매부동산에 사는 세입자 중에서 이미 이사할 곳을 정해두었거나, 건물의 하자 등의 이유로 정이 완전히 떨어진 사람이다. 이런 사람들은 여러 가구가 똘똘 뭉쳐있어도 낙찰자의 설득에 쉽게 동요된다. 또한 해당 부동산에서 처음 이사하는 사람이니까 이사비를 다른 집보다 조금 더 줘서 내보내는 것도 좋은 방법이다(매도 먼저 맞는 게 낫다).

그 대신 이사비 영수증은 실제 지급했던 금액보다 적은 금액으로 따로 작성해둔다. 이렇게 두 집만 이사 보내고 나면 나머지 가구는 쉽다. 나머지 가구를 방문할 때는 적게 적은 이사비 영수증을 내놓고 얘기하는 것이다. 가장 먼저 이사한 가구도 이 금액을 받고 갔으니 앞으로 이사가 늦어지면 늦어질수록 이 금액에서 점점 줄어든다고 하거나 아예 국물도 없다고 하면 대부분 빠른 이사를 결정한다(자세한 내용은 명도의 기술에서 따로 언급한다).

나머지 가구들도 실제 지급했던 이사비 금액보다 적은 금액으로 작성한 영수증을 갖고 방문했다. 이렇게 해서 모든 가구가 한 달 이내에 이사를 나갔다. 9가구의 명도도 이렇게 수월하게 끝났다.

　명도를 끝낸 후 리모델링 공사를 멋지게 한 후 모든 가구와 상가를 월세를 놓았다. 월세로 세팅을 해 놓으니 예상했던 대로 매매는 어렵지 않았고 이로 인해 수익까지 짭짤하게 마무리 지을 수 있었다.

# 현장조사 제대로 하는 방법

경매에서 입찰자에게 가장 중요한 첫 단추가 임장활동(=현장조사)이다. 첫 단추가 꼬이면 정말 끝날 때까지 속을 썩인다. 또한 일반물건이 아닌 선순위 대항력 있는 임차인 물건이나 유치권 물건 등 특수물건은 서류보다 현장에서 더 많은 해답을 얻을 수 있기에 경매고수가 되기 위해선 임장활동은 필수이며, 하면 할수록 실력이 쌓이게 된다.

아래에 적혀 있는 사항을 토대로 체크리스트를 작성하여 입찰 전에 빠짐없이 점검하도록 하자. 경매는 돈이 오고 가는 게임이다. 따라서 실수는 곧 금전적인 손실로 직결되니 꼼꼼하게 하는 습관을 들이는 것이 좋다.

## 〈현장 조사할 때 유의해야 할 점〉

### 1. 입찰 부동산의 전입세대 열람을 상세히 파악한다(대항력 여부 확인!)

전입세대 열람을 보면 세대주의 전입일이 기재되어 있다. 간혹 세대주보다 전입을 빨리 한 세대원도 함께 표기가 된다. 채무자 가족 외 다른 세대주가 전입되어 있을 경우 반드시 채무자와 소유자와의 가족관계를 물어보자(상가의 경우 전입세대 열람 대신 사업자등록 현황을 참고한다).

## 2. 현장조사 시 공부서류를 지참한 후 대조작업을 한다

토지나 공장 등 경계가 불분명한 부동산에 입찰할 경우 감정평가서, 지적도, 건축물대장, 토지대장, 토지이용계획확인원 등 공부서류를 지참하여 현장에 가서 현황과 일치하는지 확인해야 한다. 토지의 경우 진입로가 제대로 되어 있는지, 건축 허가가 가능한지, 기존 소유주에게 주어진 조건이 그대로 승계되는지도 입찰 전에 꼼꼼히 챙겨야 한다.

빌라나 오피스텔, 연립의 경우 실제 등기부등본이나 건축물대장상에 기재된 주소와 현황의 일치 여부도 확인하자. 공부상 근린생활시설인데 현황은 주거형으로 사용하고 있는 경우 대출도 힘들고 임대, 매매도 수월하지 않다.

## 3. 유해, 혐오시설이 있는지 점검 한다

현장에 가서 입찰 물건의 상태만 점검하고 곧바로 돌아오는 사람도 있다. 자신이 잘 아는 지역일 때는 괜찮겠지만 모르는 지역에서는 좀 더 시간을 투자하자. 주변에 납골당, 쓰레기 소각장, 화장터, 축사, 장례식장 등 혐오시설이 있는지 점검하고 철탑, 군용비행구역, 군부대 사격장이 있는지도 확인하도록 한다. 주변 환경과 소음은 부동산 매매가격에 매우 큰 영향을 끼친다. 호재보다 이 부분을 더 중요하게 체크해야 한다.

## 4. 시세조사는 두 곳 이상의 부동산을 방문 한다

당연하기에 아무것도 아닌 것 같지만 의외로 실전에서 투자를 하다 보면 이 부분에서 실수를 많이 한다. 경매는 조사한 시세를 기준으로 수익을 고려하여 입찰가를 적어내므로 시세를 높게 조사해도 문제가 되고, 너무 낮게 책정해도 낙찰되지 못하기에 기회를 잃는다.

법원의 감정가격은 기본적으로 채권회수를 위한 감정평가이므로 보통 시세보다 높게 책정되는 경우가 많다(반대로 은행의 대출감정은 돈을 빌려주기 위한 감정이므로 시세보다 짠 편이다).

임장조사 시 부동산에 갔는데 아는 체를 많이 하는 중개업소의 주관적인 의견을 시세로 오인하고 입찰하지 말자.

자신이 초보일수록 부동산을 여러 곳 방문하는 수고를 해야 한다(처음엔 모르는 곳에 들어가는 것이 부담이 많이 되지만 경험이 쌓이면 부동산에서 농담을 나눌 정도로 능숙해진다). 부동산 중개업소 한 곳의 말만 듣고 시세를 다 파악했다고 생각하면 안 된다. 또한 비슷한 물건의 급매물(가끔 낙찰가보다 싼 급매물도 있음)이 나와 있는지도 점검하고, 매매 시세는 항상 매도가격과 매수가격을 나누어 물어봐야 한다(생각보다 차이가 크다). 또한 임대가격도 전세와 월세를 나누어 확인하도록 하자.

## 5. 현장의 결점부터 찾아야 한다

좋은 점부터 보지말자. 일반 부동산을 매매할 때도 매수하려는 사람은 부동산의 단점부터 꼬집어 가격을 흥정한다. 입찰할 때도 매수자 입장이 되어 물건을 꼼꼼하게 훑어봐야 한다.

도시가스 설치여부(기름보일러, LPG가스도 가끔 있다), 건물의 방수공사가 제대로 되었는지, 화재는 발생한 적이 없는지, 채광(빌라나 반지하의 경우 필수 점검)은 어떤지, 건물의 노후도는 어느 정도인지 점검하자. 또한 요즘엔 대부분 자가용을 소유하고 있으므로 세대당 주차공간이 확보되었는지도 매우 중요하다. 특히 주차공간이 부족한 빌라 밀집지역에서는 주차 공간의 여부로 매매나 임대가 결정될 수도 있으니 꼼꼼히 확인해 봐야한다.

## 6. 점유자가 누구인지 확인 한다

점유자 확인을 통해 우선적으로 명도의 난이도가 수월할지 여부를 판단할 수 있다. 또한 상세한 현장 조사를 통해 서류상으로 대항력이 있어 보이는 선순위 위장 임차인 물건이나 유치권 신고가 되어 있는 특수물건 등은 현장에서 답을 얻는 경우가 많다.

유치권 신고 물건은 현장 조사 시 실제 그 부동산을 누가 점유하는지 꼭 파악해야 한다. 유치권 신고 서류에는 건설회사로 등재되어 있으나 실제로는 임차인이나 채무자가 직접 점유하거나 아는 사람을 앞세우고 뒤에서 조종하는 경우도 많다.

## 7. 연체된 공과금이나 추가공사 여부를 따져봐야 한다

상가의 경우 연체된 관리비가 수천만 원씩 되는 경우도 있다. 또 점유자는 버젓이 영업하는데 관리비가 연체되어 있을 때도 있다. 집합건물 체납 관리비의 경우 낙찰자가 공용부분의 관리비를 부담해야 하기에 그 금액만큼 입찰가 산정 시 미리 계산하여 입찰해야 한다(체납된 관리비를 고려하여 낙찰 받았다고 하더라도 점유자가 영업하고 있거나, 거주하면서 관리비가 연체된 경우에는 낙찰 후 관리사무소의 업무상 과실 부분을 짚어가며 관리비를 조정해야 한다).

전기요금, 가스요금, 수도요금은 낙찰 후 등기부등본을 갖고 기관에 방문하거나 전화로 연락하면 소유권이전등기 후에 발생한 요금에 대해서만 납부하도록 처리해준다.

또, 빌라나 연립주택, 단독주택 등은 수도나 전기 시설이 개별로 되어 있는지, 옥상에 방수공사나 마감공사가 제대로 되어 있는지 확인하여 추가적인 공사를 해야 할 경우 공사비를 감안하여 입찰가격을 적어야 할 것이다.

## 8. 상가는 임대가격을 정확하게 확인 한다

상가는 임대가격을 기준으로 매매가격이 산정되는데, 적정 매매가격은 현금 투입대비 임대 수익률을 산정하여 수익률이 4 ~ 6.5% 인 금액으로 결정된다. 또한 상가마다 관리비 차이가 크므로 매달 부과되는 관리비도 체크해야 한다(관리비가 너무 높으면 낙찰 후 재임대할 때 세입자를 구하기 힘들고 월세가격도 높게 책정할 수 없다).

## 9. 농지취득자격증명원 발급 여부는 입찰 전에 확인 한다

지목이 전, 답, 과수원일 경우 낙찰 후 1주일 이내에 농지취득자격증명을 제출해야만 매각허가결정을 받을 수 있다. 전이나 답은 경매나 공매, 즉 민사집행절차를 거쳐 소유권을 취득할 때에는 해당 부동산과 낙찰자의 주거지역 거리가 상당하더라도 농취증을 발급받는 것이 어렵지 않다.

그러나 농지의 경우에는 매각물건명세서의 특별매각조건에 '농취증 미제출시 보증금 몰수'라는 문구가 있으니 잘 확인해야 한다.

지목은 전·답으로 되어 있으나 현황이 도로이거나 그 지상에 건물이나 지장물이 있는 경우 반드시 입찰 전에 위 사항의 해결이 가능한지 담당자와 면담하는 것이 좋다(토지이용계획확인원에 1, 2, 3종 주거지역으로 되어 있으면 지목이 전·답일지라도 농취증을 발급받지 않아도 등기가 가능하다).

현장답사를 할수록 물건의 하자부분에 대한 관찰력도 발달하지만, 부동산에 대한 감각도 좋아지기에 현장답사의 중요성은 아무리 강조해도 지나치지 않는다.

**부동산은 상상력과 응용력이 풍부한 사람에게 더 큰 기회가 온다.**

# 👍 10년은 써먹을 경매의 기술

## 준주거지역의 단독주택을 주목하라

　부동산 투자에서 현재의 모습이 아닌 미래에 바뀔 모습을 상상하다 보면 더 좋은 기회를 맞이할 수 있다. 그런 케이스 중 하나가 바로 '준주거지역에 있는 단독주택'을 매입하여 신축하는 것이다(신축할 여건이 안 되면 건축업자에게 매도하면 된다).

　준주거지역의 경우 용적률은 각 지역의 조례에 따라 본래 토지 면적의 200~500%까지 건물을 신축할 수 있기에 현재 있는 건물이 아닌 미래 땅의 가치를 보고 접근하는 것이다.

| 용도지역 | | 세 분 | | 내 용 | 국토계획이용법시행령 | |
|---|---|---|---|---|---|---|
| | | | | | 건폐율 | 용적율 |
| 도시<br>지역 | 주거<br>지역 | 전용주거<br>지역 | 제1종 | 단독주택 중심의 주거환경을 보호하기 위한 지역 | 50%이하 | 50~100% |
| | | | 제2종 | 공동주택 중심의 양호한 주거환경을 보호하기 위한 지역 | | 100~150% |
| | | 일반주거<br>지역 | 제1종 | 저층주택을 중심으로 편리한 주거환경을 조성(4층 이하) | 60%이하 | 100~200% |
| | | | 제2종 | 중층주택을 중심으로 편리한 주거환경을 조성(15층 이하) | | 150~250% |
| | | | 제3종 | 중고층주택을 중심으로 편리한 주거환경을 조성 | 50%이하 | 200~300% |
| | | 준주거지역 | | 주거기능을 위주로 이를 지원하는 일부 상업기능 및 업무기능을 보완하기 위하여 필요한 지역 | 70%이하 | 200~500% |

〈시도별 조례에 따름〉

　단, 중요한 것은 준주거지역의 토지라고 해서 무조건 좋은 것은 아니다. 일조권, 진입로, 방향 등을 고려하여 최적의 신축 건물이 나올 수 있는 토지를 골라내야 한다.

### 1. 제주도 단독주택

위 물건은 제주도의 준주거지역 내에 있는 단독주택으로 필자가 일반매매로 매입하였다. 전 소유자는 몇 년 전 이 물건을 경매로 취득한 후 임대를 주고 있었다. 필자는 제주도 지역으로 인구 유입이 계속 늘고 있는 것을 파악하고 수요가 많은 지역이 어디일지 고민한 후 이 물건을 매입하여 12채의 아파트를 신축하게 되었다. 다행히 공급이 부족한 지역이고 제주도 신 공항 발표에 따른 호재로 인해 분양까지 무난하게 마칠 수 있었는데, 같은 위치의 같은 토지에서 단독주택으로 임대만 놓았을 경우보다 투자를 통한 신축의 방법으로 훨씬 많은 수익을 올리게 된 사례이다. 부동산의 현재의 모습만 보지 말고 새로운 모습으로 상상해 보는 연습을 하길 바란다.

## 2. 목포 단독주택

| 소재지 | | | | | | | | |
|---|---|---|---|---|---|---|---|---|
| 물건종별 | 주택 | 감정가 | 185,219,000원 | 구분 | 입찰기일 | | 최저매각가격 | 결과 |
| 토지면적 | 897㎡(271.343평) | 최저가 | (100%) 185,219,000원 | 1차 | 2015-11-16 | | 185,219,000원 | |
| 건물면적 | 104.5㎡(31.611평) | 보증금 | (10%) 18,530,000원 | 낙찰 : 218,000,000원 (117.7%) | | | | |
| 매각물건 | 토지·건물 일괄매각 | 소유자 | (주)○○조선 | (입찰1명,낙찰:이○○호) | | | | |
| 개시결정 | 2015-07-10 | 채무자 | (주)○○조선 | 매각결정기일 : 2015.11.23 - 매각허가결정 | | | | |
| 사건명 | 임의경매 | 채권자 | 한국무역보험공사 | 대금지급기한 : 2015.12.24 | | | | |
| | | | | 대금납부 2015.12.24 / 배당기일 2016.01.20 | | | | |
| | | | | 배당종결 2016.01.20 | | | | |

| 사진 | 토지등기 | 건물등기 | 감정평가서 | 현황조사서 | 건축물대장 | 매각물건명세서 | 세대열람내역서 |
|---|---|---|---|---|---|---|---|
| 부동산표시목록 | 기일내역 | 문건/송달내역 | 사건내역 | 전자지도 | 전자지적도 | 로드뷰 | 온나라지도+ |

■ 매각토지.건물현황 ( 감정원 : 경일감정평가 / 가격시점 : 2015.07.23 / 보존등기일 : 2002.02.19 )

| 목록 | 지번 | 용도/구조/면적/토지이용계획 | | ㎡당 단가 (공시지가) | 감정가 | 비고 |
|---|---|---|---|---|---|---|
| 토지 | ○○동○○○ | 도시지역(2004-12-08), 제1종일반주거지역, 지구단위계획구역,가축사... | 대 897㎡ (271.343평) | 171,000원 (149,100원) | 153,387,000원 | |
| 건물 | ○○로○번길○ [○○동○○4] 시멘트 벽돌조 스레이트지붕 | 단층 | 단독주택 | 67㎡(20.268평) | 413,000원 | 27,671,000원 | • 사용승인:2001.06.11 • 현황 강판지붕 |
| 제시외건물 | 1 | ○○로○번길○ [○○동○○4] 벽돌조 강판지붕 등 | 단층 | 화장실 | 6㎡(1.815평) | 206,000원 | 1,236,000원 | 매각포함 |
| | 2 | | 단층 | 출입구 | 4.5㎡(1.361평) | 172,000원 | 774,000원 | 매각포함 |
| | 3 | | 단층 | 보일러실 | 4.5㎡(1.361평) | 103,000원 | 463,500원 | 매각포함 |
| | 4 | | 단층 | 창고 | 22.5㎡(6.806평) | 75,000원 | 1,687,500원 | 매각포함 |
| | 제시외건물 포함 일괄매각 | | 면적소계 37.5㎡(11.344평) | | 소계 4,161,000원 | |
| 감정가 | 토지:897㎡(271.343평) / 건물:104.5㎡(31.611평) | | | 합계 | 185,219,000원 | 일괄매각 |

위 물건의 경우 감정가격을 상회하여 낙찰이 되었다. 부동산 초보의 경우 이해가 되지 않는 낙찰 가격인데 그 비밀 역시 바로 신축에 있다.

## OO시 OO동 도시형생활주택 건축규모 검토

1. 대지면적 : 633m²

2. 건축면적(건폐율) : 277m² (43.8%)

3. 연면적(용적율) : 847m² (133.9%)

4. 건축물 규모 : 지상 4층

5. 세대수 : 24세대

6. 주차대수 : 12대

7. 건축 연면적 및 세대수

| 층 | 면 적 | 세대수 | 전용면적(평) | 평면구조 |
|---|---|---|---|---|
| 1층 | 16m² | - | - | 필로티 |
| 2층 | 277m² | 8세대 | 8.5평 | 방1, 거실1 |
| 3층 | 277m² | 8세대 | 8.5평 | 방1, 거실1 |
| 4층 | 277m² | 8세대 | 8.5평 | 방1, 거실1 |
| 합 계 | 847m²(256평) | 24세대 | | |

 필자가 건축설계사무소를 통해 알아본 결과, 이 물건의 경우에는 단독주택을 철거한 후 도시형생활주택 24세대를 신축할 수 있는 부지였고, 두 필지로 나누어 한 필지에 12세대를 지을 수 있어서 부지만 매도도 가능한 물건이었다.

 위와 같이 경매물건 중에 준주거지역내의 단독주택이 나온 경우에는 그 지역의 임대수요, 공급 현황을 파악하여 건물의 현재의 모습이 아닌 미래의 모습을 구상한 후 과감하게 입찰하는 것도 새로운 수익을 창출하는 좋은 기회가 될 것이다.

# memo

**3장**

# 명도의 기술

# 1

경매의 꽃

## 명도의 기술

케이블 방송에서 '싸움의 기술'이라는 영화를 본 적이 있다. 영화를 다 보고 난 후 기억에 남는 내용은 별로 없었지만, 영화 제목만큼은 괜찮았다고 생각했다.

덩치가 크고 힘이 센 사람이 싸움에서 우위에 있는 것은 당연하다. 이런 유전적 요인이 싸움의 승패에서 비중이 크긴 하지만, 그것은 어디까지나 일반적인 싸움에서이다.

보통 사람이 일생을 살면서 멱살 잡고 주먹다짐을 하며 싸울 일이 몇 번이나 될까마는 전문적인 싸움꾼(?)들이 있는 UFC의 선수들은 그렇지 않다. 그들에게는 싸움의 결과가 곧 부와 명예로 직결되며, 그것이 그들의 직업이기에 무조건 상대방을 쓰러뜨려야 한다.

그들은 경기를 하기 전에 상대방의 허점을 찾아서 쓰러뜨리기 위한 전략을 세워 놓고 그 전략에 필요한 기술을 반복하며 힘든 트레이닝을 시작한다. 실전 경기에서도 힘센 사람이 물론 우세하지만, 상대방의 약점을 간파한 전술로 자신보다 힘센 선수를 이기는 경우도 자주 볼 수 있다.

힘이 약한 선수는 빠른 발을 이용하거나 클린치를 사용하여 힘이 센 선수를 지루하게 하고 힘을 빼는 작업을 한다. 경기를 할 때 상대방이 펀치력이 뛰어난 선수이면 스탠딩을 피하고 태클을 걸어 그라운드로 유도한다. 그리고 마지막 한 방을 노린다. 그것이 이른바 '싸움의 기술'이다. 바로 여기에서 실제로 존재하는 '싸움의 기술'을 확인할 수 있는 것이다.

경매에서 대부분의 사람들은 가장 껄끄럽고 두려운 부분을 명도라고 얘기한다. 명도 때문에 경매를 통한 부동산 매입을 피하는 사람도 있고, 명도를 제때에 하지 못해 낙찰을 받고도 내 건물에 들어가지 못하고 끙끙대는 사람도 있다. 이런 상황을 경험하지 못한 사람은 가슴앓이를 해야 하는 그 힘든 상황을 이해하지 못한다.

경매는 평범한 물건이라도 얕보면 안 된다. 어떤 물건이 되었든 간에 점유자가 낙찰자의 애를 태우는 일이 자주 있으니 말이다. 경매든 공매든 명도가 핵심이라는 것은 누구도 부정할 수 없다.


## 1. 과연 '명도의 기술' 이 존재할까?

낙찰된 물건이 권리관계가 복잡한 특수물건이라고 해서 명도가 늦어지는 것도 아니고 일반물건이라고 해서 빨리 끝나는 것도 아니다. 단순히 말발(?)이 좋고 외모와 체격(험상궂은 인상과 큰 덩치?)이 된다고 명도를 빨리 할 수 있는 것은 더더욱 아니다.

경험이 많은 경매의 고수들도 일의 숙련도에 차이가 있을 뿐이지 어려운 상황을 빨리 해결한다는 보장은 없다. 싸움의 기술을 배우지 못한 자의 헛손질처럼 명도에서도 헛손질과 헛발질은 존재한다.

보이지는 않지만, 명도의 기술을 아는 자와 모르는 자의 차이는 엄청나다. 어떠한 전술을 세우는가에 따라 여러 가지 공격과 방어 방법을 익혀야 하며, 이로 인한 사람을 대하는 방법도 다르고, 그에 따른 결과도 확연한 차이가 난다.

명도는 협상이다. 단순히 부동산에서 점유자를 끌어내는 것이 아니다. 경매에서 모든 명도는 돈을 협상하는 과정이라고 말할 수 있다.

경매라는 링 위에 등장하는 선수는 단지 두 명 뿐이다. 낙찰자와 낙찰자에게 돈을 요구하는 점유자, 이렇게 두 진영으로 나뉘게 된다. 그렇다면 낙찰자에게 돈을 요구하는 자(점유자)는 도대체 누구인가?

경매로 집을 날린 채무자(낙찰 받은 부동산의 전 소유자)와 배당을 받든 못 받든 세입자는 낙찰자에게 이사비를 요구한다. 또 유치권자는 낙찰자에게 공사금액의 변제를 주장한다. 또한 건물이 있는데 땅만 경매로 나와 낙찰된 경우에는 건물주가 땅 가격을 협상하거나 땅의 낙찰자와 건물가격을 협상하는 것도 결국은 돈을 협상하는 것이다. 지분물건을 낙찰 받았을 때에도 다른 지분권의 매수나 낙찰자 지분을 매도하는 것 역시 돈을 협상하는 것이다.

경매의 모든 게임은 돈을 많이 주면 아주 손쉽게 끝나버린다. 그러나 낙찰자가 지급하려고 생각하는 금액과 그들이 요구하는 금액의 차이는 너무 크다. 그래서 게임이 시작되는 것이다. 낙찰 받자마자 경기 시작을 알리는 무언의 종이 울리면서 게임은 시작된다. 서로를 노려보고 링을 돌면서 잽을 날린다.

예전과 달리 경기 운영법칙은 낙찰자에게 유리하긴 하지만 그렇다고 쉬운 것은 아니다. 경기결과에 상관없이 파이트머니(배당금)가 있는 자와는 링에서 게임을 하기가 좀 더 쉬울 순 있지만, 파이트머니도 없고 게임에서 지면 아무것도 남지 않는 점유자는 눈에 독을 뿜으며 달려들기 때문에 경기는 녹록지 않다.

낙찰자는 상대방에게 보이지 않는 가벼운 잽을 날리며 그의 수준을 가늠해야 한다. 그리고 2라운드에 돌입할 때쯤에는 몇 라운드 어느 시점에 카운트펀치를 날릴지 결정해야 한다.

경매 사례를 보면 가끔 집이나 기물을 망가뜨리고 떠난 채무자와 세입자 얘기를 들을 수 있다. 하수구에 시멘트를 퍼부어놓고 나가는 경우도 있다. 또 강제집행을 제때 하지 못하고 점유자에게 농락당하는 경우도 있다.

이런 사례가 모두 명도의 기술을 알지 못한 낙찰자가 링 위에서 점유자를 제대로 제압하지 못해서 생긴 결과이다. 경매의 링에서 어떤 상대방을 만날지는 아무도 모른다. 그만큼 변수가 많은 것이 경매의 링이다. 그러기에 살벌하게 생긴 외모와 단단한 몸이 필요한 게 결코 아닌 것이다.

낙찰자의 대진운도 좋아야 하지만 무엇보다도 가장 중요한 것은 낙찰자의 협상 능력이다. 나는 나보다 센(?) 상대가 링 위에 있다는 것을 미리 알면서도 입찰에 들어가기도 한다. 그리고 경기가 시작되면 상대방의 전략과 전술 수준을 가늠하며 조금씩 스텝을 밟고 보이지 않는 잽을 날리며 그에게 다가간다.

## 2 입장을 바꿔놓고 생각해라

이것은 협상에서 항상 기본이 되는 마인드이다. 경기가 시작되면 가장 먼저 알아야 하는 것이 상대방의 수준과 처한 상황이다. 그 사람이 경매에 대해 얼마나 많이 아는지, 그 사람이 실제 처한 상황은 어떠한지 반드시 알아야 한다. 상대를 제대로 간파하지 못하면 헛손질과 헛발질을 많이 하게 되는 것이다.

나는 지금까지 명도를 하면서 언성을 높이며 싸운 적이 별로 없다(내가 성격이 좋다고? 글쎄다). 그렇다고 내가 명도하며 강제집행을 안하는 것도 아니고, 이사비를 두둑하게 챙겨주는 것도 아닌데 말이다.

상대방의 처지를 헤아려보자. 그리고 상상력을 동원하여 내가 만약 점유자라면 이 상황에서 어떤 방법이 최선일지, 어떻게 대처할지 생각해보자. 역지사지(易地思之) 라는 말이다. 이런 경험이 쌓이다 보면 내 예상대로 상대방의 전술이 일치하는 것을 느낄 수 있다.

적당한 이사비를 지급하는 것은 낙찰자가 순조롭게 명도 할 수 있는 최고의 방법이다. 어떤 이는 이사비를 조금 주거나 또는 아예 주지 않는 방법에 대한 글을 올리고, 그런 방법을 강의하기도 한다. 실제로 그렇게 해결되는 경우도 있고 해결할 수 있는 것도 사실이다. 하지만 나는 그런 방법은 아니라고 생각한다.

항상 입장을 바꿔놓고 생각해 보자. 그 단순한 원칙을 잊고 점유자를 대할 때 위에서 언급한 사건·사고가 생기는 것이다. 이사비를 적당히 주는 것은 절대 낙찰자가 패배하고 굽히는 것이 아니다. 이렇게 끝나는 것은 서로가 윈윈(win-win)하는 최상의 결과라고 생각한다.

하지만 채무자와 세입자를 만나보면 대부분 낙찰자가 생각하는 금액보다 더 많이 요구하거나 터무니없는 금액을 원하는 경우가 많다. 실제로 점유자가 요구하는 금액은 낙찰자가 생각하는 금액보다 항상 높은 것이 현실이다. 그러므로 다음 단계의 전술을 써서 서로 간의 금액의 격차(gap)를 줄이는 작업을 해야 한다.

## 3. 부드럽지만 강하게 다가서라

모든 일에는 항상 첫 단추가 가장 중요하다. 따라서 낙찰 받고 첫 방문을 어떻게 하느냐가 중요하다.

낙찰을 받고 세입자나 점유자의 집을 방문할 때 여러 명을 동원하는 낙찰자도 있는데 이것은 그리 좋은 방법이 아니다. 여러 명이 방문하여 점유자를 위축되게 만들어 좋을 것도 없을뿐더러 그렇다고 그들이 겁을 먹는 것도 아니다. 점유자들은 아무런 이유 없이 건물을 낙찰 받았다는 이유만으로 낙찰자를 적대시하는 경향이 있으니 첫 만남은 정중하고 조심스럽게 다가가야 한다.

첫 대면 시 강제집행이니 법적 절차를 운운하며 대응하기 보다는 일단 청취모드로 돌입해야 한다. 그들의 처지를 헤아려 그들이 하소연하는 것을 맞장구 쳐주고 오랫동안 얘기를 잘 들어줘야 한다.

그렇다고 하소연을 마냥 듣기만 하면 안 된다. 대화 중간 중간에 말을 끊고 낙찰자의 의사를 피력해야 한다. 법적으로 낙찰자가 우위에 있다는 사실을 잘 표현해야 하며 협상이 결렬되었을 때 법적 절차를 진행하여 강제집행까지 하게 되면 처참한 결과가 나온다는 것도 간접적으로 대화 중간에 알려줄 필요가 있다.

이런 대화법을 쓰면 점유자의 하소연을 들어주면서 그들을 이해하는 듯 보이고, 직접적인 대립을 피하면서도 낙찰자를 만만하게 보지 못하는 효과를 볼 수 있다. 즉 외유내강(外柔內剛)하라는 말이다.

## 4. 아군을 추가하라 (1+1=?)

아군, 등장인물을 추가한다고? 오해하지 말라. 낙찰 받은 건물에 떼로 몰려가라는 말이 절대 아니다. 첫 만남에서 하소연을 들어주고 좋은 모습을 보여주고 왔으니 그 다음부터는 낙찰자가 점유자에게 아쉬운 소리를 하기가 참으로 모호해진다.

하지만 점유자들은 그들의 상황에 따라 처음에 약속한 것과는 달라지게 마련이고 점유자들 대부분은 낙찰자가 약하게 보이면 약속을 어기는 경향이 많다.

명도에서는 늘 최악의 상황을 설정해 봐야 한다. 실제로 약속한 이사 날짜를 핑계를 대며 계속 어기고 연기하는 점유자가 더 많다. 약속을 어기는 점유자들에게는 인도명령도 신청해야 하고, 내용증명도 보내야 하며, 상황에 따라서는 큰소리도 내야 하는데, 첫 만남 이후 법적 조치를 취하거나 면전에서 성을 내면 앞에서 좋은 모습 보이고 뒤에서 허튼수작 부린다고 오히려 약속을 어기는 점유자 측에서 더 화를 낸다.

이럴 때는 어떻게 해야 효과적으로 처리할 수 있을까?

처음 점유자와 대화할 때 나의 아군을 한 명 더 추가해야 한다. 그리고 약속을 어길 경우를 대비해 법적 절차를 준비한다.

무슨 말인지 이해하기 쉽도록 다음의 두 가지 가상의 상황을 설정하여 얘기해 보겠다.

〈아군을 추가하지 않은 상황〉

처음 방문했을 때 하소연하던 점유자에게 맞장구를 쳐주던 와중에 점유자가 다음과 같이 얘기한다.

> 점유자 요구 1 : 제가 상황이 어려워서 6개월은 더 있어야 하는데요. 그렇지 않으면 월세 보증금이라도 구해야 하니 이사비 1,000만 원은 주셔야 합니다. 가능할까요?

이런 경우 낙찰자가 어떻게 대답하겠는가? 이런 무리한 요구에 대답하기는 힘들고 엄청난 부담과 갈등을 느낄 것이다. 원만히 해결하기 위해 목소리를 줄이고 다음과 같이 말해본다.

> 대답 1 : 음… 저기… 6개월은 너무 길고… 금액은 너무 많은데요. 생각 좀 해보겠습니다.

아니면 점유자의 의견을 무시하고 곧바로 대응에 들어간다.

> 대답 2 : 아니 이 사람이. 낙찰자가 법적으로 이사비를 줘야 하는 의무가 있소? 법에 그렇게 나왔소? 당신 돈을 떼어먹은 사람한테 달라고 하지 도대체 나한테 무슨 근거로 이렇게 엄청난 이사비를 요구하는 거요? 안 나가면 바로 강제집행할 겁니다.

이렇게 답변하면 상대방이 어떻게 나올까? 첫 번째 대답을 하면 아마 다음과 같이 말할 것이다.

> 점유자 반박 1 : 그럼 4개월만 있게 해주쇼~ 아니면 700만 원을 챙겨 주시던지~! 빨리 결정해주쇼.

낙찰자로서는 점유자가 첫 번째 요구에서 2개월과 300만 원을 양보했으므로 자신도 양보해야 하는지 혼동되고 다음 답변을 어떻게 할지 무척 고심되는 순간이다.

법전을 읊는 두 번째 답변을 했을 때에는 다음과 같이 나올지도 모른다.

**점유자 반박 2 : 낙찰 받은 사람이 너무 야박한 거 아니오? 돈 없는 세입자라고 사람 무시하네. 그리고 법 상당히 좋아하시나본데… 어디 해볼 테면 해보쇼! 이판사판 갈 데까지 가보지 뭐!**

낙찰자가 목소리를 줄여 말하면 점유자는 낙찰자가 지급해야 하는 이사비를 마치 제 돈인 양 생색을 내며 깎아주고는 계속해서 무리한 요구를 할 것이다. 그렇다고 후자처럼 법전을 읊으며 점유자를 압박하면 점유자의 자존심을 건드리게 되어 반발하는 목소리가 커지고 이른바 전투 모드가 시작된다. 그리고 얼굴을 붉힌 첫 만남 이후에는 다시 대화모드로 돌입하기가 무척 힘들게 된다.

다행히 점유자가 기가 약해서 낙찰자가 법전 운운할 때 기가 죽으면 좋겠지만 그렇지 않으면 낙찰자도 화가 나게 마련이다. 이런 경우 점유자는 낙찰자가 자신을 무시한 것에 화가 나 알량한 이사비 대신 집과 기물에 보이지 않는 테러를 저지르고 이사 가 버리는 일이 생길 수도 있다. 그렇다면 이런 상황에 현명하게 대처하는 방법은 없을까? 바로 아군을 추가하는 것이다.

〈아군을 추가한 상황〉
낙찰자는 좋은 분위기에서 상대방의 처지를 헤아리며 얘기를 들어준다. 그러다가 점유자의 무리한 요구가 시작된다.

　　점유자 요구 1 : 제가 상황이 힘들어서 6개월은 있어야 합니다. 그게 안 된
　　　　　　　다면 집 구하는 보증금이라도 하게 1,000만 원은 챙겨주쇼!

　　대답 : 사장님 상황이 정말 힘드신가 보네요. 그런데 어쩌죠? 저 혼자 투자
　　　　한 게 아니라 이 물건은 경매를 아주 잘하시는 사장님과 함께 했습니
　　　　다. 그 분은 이사비를 항상 100만 원 안에서 해결하시거든요. 워낙 깐
　　　　깐하신 분이라서… 제가 말씀은 한번 드려보겠습니다.

　　대화에 경매를 잘하는 사장님이라는 가상의 아군을 한 명 끼워 넣었다.
여기에 엄청난 차이가 있다. 점유자로서는 더 할 말이 없어지는 것이다.
아군을 추가하면 낙찰자는 앞선 대화에서 볼 수 없었던 세 가지 효과를
얻는다.

　　첫째, 낙찰자는 점유자의 무리한 요구를 정중하게 거절했다.
　　둘째, 낙찰자는 점유자의 감정을 건드리지 않고 간접적으로 자기 의
　　　　사를 전달했다.
　　셋째, 낙찰자는 '말씀드려보겠다'고 했으므로 즉답을 피하고 추후통
　　　　보가 가능하게 되었다.

　　낙찰자는 점유자를 이해한다고 말했으므로 점유자와 얼굴 붉힐 일이
없어졌다. 낙찰자가 가상의 아군을 '경매의 고수이고 깐깐하다'고 표현했
는데, 이는 점유자에게 보이지 않는 아군에 대한 두려움을 갖게 만드는 효
과가 있다. 그렇다고 경매 고수를 직접 만나겠다고 하는 점유자는 거의 없
다. 또한 법적 순서를 밟을 때에는 나의 보이지 않는 아군이 욕을 다 먹기

도 한다.

이렇게 되면 점유자가 낙찰자에게 드러내고 불만을 표시하기도 모호하다. 그러니 낙찰자는 수습하는 역할을 하면서 점유자와 아군 사이에서 일을 마무리할 수 있다.

위에서 말한 것처럼 낙찰자는 즉답을 피하고 추후 통보가 가능한데, 이것은 현장에서 즉답하는 것과 엄청난 차이가 있다. 쉽게 내뱉은 말에는 실수가 잦게 마련이다. 점유자의 얘기를 듣다가 즉흥적으로 답변하다 보면 긴장된 상태에서 실수하게 된다. 심장이 약한 사람은 떨려서 제대로 얘기하지 못할 수도 있다.

하지만 아군을 추가했을 경우 낙찰자는 모든 상황을 종합하여 합리적인 대안을 생각하고 적절한 추후 통보가 가능하게 된다. 모든 대화를 마치고 나올 때는 법적 절차를 위해 한마디 던져놓는다.

"점유자님! 저랑 함께하는 사장님은 점유자와 얘기가 잘되는 것과 상관없이 낙찰만 되면 무조건 법무사를 통해 인도명령신청과 강제집행을 위한 수순을 밟습니다. 혹시 법원에서 우편물이 오더라도 기분 나빠하지 마세요. 제가 사장님께 잘 말씀드리겠습니다."

이렇게 되면 낙찰자는 점유자의 비위를 건드리지 않고 법적 절차를 준비해 놓을 수 있다. 앞에서는 원만한 협상을 하면서 한편으로는 인도명령신청과 강제집행을 위한 법적 절차를 진행하더라도 점유자와 함께 가상의 사장을 욕하면 되는 것이다. 낙찰자는 인도명령신청을 해놓고 점유자에게 전화를 걸어 다음과 같이 말하면 된다.

"아니, 이번에는 점유자와 얘기가 잘 돼서 법적 절차 생략하고 우편발송하지 말라고 말씀드렸는데.... 그 사장님이 원래 그래요. 저도 함께 일

하지만 정말 힘들어요. 에이~ 사람이 사람을 못 믿으면 누굴 믿어!"

내가 선수 치면 점유자는 잠시 뒤 다음과 같이 말할 것이다.

"그 사장님 정말 너무 하는구만. 당신도 참 힘들겠네!"

이제는 약속을 지키는 점유자와는 순리대로 좋게 해결하고 그렇지 않으면 법적 절차를 진행하면 되는 것이다. 나는 단독으로 진행하는 물건도 항상 이러한 방법으로 당근과 채찍을 준비하며 명도를 해왔다. 이것이 바로 내가 명도 할 때 욕을 한마디도 안 먹는 비결인 것이다(나를 대신하여 욕을 먹는 가상의 아군에겐 미안하지만).

점유자와 좋게 얘기가 되는 것 같아 마음 놓고 있던 낙찰자가 나중에 점유자가 약속을 어겨 그제야 부랴부랴 법적 절차를 준비하며 마음고생도 심하게 하고 시간도 배로 걸리는 경우를 가끔 보았다.

나는 약한 자에게는 최대한 관용을 베푼다. 하지만 그렇지 않은 경우에는 법적 순서를 밟아서 순식간에 강제집행을 한다. 어쩔 수 없다. 약한 자와 약은 자는 다른 것이다. 선택은 내가 하는 것이 아니고 점유자가 하는 것이다. 낙찰자는 강해야 한다. 강한 자만이 동정을 베풀 수 있다. 순수해 보이는 점유자를 믿지 마라. 그들은 강한 자에게 약하고, 약한 자에게는 강한 동물의 성향을 그대로 드러낸다.

## 5. 가구 수가 많거나 점유자가 많은 경우

명도를 하다 보면 정말 다양한 경험을 하게 된다. 사람마다 인격이 다르고 처한 상황이 다르므로 모두 똑같은 이론을 적용하기에는 현실적으로 힘들다. 명도를 잘하려면 협상 기술을 늘리는 책을 읽고 그 기술을 실전에 적용하는 것도 괜찮다(협상에 관한 책은 명도뿐 아니라 부동산 매매나 임대를 할 때에도 내 의도대로 수월하게 상대방을 설득할 수 있다).

나는 처리하기 복잡하고 난해한 경매물건을 명도 한 경험이 많다. 내가 이런 경매물건의 명도를 보통 사람보다 많이 경험할 수 있었던 것은 개인적인 투자물건 말고도 낙찰을 받고 뒤처리를 못 하여 변호사 사무실로 찾아오는 의뢰인들 덕분(?)이다.

개인적으로 사람들과 부딪히는 것을 무척 싫어하지만, 경매에서는 어쩔 수 없다. 낙찰을 받으면 모든 점유자가 낙찰자와 대치하는 현실이니…

마지막으로 가구 수나 점유자가 많을 때 효과적인 명도방법을 알아보자.

다가구주택이나 단독주택의 경우 대개 건물이 지층, 1, 2, 3층으로 되어 있어 적게는 2가구에서 많게는 12가구까지 살고 있다.

사우나(찜질방) 건물의 경우 세신(때밀이), 마사지, 매점, 좌욕, 안마, 이발 등 기본적으로 20명이 넘는 임차인이 영업하고 있다. 빌딩의 경우 층별로 구분등기가 되어 있지 않으면 건물을 통째로 낙찰 받아야 한다. 이런 경우도 각 층에 임차인 수가 많다.

이렇게 점유자가 많은 건물이 경매가 진행되는 경우, 낙찰 받은 뒤 해당 물건을 방문해보면 모든 점유자가 똘똘 뭉쳐 낙찰자에게 부담될 정도의 이사비를 요구하고, 이사 기한도 길게 요구한다. 낙찰자의 불쾌한 말 한마디에 한 가구만 있을 때보다 더 격한 반응을 보인다.

사우나처럼 임차인이 20명이 넘게 결집하여 있을 때에는 낙찰자에 대한 반응은 가관이다. 마치 낙찰자에게 돈이라도 맡겨놓은 사람들처럼 독기를 품고 달려드는 모양새이다(사우나의 경우 대부분 상가임대차 보호대상에서 제외되어 배당받는 돈이 없어 더 그러하다).

**첫째, 법적 절차는 미리미리 준비하라**

낙찰자는 항상 최악의 상황을 설정하고 상대방을 응대해야 한다. 강제집행 카드는 히든카드지만 협상결렬 시 신속하게 집행할 수 있게 준비해야 한다. 나중에 미리 준비하지 않은 것을 후회해봐야 소용없다. 착하게 다가간다고 그들이 인정해주는 것도 아니다. 처음에 친절을 베풀었더라도 사람은 항상 마지막 모습만을 기억하는 법이다.

**둘째, 처음 방문할 때 모든 가구를 한곳에 모이게 해서 그들의 의견을 들어라**

앞서 얘기했듯이 일단 상대방의 상황과 대처방안을 알아야 한다. 그래야 제대로 된 처방전(?)이 나온다. 시간이 오래 걸리더라도 여러 가구의 의견을 다 듣고, 연락처를 모두 적고, 가구마다 처한 상황도 모두 메모해야 한다. 항상 낙찰자가 처음 방문할 때 점유자가 말을 많이 하는 법이다.

처음 방문했을 때 모든 가구의 눈은 오직 낙찰자가 점유자에게 지급하는 이사비 액수에 초점이 맞추어져 있다.

그러나 이때 점유자들의 계속되는 질문에 낙찰자의 카드를 먼저 보여줘서는 안 된다. 점유자들이 답답해할지라도 오로지 청취모드로 머물러야 한다(카드게임에서도 고수일수록 자신의 카드를 철저히 위장한다).

낙찰자의 첫 방문 시 점유자들은 모두 한마음 한뜻으로 낙찰자에게 대항할 것이라고 엄포를 놓는다. 점유자들은 아직까지 단체로 대항하면 모든 것을 해결할 수 있으리라 굳게 믿고 있는 상태이다.

**셋째, 첫 명도 대상을 선정하라**

이제는 본격적인 게임을 준비할 단계이다. 처음 방문했을 때의 정보를 바탕으로 낙찰자의 전술을 짜는 것이다.

흔히 점유자들이 많을 때 대표가구를 먼저 제거하라고 주장하는 사람들이 있지만 나는 상황에 따라 대표자(대표가구)는 맨 나중에 명도하기도 한다.

그 대신 전체 가구 가운데 이사가 가장 절실한 가구를 먼저 찾는다. 물이 새고 곰팡이가 피어 있거나 보일러가 고장 난 가구 등 하자가 있는 집에 사는 점유자, 이사할 집을 미리 구해놓은 점유자나 이미 보금자리를 떠난 가구도 있다. 이미 이사를 나갔으면서도 이사비를 받기 위해 쓸모없는 가재도구를 남겨둔 가구도 이사 보내기가 쉽다(의외로 이런 경우를 자주 본다). 어떠한 기준으로든 낙찰자는 첫 번째 목표를 꼭 찾아야 한다.

### 넷째, 점유자들을 떼어 놓아라

실제로 점유자들이 똘똘 뭉쳐있으면 낙찰자에게는 정말 피곤하고 힘든 명도가 된다(낙찰자의 작은 액션 하나하나에 너무 격하게 반응한다). 모든 가구의 상황을 메모했으면 다음 모임에서는 점유자들을 떼어 놓아야 한다. 그래야만 게임이 쉬워진다.

이런 경우엔 어떻게 떼어놓아야 할까? 각자 떼어놓는 방법은 의외로 간단하다. 돈을 미끼로 싸움을 붙이면 된다. 이해하기 쉽게 상황을 설정해 보겠다.

등장인물 : 송사무장

　　　　　파주댁(대표가구, 배당받음)

　　　　　춘천댁(배당 못 받음)

(모든 가구가 두 번째로 모인 상태에서 이 두 가구를 떼어놓을 예정이다. 가구 수가 많아도 일단 두 가구만 싸움을 붙이면 된다.)

파주댁 : 사무장님, 우리한테 이사비를 어느 정도 주실 수 있는지 결정해 오셨죠?

송사무장 : 네. 맞습니다. 그런데 우리요? 왜 우리죠? 각자 처한 상황이

다 다른데요.

파주댁 : 그래도 한집에 사는 모두 똑같은 임차인인데 우리가 맞죠. 빨
리 얼마씩 지급할 건지 이사비용만 말씀해주세요.

송사무장 : (춘천댁의 눈을 마주치며) 그러면 춘천 댁한테 드릴 돈을 파주댁
께 드리라고요? (이때 배당을 받지 못한 춘천댁이 화들짝 놀란다.)

춘천댁 : 아니, 사무장님. 왜 제 돈이 파주 댁한테 가는데요? 설명 좀 해
봐요.

송사무장 : 배당을 전부 받은 가구하고 하나도 못 받은 가구하고 이사
비는 당연히 차이가 나게 책정되는데 배당받은 가구가 돈을
많이 요구하니 사모님께 드릴 돈을 나눌 수밖에 없잖습니
까?

춘천댁 : 그건 사무장님 말이 맞죠. 저희는 배당도 못 받았는데 이사비
라도 많이 주셔야죠.


파주댁 : 다 함께 뭉쳐서 낙찰자에게 이사비를 똑같이 요구하기로 해놓
고 이제 와서 딴소리야. (싸움 시작!)

춘천댁 : 그래도 그건 아니지. 입장을 바꿔놓고 생각해봐. 거긴 배당을
받았잖아. 배당을.

파주댁 : 아니 그럼 이렇게 모여서 함께 말할 필요도 없겠네. 흥!


상황을 설정한 것이지만 사실 여러 차례 경험한 실제 상황이다. 뭉쳐있
던 무리가 각자의 길을 가는 순간이다.

사람들은 돈 앞에서 쉽게 이성을 잃는다. 이때부터는 자기들끼리 싸우
다가 돌아서기를 기다리면 된다. 나는 이쪽저쪽 편을 넘나들며 서로 싸움
을 부추기기만 하면 된다.

편 가르는 기준은 보증금이 많은 가구와 적은 가구, 배당을 받는 가구

와 못 받는 가구 등 그때그때 상황에 맞게 적용하면 된다.

**다섯째, 각개전투에 돌입하라. 사정이 급한 가구를 골라서 먼저 이사시켜라**

단합된 모임이 말다툼하다 서로 흩어졌다. 이젠 전체 모임의 의미가 없어진 것이다. 그러면 이제부터 게임은 쉬워진다. 여러 가구가 함께 있어도 낙찰자에게는 큰 의미가 없다. 서로 떼어놓았기 때문에 자신만 중요하다고 생각하고 다른 집 사정은 신경 쓰지 않는다(사이좋았던 이웃이 갈라지는 것도 여러 번 보았다. 이러다 벌 받는 건 아닌지…).

이제 가구마다 개별적으로 명도하면 된다. 처음 방문하여 모든 가구의 상황을 메모했을 때 낙찰자가 선정한 이사가 가장 시급한 집이 있다. 그 가구를 선택하여 협상에 돌입한다.

이제부터는 앞에서 언급한 명도의 기술을 사용하면 된다.

당연히 첫 번째로 이사하는 집이므로 이사비도 가장 많이 준다. 그 대신 지급한 이사비용보다 더 적은 금액으로 축소된 이사비 영수증을 따로 만들어 놓는다. 다른 가구들 때문에 그렇다고 설명하고 지급한 이사비보다 축소된 영수증 하나 더 받는 것은 어렵지 않다.

드디어 첫 번째 선수의 이사 날짜가 다가왔다. 첫 번째 가구가 이사하는 모습을 본 나머지 가구들은 불안감을 느끼게 된다. 그러면 낙찰자는 다음 단계로 넘어간다.

**여섯째, 축소된 영수증으로 나머지 가구들을 압박하라**

이제 나머지 가구도 떠나야 한다는 사실을 인지하게 된다. 조용한 것 같아도 누군가 떠났다는 소문은 금세 퍼지게 된다. 이 상황에서도 나머지 가구에게 가장 중요한 것은 이사비용이다.

그들은 첫 번째 가구가 이사비를 얼마나 받았는지 매우 궁금해 한다(서로 떼어놓고 미리 입을 맞추어 놓았으므로 이사한 사람이 비밀을 누설할까 봐 신경 쓰지 않아도 된다).

두 번째 집을 방문할 때 먼저 나간 집의 축소된 영수증을 내민다. 첫 번째 가구보다 더 늦게 이사하면서 첫 번째 가구가 받았던 이사비보다 더 많은 금액을 요구하기는 양심상 힘들다. 아마 그 금액과 비슷하게 지급한다고 하면 고마워하며 더 일찍 이사준비를 할 것이다. 이렇게 두 번째 가구도 이사하면 나머지 가구는 알아서 이사한다. 축소된 영수증과 똑같은 이사비를 받고서 말이다…. 결과적으로 가장 먼저 이사하는 집이 이사비를 가장 많이 받는다.

**2**

효과 만점

# 유용한 내용증명

내용증명은 자기 의사를 상대방에게 전달할 때 공신력 있는 기관을 통해 공적으로 증명하는 것을 말한다. 이러한 내용증명은 낙찰자가 점유자에 관한 명도 및 체납관리비에 관하여 관리사무소와 협상할 때 유용하게 사용할 수 있다.

낙찰자와 점유자가 첨예하게 대립된 상황에서 낙찰자의 입장을 목청 높여 이야기하거나 인상을 쓰며 말한다고 하여 상대방이 제압되는 것은 아니다. 어쩌면 오히려 점유자가 똑같이 목청을 높이거나 비상식적인 언어로 대응할 경우 상황이 더 악화될 수도 있다.

이런 때는 말로 하기보다 낙찰자의 입장 및 앞으로 진행할 법적절차에 관해 내용증명을 보낸다고 가정해보자. 위 상황처럼 낙찰 후 점유자와 대립된 상태에서 낙찰자가 한 말은 한번 듣고 흘려버릴 수 있지만 내용증명을 통해 보낸 글은 몇 번이고 반복해서 읽게 될 것이다. 그리고 일단 말보다는 낙찰자의 확실한 의사를 담은 글은 점유자가 더 차분한 상태에서 확인이 가능하기에 정확하게 의사전달을 할 수가 있다. 사실 내용증명이란 존재 자체가, 그런 경험이 없는 일반인에게는 심리적으로 위축되게 만든다.

따라서 자신의 상황에 맞는 내용증명을 잘 활용한다면 경매나 공매에서 낙찰 후 본격적인 법적절차(명도소송, 점유이전금지가처분)를 제기하기 전에도 충분히 상대방을 압박하여 합의를 이끌어낼 수 있다. 또한 소송이 진행될 경우에는 증거자료로 사용할 수도 있다.


## 1. 내용증명을 상대방에게 보내는 목적

### ① 협상 전 심리적 압박

내용증명은 낙찰자가 세입자를 명도 할 때, 관리비가 많이 체납되어 있어서 관리사무소와 밀린 요금을 협상할 때, 또는 공공기관에서 무리한 요구가 아닌데도 수용하지 않을 경우 등 낙찰 후 부딪힐 수 있는 여러 상황에서 요긴하게 쓰인다.

〈낙찰자가 점유자를 상대로 보내는 내용증명〉

  낙찰자가 점유자를 상대로 명도를 이끌어내기 위한 내용증명을 작성할 때 점유자와 협의가 되지 않아 명도소송에 의해 판결을 받고, 강제집행(부동산 인도 집행)까지 진행하게 된다면 이에 따른 소송비용 및 강제집행비용을 점유자에게 청구할 것이고, 낙찰자의 소유권 이전일로부터 매달 무상으로 거주했던 월세부분에 대해서도 부당이득을 청구한다는 등의 문구를 기재한다. 또한 협상 결렬 시 법적인 조치를 하겠다는 단호한 표현의 내용증명은 상대방에게 큰 압박이 될 것이다. 결국 점유자가 이런 내용증명을 받게 되면 심리적으로 큰 부담이 되므로 적절한 선에서 합의를 이끌어 낼 수 있다.

# 내용증명

발 신 : 경기 부천시 원미구 길주로○번길 ○○-○

성 명 : 송사무장

수 신 : 경기 파주시 다율동 ○○○ **마을 922동 ○○○호

성 명 : 이○○

연락처 : (010) 0000-1000

해당부동산 : 경기 파주시 다율동 ○○○ **마을 922동 ○○○호

발신인은 상기 부동산에 관하여 2014. 10. 24. 경매로 낙찰을 받은 사람입니다. 본인은 상기 부동산에 관해 낙찰 후, 법률사무소 대리인(직원)을 통해 명도에 따른 절차를 아래와 같이 밟아가고자 합니다. 따라서 강제집행 예정통보서를 서면으로 보내오니 현명한 판단을 하시기 바랍니다.

-아 래-

1. 본인은 귀하와 원만하게 명도부분이 협의되길 원합니다. 그러나 귀하가 본 내용증명을 받은 후에도 7일 이내에 연락이 없을 경우 본인과 협의할 의사가 없는 것으로 간주하고, 잔금 납부 후 귀하를 상대로 <u>의정부지방법원 고양지원에 강제집행을 신청 하겠습니다.</u>

2. 또한 명도소송 외에도, 귀하가 본인의 소유권이전일로부터 상기부동산을 인도할 때까지 무상으로 사용한 부분에 관하여 <u>월 사용료 270만 원 (부동산의 감정가격의 1%)</u> 및 관리비 등 지연이자를 부당이득으로 하는 소송 또한 제기할 것이며, 판결이 되는 즉시 귀하의 월급 및 재산(자동차 등)에 압류조치 할 예정입니다(법적으로 대항력이 없는 점유자는 소유권이전일로부터 보증금 없는 임료 상당의 금액을 낙찰자에게 지급할 의무가 있습니다).

3. 또한 귀하가 진정한 임차인인 경우, 즉 배당금을 받는 경우의 세입자라면 잎

<u>차보증금의 배당금을 받기 위해선 낙찰자의 명도확인서 및 인감증명서가 반드시 필요한데,</u> 본인에게 상기 부동산의 인도를 하지 않았을 때는 위 서류들을 발급해 줄 수 없으며 결국 귀하는 배당금을 수령할 수 없습니다. 따라서 귀하와 협의가 되지 않을 경우 위 1, 2항의 소송을 제기 할 것이며 소송이 끝난 후 상기 부동산의 사용료(월세), 소송비용, 부동산 강제집행비 등 일체의 비용을 다시 귀하에게 청구할 것이므로 참고하시기 바랍니다.

4. 위 모든 절차는 법률사무소를 통하여 진행할 것입니다.

5. 마지막으로 위에 기재된 모든 법적 절차는 원만한 합의가 이루어지지 않았을 경우를 가정하고 기재한 것이오니 오해 없으시기 바랍니다. 만약 내용증명 수신 후 서로 합의가 이루어질 경우 모든 소송은 취하하고 원만하게 마무리할 것입니다.

6. 발신인도 금전이 부족한 이유로 은행으로부터 대출을 받아 상기 부동산을 매입하였기에 신속하게 업무를 진행할 수밖에 없는 상황입니다. 따라서 발송된 내용증명에 기분 상하지 마시고 이사날짜 및 명도에 관해 협의할 의사가 있는 경우 연락주시기 바랍니다.

2014. 10. 30.

발신인 : 송 * *

법률대리인  (주) ***        (인)

〈낙찰자가 관리사무소를 상대로 보내는 내용증명〉

체납관리비가 있는 건물을 낙찰 받았을 경우, 그동안 해당 부동산의 점유자 내지 임차인에게 관리비를 적극 징수하지 않은 것에 대한 업무상 과실부분을 묻겠다는 내용과 체납관리비 중 공용부분만 낙찰자의 부담이라는 내용증명을 발송하면 관리사무소 입장에선 엄청난 심리적 부담을 느끼게 된다.

또한 낙찰자가 소유권이전을 마친 후에도 계속해서 점유자가 부동산인도를 하지 않고 있고 큰 금액의 관리비까지 체납하고 있는 상황이라면, 관리사무소에 위와 같이 적극 징수하라는 내용증명을 발송하는 것이다. 그렇게 되면 점유자 입장에선 낙찰자에게는 부동산을 인도하라는 압박을 받고, 관리사무소에서는 체납관리비로 인한 단전·단수 압박을 받게 되므로 결국 심리적으로 많은 부담이 되어 쉽게 명도가 되는 경우도 있다.

나중에 점유자가 관리비를 완납하지 않고 명도가 되었을 경우에도 체납관리비 중 낙찰자가 부담해야 할 부분에 대한 분배도 원활하게 진행할 수 있다.

위처럼 내용증명은 그 내용을 증명한다는 것에 앞서 입장이 상반된 상대방에게 심리적인 압박을 주어 원만한 합의를 이끌어낼 때 유용하게 사용할 수 있다.

일반적으로 신용카드, 대출, 전기, 도시가스 등의 이용 대금을 미납하거나 연체했을 경우에도 카드사나 은행 및 해당 기관에서 법적인 절차를 진행하겠다는 기분 나쁜 최고(독촉)장을 발송하는데, 이런 것도 각 기관에서 추후 법적절차를 설명하려는 취지도 있지만 상대방에게 심리적 부담감을 주고 채권을 회수하려는 의도도 있는 것이다.

# 내 용 증 명

발 신 : 경기 부천시 원미구 길주로○번길 ○○-○
성 명 : 송사무장

수 신 : 경기 고양시 일산동구 대산로○번길 ○○-○ ○○플라자 관리사무소
성 명 : ○○플라자 관리소장님
연락처 : (032) 579-6000

발신인은 경매절차에서 경기 고양시 일산동구 대산로 ○번길 ○○-○ ○○플라자 107호를 낙찰받고, 2016. 1. 2.에 잔금을 완납한 소유자입니다.

본인은 낙찰 후에 수 차례에 걸쳐 상기 부동산에 거주하고 있는 점유자 홍길동에게 인도를 협의하였으나 계속해서 무리한 이사비를 요구하고 협의에 응할 의사를 나타내지 않아 부득이 법적인도절차를 밟고 있습니다.

그런데 2016. 1. 2.까지의 상기 부동산에 관하여 상당한 금액의 미납관리비가 연체되어 있는 것으로 확인되었는 바, 발신인은 아래와 같이 미납관리비에 관한 처리를 요청 드리오니 관리사무소의 적극적인 협조 부탁드립니다.

## -아 래-

1. 상기 부동산에 관하여 현재 미납된 관리비는 4,750,000원으로 결코 적은 금액이 아닙니다.

2. 대법원 판례에서 낙찰자를 특별승계인으로 집합건물의 체납관리비 의무를 부여하는 경우는 낙찰 받은 부동산이 부득이 오랫동안 공실로 방치되어 있어서 관리비를 징수할 수 없는 경우에 한하며 이 사건처럼 명백하게 사용자가 사용·수익하고 있는 경우엔 관리사무소에서 사용자를 상대로 채권회수를 해야 합니다.

3. 연체된 관리비가 상당하므로 입주자가 입주 시 미리 납부하는 선수관리비를 반환하지 마시고 체납관리비에 우선 충당하실 것을 당부 드립니다.

4. 또한 현재 입주자 홍길동은 의도적으로 관리비를 연체하고 있사오니 관리규약에 따라 2~3개월 이상 관리비가 연체되었음을 이유로 입주자에 대해 단전·단수를 진행할 뜻을 최고해 주시고, 그 이후에도 입주자가 관리비를 납부하지 않을 경우 단호히 단전·단수조치를 취해서라도 체납관리비를 적극 징수해주시기 바랍니다.

5. 관리사무소에서 내용증명을 수신 이후에 관리규약의 규정대로 적절한 조치를 취하지 못해 미납관리비를 징수하지 못한 것이라면, 관리사무소와 관리단 측에게도 체납관리비 상당의 업무상 손해배상책임이 성립할 수 있습니다. 따라서 귀 사무소의 적절하지 못한 대응에 따른 체납관리비에 대해서 귀 사무소로서는 낙찰자에게 그 금액을 청구할 수 없음을 알려드립니다.

6. 현재 발신인도 점유자와 명도부분이 원만하게 합의가 되지 않아 법적 절차를 통해 부동산을 인도받아야 하는 상황이므로 부동산 취득금액 외에도 상당한 금전적인 부담을 안고 있습니다. 따라서 귀 사무소의 적극적인 업무 절차를 통해 미납된 체납관리비가 모두 징수될 수 있도록 노력을 경주해 주시기 바랍니다. 마지막으로 현 점유자의 명도완료일 내지 발신인이 입주하는 즉시 발신인은 입주자로서 의무를 다 할 것임을 덧붙여 둡니다.

2016. 1. 3.
발신인 : 송사무장 (인)

낙찰자가 체납관리비 중 공용 부분을 승계하는 것은 낙찰 받은 부동산에 관해 관리비를 징수할 수 없는 부득이한 경우에 한정될까?

앞의 내용증명 2항을 보면, 낙찰자가 체납관리비 중 공용 부분을 승계하는 것은 낙찰 받은 부동산이 오랫동안 공실로 방치되어 있는 등 부득이 관리비를 징수할 수 없는 경우에 한한다고 기재하고 있는데 이 말이 맞는 말일까.

결론부터 말하면 '아니다'이다. 아파트의 전 입주자가 체납한 관리비를 그 특별승계인이 승계한다는 법리는 대법원 2001. 9. 20. 선고 2001다8677 전원합의체 판결에서 처음으로 선언된 것인데, 이 판결문을 읽어보면 그러한 취지는 전혀 나타나 있지 않다. 즉, 관리단이 관리비 체납자에 대한 징수에 만전을 다했든 다하지 않았든 간에 낙찰자는 체납관리비 중 공용 부분 전액을 승계한다. 다만, 관리비 징수에 관해 위 판례의 법리만 믿고 낙찰자에게 모든 관리비 부담을 지우려는 부당한 관리사무소의 행태에 대항하기 위해 이러한 논리로써 관리사무소로 하여금 관리비 징수를 독촉할 수 있다는 정도로 이해하면 되겠다.

## ② 증거보전 필요성

* 일정한 내용의 의사표시나 통지를 할 때 : 혹시 개인의 경우 돈을 빌려주었는데 차용증이나 영수증을 받지 못했고 채무자가 빌린 사실이 없다고 할 때 차용금을 지급하라는 의사표시를 내용증명을 통해 할 수 있다.

* 계약해지를 표시할 때 : 주택임대차의 경우 임대인과 임차인의 계약만료 전에 내용증명을 보내서 계약연장을 하지 않겠다는 의사표시를 할 수 있다. 그 외 부동산매매계약을 체결하고, 매수인과 매도인 모두 매매계약 해지통보를 내용증명을 통해 할 수 있다. 이외에도 다른 상품구매계약이나 약정에 의한 계약을 했을 때 계약철회통보

를 할 수 있다.

* 이외 채권의 경우 그 성격에 따라 소멸시효가 1, 3, 5, 10년 기간이 경과되면 소멸하는데, 채권을 지급하라는 '최고'를 함으로써 시효중단이 가능하다. 또한 채권을 양수받은 경우에도 채무자에게 내용증명으로 채권양도통지를 해야만 그 효력이 발생한다(소멸시효의 연장 및 채권양도).

## 2 내용증명 작성방법

내용증명은 정해진 특별한 형식이 있는 것은 아니다.

**첫째,** 자신에게 맞는 상황의 제목을 적는다. 예를 들면 '최고서', '임대차계약해지통보', '계약해지통보' 등 여러 형태의 제목을 쓴다.

**둘째,** 발신인의 성명과 주소를 기재하고, 수신인의 성명과 주소를 기재한다.

**셋째,** 자신의 상황과 추후 진행할 절차를 고려하여 그에 맞는 내용을 기재하면 된다. 소를 제기하기 전에 보내는 내용증명이라면 중요한 증거자료가 될 수 있으므로 신중하게 작성한다(공매에서 효과만점인 내용증명을 작성하려면 항상 읽는 이의 입장에서 써야 한다. 그리고 압박만 강하게 한다고 좋은 것이 아니므로 자신의 상황에 맞게 상대방의 수준과 처지를 고려하여 작성하는 것이 좋다).

**넷째,** 문서가 완성이 되었으면 발송인의 성명과 도장을 날인한다. 여러 장일 경우 문서 간 간인을 한다.

### 3. 내용증명의 발송

문서가 완성이 되었으면 본인 보관용 1부 외에 추가로 사본 2부를 만든다(본인보관용-1, 우체국 보관1, 상대방용1). 내용증명의 대상이 1인 이상일 경우에는 추가되는 인원에 따라 각각 사본을 1부씩 더 추가해야 한다. 또한 내용증명을 인터넷 우체국(www.epost.go.kr)을 통해서도 발송할 수 있다.

만약 발송한 내용증명을 배달증명으로 보내면 발송한 내용증명에 관해 누가 수령했는지 여부를 확인할 수 있는 등기가 다시 발신인에게 온다. 또 배달증명을 보내지 않더라도 본인이 발송한 내용증명을 인터넷 및 스마트 폰을 통해서도 확인이 가능하며, 요즘에는 우체국에서 우편물 접수 시에 발신인의 핸드폰 번호를 등록하면 배송여부를 문자로 통지해 주기도 한다.

# memo

# 👍 10년은 써먹을 경매의 기술

## 대중 심리를 이용해 경매 투자하기

경매 투자를 하며 낙찰을 잘 받기 위해선 심리적인 부분도 무척 중요하다. 필자는 이런 심리를 이용하여 투자하는 것을 즐긴다.

필자의 경험에 의하면, 앞으로 부동산 가격이 상승할 것이라는 강한 확신이 들었던 시기보다는 다른 사람들이 가격 하락에 대한 두려움을 느끼며 매입하지 못하고 있는 시기에 투자를 했을 때 훨씬 더 나은 수익을 거두어들였다.

대중들의 투자 심리를 이용한 투자 방법 중 몇 가지 방법을 소개해보겠다.

### 첫 번째, 하락장에서 매입하기

경제 > 부동산 > 부동산일반

**집값 30% 내려도 살 사람이 없다**

파이낸셜뉴스 ⏱ 입력 : 2008. 10. 01 17:50

부동산시장이 장기침체로 이어지고 있는 가운데 글로벌 금융위기가 겹치면서 서울 강남권과 양천구 목동, 경기 분당신도시 등 고가주택이 많이 몰려 있는 이른바 '버블세븐' 지역 집값 하락 폭이 갈수록 커지고 있다. 이날 현재 경기 과천과 분당, 용인 등 수도권 남부지역 아파트값은 집값이 절정에 달했던 2006년에 비해 최대 30%까지 떨어졌지만 최근 매수움직임은 찾아볼 수가 없다. 그나마 급매물이 간혹 거래되던 한 달 전과는 사뭇 다른 양상이다. 이는 실수요자라도 아직 금융규제가 그대로 유지되고 있는 데다 글로벌 금융위기에 따른 국내경기 침체 등으로 더욱 움츠리고 있기 때문이다.

언론에서 부동산에 대해 연일 부정적인 기사가 오르내리는 시기에 좋은 물건을 과감하게 매입한 것이다. 2008년 금융위기 때가 그러했다. 언론 뿐 아니라 부동산 전문가들도 부동산을 매입하지 말라는 칼럼으로 도배가 되는 시기였다.

이 시기에 매매가격은 추가로 더 떨어질 것으로 예상되어 모두가 부동산 매입을 두려워했다. 그러나 필자는 매매가격을 염두에 두고 투자를 하는 것이 아닌, 철저하게 임대수익이 나올 수 있는 알짜 매물만을 시세의 절반도 안 되는 가격으로 매입했다. 꾸준히 임대수익이 나오는 물건은 굳이 하락장에서 매도하지 않고, 월세를 받다가 다시 상승장이 올 때까지 여유 있게 기다릴 수 있기 때문이었다.

결과는 필자의 생각이 맞았다. 그 당시 1억 3,800만 원에 매입한 상가는 매월 꼬박꼬박 월세 수입을 가져다주었고 현재는 시세만 3억 원을 훌쩍 넘긴 상태이다.

### 두 번째, 대금미납물건 매입하기

누군가 낙찰을 받은 후 대금을 미납한 물건은 괜히 찜찜하다. 내 눈에 보이지 않는 함정이 있는 것만 같다. 이러한 사유로 재매각 물건은 경매 투자자들이 기피하는 경향이 있어 경력(?)이 없는 물건에 비해 경쟁률이 낮아 비교적 낮은 가격에 낙찰되는 경우가 많다. 또한 대부분 낙찰가가 종전 대금미납을 했던 낙찰가격을 넘기지 않기에 예상 낙찰가를 산정하는 것도 유리한 편이다. 필자는 이런 물건만 골라서 낙찰 받아 수익을 챙기기도 한다.

### 세 번째, 경매로 취득 후 다시 경매로 나온 물건 매입하기

이런 물건을 보면 대부분의 초보 투자자들은 '부동산이 얼마나 안 좋으면 경매로 취득했는데 또 다시 경매로 나오는 것일까?' 라고 생각할 것이다. 그렇기 때문에 이런 물건은 권리상 하자가 없더라도 권리 분석을 떠나 두려움부터 갖게 되는 선입견이 생긴다.

그러나 잘만 파악하면 전혀 두려울 것이 없다. 잘 모르기 때문에, 제대로 파악하지 않았기에 두려움을 갖는 것이다. 이런 물건도 잘 선별해서 다시 경매 시장에 나오게 된 사유가 무엇인지 철저한 분석을 거친 후 공략하는 것도 다른 사람과의 경쟁에서 출발이 다른 선택이 될 것이다.

많은 입찰자와의 경쟁을 피하면서 시세보다 저렴한 가격에 낙찰 받을 수 있는 좋은 기회로 삼아 남들이 꺼려하는 물건 속에서 숨은 보물을 찾는 게임을 하는 것이다.


이런 물건의 경우에는,

① 등기부등본의 채권들을 잘 살펴본다.

만약 금융기관의 근저당 하나만 딸랑 있고, 그 외의 채권이 없다면 해당 부동산에 하자가 있을 가능성이 있고, 그렇지 않고 근저당 외에 가압류, 압류 채권들이 함께 있다면 부동산의 하자가 아닌 전소유자의 신용에 문제가 있어 또 다시 경매에 나오는 것이 대부분이다.


② 시세파악 및 하자파악을 정확하게 하면 된다.

시세파악은 종전 낙찰자의 낙찰가격을 파악하여 현 시세와 비교해 보면 고가낙찰 여부를 파악할 수 있다. 또한 하자 여부의 파악을 위해서는 현장 임장이 중요하다. 현장에 가서 옥상, 외벽, 탐문을 통해 확인할 수 있다. 또한 본래 위반건축물인데 그 사실을 모르고 매입한 경우인지도 확인해야 한다. 용도는 근린생활시설인데 주거형 빌라로 사용하고 있거나, 옥상이나 테라스를 불법으로 증축한 위반건축물도 있으니, 건축물대장을 통해 위반건축물 여부를 꼭 확인해야 한다.

# memo

## 4장

# 중수에서 고수
# 따라잡기

---

법대로 해주마

# 유치권 실전사례

## 1. 사건 발생

평소에 잘 알고 지내던 지인에게서 아침 일찍 전화가 왔다.

"안녕하세요, 형님! 웬일이세요?"

"송사무장 잘 지내지? 상가 하나 낙찰 받고 전화하는 거야."

"아, 그래요. 축하합니다. 그런데 아침부터 자랑하려고 전화하신 거예요?"

"아니, 그게 아니고 유치권신고가 되어 있어서….."

| 소재지 | 경기도 시흥시 ○○동 ○○○ ○○아파트상가 2층 202호 | 도로명주소검색 | | | | | |
|---|---|---|---|---|---|---|---|

| 물건종별 | 근린상가(34평형) | 감 정 가 | 110,000,000원 | | | | |
|---|---|---|---|---|---|---|---|
| 대 지 권 | 63.05㎡(19.073평) | 최 저 가 | (70%) 77,000,000원 | 구분 | 입찰기일 | 최저매각가격 | 결과 |
| | | | | 1차 | 2006-11-02 | 110,000,000원 | 유찰 |
| 건물면적 | 100.11㎡(30.283평) | 보 증 금 | (10%) 7,700,000원 | 2차 | 2006-12-07 | 77,000,000원 | |
| 매각물건 | 토지·건물 일괄매각 | 소 유 자 | 김○경 | 낙찰 : 78,657,000원 (71.51%) | | | |
| 개시결정 | 2006-06-19 | 채 무 자 | 김○경 | (입찰1명,낙찰:김○교) | | | |
| | | | | 매각결정기일 : 2006.12.14 - 매각허가결정 | | | |
| | | | | 대금지급기한 : 2007.01.19 - 기한후납부 | | | |
| 사 건 명 | 임의경매 | 채 권 자 | 미래에셋생명보험(주) | 배당기일 : 2007.03.06 | | | |
| | | | | 배당종결 2007.03.06 | | | |

| 사진 | 건물등기 | 감정평가서 | 현황조사서 | 문건/송달내역 | 전자지도 | 전자지적도 | 로드뷰 |
|---|---|---|---|---|---|---|---|

온나라지도▶

• **매각물건현황** ( 감정원 : 조양감정평가 / 가격시점 : 2006.08.16 )

| 목록 | 구분 | 사용승인 | 면적 | 이용상태 | 감정가격 | 기타 |
|---|---|---|---|---|---|---|
| 건물 | 3층중 2층 | | 100.11㎡<br>(30.28평)<br>(34.6평형) | 칼라샷시단창 | 77,000,000원 | |
| 토지 | 대지권 | | 3980㎡ 중 63.05㎡ | | 33,000,000원 | |
| 현황<br>위치 | * ○○동사무소 남측 인근에 위치<br>* 부근은 다세대주택,소규모아파트단지등이 밀집한 주거지역으로 주위환경은 보통시됨<br>* 북측으로 로폭 약35m 콘크리트 포장도로에 접합 | | | | | |
| 참고사항 | * 원룸2세대외에 동측일부는 203호 일부와 일체로 사무실로 이용중임 | | | | | |

• **임차인현황** ( 말소기준권리 : 2000.12.23 / 배당요구종기일 : 2006.09.27 )

===== 조사된 임차내역 없음 =====

| 기타사항 | □주1회방문하였으나 폐문부재중으로 출입문에 조사안내서를 부착 하고 점유관계서류 제출토록 하였으나 제시없음<br>□동사무소에 전입세대열람 확인한바 상가 202호에는 해당사항 없음<br>□시흥세무서에 등록사항 열람 및 제공신청 하였으나 해당사항 없음 |
|---|---|

• **등기부현황** ( 채권액합계 : 858,100,000원 )

| No | 접수 | 권리종류 | 권리자 | 채권금액 | 비고 | 소멸여부 |
|---|---|---|---|---|---|---|
| 1 | 1989.07.26 | 소유권이전(매각) | 김○자 | | | |
| 2 | 2000.12.23 | 근저당 | 미래에셋생명보험(주) | 48,100,000원 | 말소기준등기 | 소멸 |
| 3 | 2001.02.14 | 소유권이전(매매) | 김○경 | | | |
| 4 | 2004.11.24 | 가압류 | 건설공제조합 | 810,000,000원 | | 소멸 |
| 5 | 2006.06.23 | 임의경매 | 미래에셋생명보험(주)<br>(용자부) | 청구금액:<br>39,001,324원 | 2006타경21630 | 소멸 |
| 등기부 분석 | □매각으로 전부소멸되며 인수되는 등기부상의 권리 없음 | | | | | |
| 주의사항 | □유치권신고 있음.-주식회사대한산업안전관리공사로부터 100,000,000원의 유치권 신고가 있으나 그 성립여부는 불분명함 | | | | | |

"입찰 전에 유치권 있는지 조사 안 하셨어요? 그럴 형님이 아닌데?"

"그냥 유치권이 성립되지 않는다고 여겨서 낙찰 받았어. 자네가 좀 해결해줘!"

"네?"

이 형님은 경매는 많이 해보았지만, 유치권 물건은 처음 낙찰 받았다고 하시며, 어떻게 처리해야 할지 모르겠다며 무작정 서류를 싸 들고 사무실로 찾아오셨다.

이런 경우 어찌 보면 낙찰 받고 처음부터 전문가를 찾아가는 것이 현명한 일인지 모른다. 가끔 인도명령도 기각되고 점유자에게 시달리다가 낙찰 후 몇 개월을 넘긴 다음 마음고생만 엄청나게 하고 사무실에 찾아오는 사람도 있다. 시간이 많이 흘렀다고 변호사 수임료가 싼 것도 아니고 잔금을 낸 뒤 인도명령을 신청할 수 있는 기간(6개월)이 지나면 전문가라도 일단 단기간에 끝내기가 무척 힘들다.

## 2. 사건검토

형님이 낙찰을 받고 현장에 가서 유치권자들을 만났는데 그들이 낙찰자에게 요구하는 금액이 만만치 않고 오히려 잔금납부를 하지 말라고 엄포를 놓았다고 했다. 감정가격이 1억 1,000만 원인데 유치권 신고금액이 1억 원이나 되었다. 그야말로 배보다 배꼽이 큰 것이다.

유치권이 성립 된다면 낙찰자는 감정가격을 훨씬 웃도는 가격으로 건물을 매입해야만 한다.

"그런데 유치권신고가 된 물건을 왜 이렇게 높게 낙찰 받으셨습니까?"
"어, 건축물용도는 상가인데 실제로는 투룸과 원룸으로 되어 있어서 월세 놓으려고."

낙찰자가 뚜렷한 목적으로 낙찰을 받은 것이기에 일단은 다행이라고 생각했다. 가지고 온 서류를 꼼꼼히 확인해 보고 유치권신고서의 내용을 살펴보았다.

공사업자가 공사 후 소유자에게 공사비를 받지 못해서 점유하는 전형적인 유치권 신고서였다(공사하고 공사비 1억 원을 못 받았다면 나 같으면 가만있지 않을 텐데 3년씩이나 공사비를 변제받지 못하고 참았다니 공사업자가 참으로 인자하고 착한 사람이라는 생각이 들었다).

---

## -유치권에 대한 권리신고서-

유치권자 : 주식회사 ㅇㅇ산업안전관리공사

대표이사 : 김ㅇ자

채 권 자 : 미래에셋

소 유 자 : 김ㅇ경

### - 내 용 -

1. 유치권자는 2002.11.12.에 147,070,000원에 소유자와 공사도급 계약을 체결하고 2003.4.20.에 공사 완료하기로 약정했고

2. 2003.4.20.에 공사 완료하고 공사대금 청구하였으나 47,070,000원만 지급받고 나머지를 지급 받지 못하여 점유를 개시하였고

3. 공사 잔금을 지급받지 못한 채로 2006.6.23.에 경매가 개시되어서

4. 미지급 공사금액 1억 원에 대해 유치권신고를 합니다.

---

## 3. 유치권 허점을 찾아내라!

유치권은 대부분 서류를 살펴보면 반드시 하자 부분이 발견된다. 유치권자들의 신고 내용이 갈수록 수준이 높아지긴 하지만, 건물이 신축이 아닌 이상 공사업자가 경매가 진행될 것이라고 미리 예상하고 준비하기는 현실적으로 힘들기 때문이다.

유치권신고를 한 'ㅇㅇ산업안전관리공사'의 법인등기부등본을 살펴보았다. 그런데 자세히 보니 유치권신고를 한 법인의 대표이사와 이사가 소유자의 친형들이었다(뭔가 구린 냄새가 났다~).

하지만 이것만으로는 부족했다. 경매에서 절대적으로 필요한 것은 심증보다 물증이다. 계속해서 서류를 뒤적거리며 메모를 해 나갔다.

그런데 서류를 확인하다 또 하나의 법인이 발견되었다. ㅇㅇ종합건설이라는 법인이었다. 여기에는 소유자가 이사로 등재되어 있고 나머지 형들이 대표이사와 이사로 되어 있었다. 그리고 소유자는 현재 유치권신고를 한 친형 집에 전입되어 있었다(이것 봐라~ 완전 짜고 치는 고스톱이네!).

점점 유치권이 허위일 가능성이 크다고 판단되었다. 서류를 살피던 중 경매부동산의 부동산등기부등본을 들여다보았다. 드디어 여기에서 유치권자의 결정적인 실수를 발견했다.

| 5 | 전세권설정 | 2002년6월3일<br>제64607호 | 2002년5월20일<br>설정계약 | 전세금 금20,000,000원<br>범 위 건물일부(약6평)<br>존속기간 2002년6월2일부터 2003년6월1일까지 |
|---|---|---|---|---|

유치권신고서 1번을 살펴보면 공사업자는 2002. 11. 12에 1억 4,707만 원에 공사도급 계약을 체결하고 2003. 4. 20에 공사 완료하기로 약정했다고 했는데, 이 건물은 2002. 6. 2~2003. 6. 1까지 전세권설정이 되어 있다. 유치권 금액이 몇 백만 원도 아닌 1억 4,700만 원의 대공사인데 공사하는 도중에 임차인이 살고 있다는 것은 말이 안 되었다. 또 임차인의 전세권

존속기간인 2003. 4. 20부터 점유했다는 것도 거짓말이었다.

모든 사실관계가 밝혀졌다. 공사 기간과 유치권자가 점유하지 않았다는 부분에 대한 소명을 제대로 하여 인도명령신청을 하면 단시간에 명도가 가능할 것으로 판단했다. 이렇게 유치권이 인정되지 않는 결정적인 증거를 찾을 때 매번 짜릿한 쾌감을 느낀다. 증거자료를 첨부하여 인도명령신청서를 작성했다.

## 4. 압박을 시작하다

허위 유치권으로 명백하게 판단이 되었으므로, 형님에게 낙찰 잔금을 납부하시라고 말씀드렸다. 형님은 대출이 안 되어 일단 급전을 구해 잔금 납부를 했다(유치권신고가 되어 있는 물건은 대출받는 데 어려움이 많다. 신용이 정말 좋은 사람이나 유치권이 성립하지 않는 명백한 자료를 제출하여 은행직원을 설득한다면 대출이 가능하기도 하다).

나는 늘 법적 절차를 밟기 전에 점유자에게 합리적으로 판단할 기회와 여유를 주었다. 핸드폰을 열고 소유자 친형(공사업자) 번호를 꾹꾹 눌렀다.

"안녕하세요? ○○사장님 맞으시죠. 저는 송사무장이라고 합니다."

"무슨 일로 그러시죠?"

"네, 낙찰자 김○교 씨를 아시죠? 낙찰 받고 변호사를 선임했습니다."

"아~ 그 사람이요. 너무 겁 없이 낙찰을 받았어요."(겁은 너희가 없는 거지)

"소유자분이 친동생이고 공사비도 높게 책정되어 있는 것 같던데 실제 공사하셨나요?"

"(뻔한 대답) 친동생이더라도 저희가 공사한 게 맞고 아무리 변호사가 선임되었어도 유치권 금액은 물어줘야 합니다."

"제가 마지막으로 말씀드리는데 적당한 이사비를 받고 나가실 생각은 없으십니까?"

"안 됩니다. 그냥 법대로 하세요. 저희도 자신이 있으니까요."

"그러면 저는 민사든 형사든 법대로 진행하겠습니다. 서운하게 생각하지 마십시오."

"마음대로 하시오."

만약 허위유치권에 대한 증거자료가 부족했다면 그들을 직접 찾아갔을 것이다. 직접 찾아가서 추가 증거자료를 수집했을 것이다. 하지만 유치권이 성립되지 않는 모든 증거자료가 있기에 단지 그들의 의도를 파악하려고 전화한 것일 뿐 내가 결정적인 증거를 잡았다는 것은 밝히지 않았다. 그들에게 마지막으로 기회를 준 것이다.

처음부터 전화 한 통화로 일이 마무리될 거라고 생각하지는 않았지만, 유치권자의 당당함과 '법대로 하라'는 뻔뻔함에 은근히 열이 올라왔다.

인도명령신청서를 완성하고 동시에 고소장을 작성했다. 인도명령신청서에 피신청인으로 두 개의 법인과 소유자, 친형, 형수, 형2, 형3 등 관련된 일가족을 모두 넣었다.

형님에게 인도명령신청서는 법원에 접수하고 고소장은 검찰청에 제출하라고 말씀드렸다. 그런데 법원에 인도명령신청서를 접수하러 간 형님에게서 연락이 왔다.

"송사무장, 여기 법원 계장님이 인도명령신청서 이렇게 써서 제출하면 안 된대!"

"아니, 왜요?"

"피신청인이 총 7명으로 너무 많다고 하시네."

"그래요? 경매계장님 좀 바꿔주세요."

"응, 알았어."

"안녕하세요, 계장님. ㅇㅇ변호사사무실 사무장입니다."

"네, 안녕하십니까? 그런데 법률사무소에서 신청서를 이렇게 작성하시면 안 되죠."

"뭐가 잘못되었습니까?"

"피신청인을 한꺼번에 7명씩이나 신청하면 어떻게 합니까? 더군다나 유치권이 신고 된 물건인데."

"계장님, 7명이 모두 이해관계인이고 가족입니다. 그리고 되고 안 되고는 판사님이 판단하시는 것 아닙니까?"

"그거야 그렇지만…."

"제가 올해 초에 23명도 한꺼번에 인도명령신청을 넣어봤는데 결정이 나오던데요."

"그래요? 여기 법원은 이렇게 하면 안 되는데…."

"안산지원만 특별한 법을 적용하는 것도 아닐 테니 그냥 판사님께 결재 올려주세요."

"올려는 보는데 나중에 후회하지는 마십시오."

(후회는 얼어 죽을…. 정말 23명도 한꺼번에 결정이 나왔는데…)


인도명령신청서를 접수하고 1주일이 지나서 인도명령결정이 나왔다.

| 사건일반내용 | 사건진행내용 | | | ≫ 인쇄하기 ≫ 나의 사건 검색하기 |

▶ 사건번호 : 수원지방법원 안산지원 2007타기○○

▫ **기본내용**

| 사건번호 | 2007타기○○ | 사건명 | 경락부동산인도명령 |
|---|---|---|---|
| 재판부 | 경매 7계 (전화:031-481-1262) | | |
| 접수일 | 2007.02.13 | 종국결과 | 2007.02.20 인용 |

▫ **진행내용** 　　　　　　　　　　　　　　　　　　　　　　　　　　　전 체 ▾ 선택

▶ 송달결과(2007. 3. 12. 전에는 재판부에서 등록한 내용에, 그 이후에는 우정사업본부로부터 전송받은 내용에 한함)를 조회하고자 할 경우에는 아래 '확인' 항목에 체크하시기 바랍니다.

☑ 확인

▶ 송달결과는 법적인 효력이 없는 참고사항에 불과하고, 추후 송달이 착오에 말미암은 것이거나 부적법한 경우 변경될 수 있습니다.

▶ 송달결과에 '0시 도달'로 나타나는 경우에는 기간 계산 시 초일이 산입된다는 점에 유의하시기 바랍니다.

▪ 채권압류 및 전부명령 또는 추심명령사건일경우 제3채무자가 존재시 제3채무자에게 송달이 이루어지지 않은 경우는 제출서류내용이 표시되지 않습니다.

| 일 자 | 내 용 | 결 과 | 공시문 |
|---|---|---|---|
| 2007.02.13 | 신청서접수 | | |
| 2007.02.20 | 기타 | | |
| 2007.02.20 | 종국 : 인용 | | |
| 2007.02.21 | 피신청인 주식회사 대한산업안전관리공사에게 부동산인도명령 송달 | 2007.02.27 폐문부재 | |
| 2007.02.21 | 피신청인 주식회사 ○○종합건설에게 부동산인도명령 송달 | 2007.02.27 폐문부재 | |
| 2007.02.21 | 피신청인 김○경에게 부동산인도명령 송달 | 2007.02.27 폐문부재 | |
| 2007.02.21 | 피신청인 김○일에게 부동산인도명령 송달 | 2007.02.23 도달 | |
| 2007.02.21 | 피신청인 김○일에게 부동산인도명령 송달 | 2007.02.27 폐문부재 | |
| 2007.02.21 | 피신청인 김○일에게 부동산인도명령 송달 | 2007.02.27 폐문부재 | |
| 2007.02.21 | 피신청인 노○심에게 부동산인도명령 송달 | 2007.02.27 폐문부재 | |
| 2007.02.21 | 신청인 김○교에게 부동산인도명령 송달 | 2007.02.23 도달 | |
| 2007.02.28 | 항고신청 | | |
| 2007.02.28 | 피신청인 주식회사 대한산업안전관리공사 즉시항고장 제출 | | |
| 2007.03.09 | 법원 수원지방방법원 민사항고부에게 항고기록송부 송달 | 2007.03.14 도달 | |
| 2007.03.12 | 신청인 김○교 보정서 제출 | | |
| 2007.03.12 | 신청인 김○교 보정서 제출 | | |
| 2007.03.16 | 피신청인 주식회사 대한산업안전관리공사에게 부동산인도명령 송달 | 2007.03.19 도달 | |
| 2007.03.16 | 피신청인 주식회사 ○○종합건설에게 부동산인도명령 송달 | 2007.03.19 도달 | |

▪ 송달내용은 법원에서 해당 당사자(대리인)에게 해당 내용의 송달물을 발송한 내용입니다.

　　법인 두 개를 포함하여 일가족 5명 모두에게 인도명령결정이 나온 것이다. 이제는 인도명령결정이 송달만 되면 되었다(송달은 소송에 관련된 서류를 일정한 방식에 따라 당사자나 소송관계인에게 보내는 일이다. 쉽게 말하면 인도명령결정문이 우편등기로 상대방에게 도착하는 것을 말한다). 그런데 인도명령결정문이 상대방에게 송달되지 않았다.

"형님! 그냥 2개 법인만 큰형 집으로 주소 적어서 송달 신청하세요. 어차피 유치권 신청한 것은 법인이고 서로 가족이라는 것을 법원에서도 이미 알고 있으니까 별말 없을 거예요."

"어, 알았어."

큰형 집으로 인도명령결정문이 송달되었다. 그런데 유치권자들은 인도명령결정에 대해 즉시 항고를 했다(옆차기하고 있다).

## 5. 강제집행

어쨌든 인도명령결정문이 송달되었다. 그래서 해당 계에서 송달증명원을 발급받아 집행관사무실에 강제집행신청을 했다. 집행날짜를 빨리 잡기 위해 조언을 했더니 형님은 시키는 대로 했다.

드디어 집행날짜가 되었고 형님은 아침부터 전화해서 빨리 나오라고 야단법석이었다. 강제집행이 처음이라 약간 긴장된다고 하셨다. 형님은 나에게 예의상 집행 전에 상대방에게 전화는 해줘야 하는 거 아니냐고 했지만 나는 무시하고 집행관과 노무 인원을 데리고 문을 강제로 열고 들어갔다.

문을 열어보니 사무실에 금고를 포함하여 집기가 가득했다. 먼지가 내려앉은 것을 보면 경매진행 이후에는 사무실을 사용하지 않은 듯했다. 집행관에게 집행을 빨리 끝내기 위해 말씀드렸다.

"집기는 보관창고로 옮기지 마시고 목록만 적어서 그냥 한쪽으로 몰아주시죠! 집행관님 일도 바쁘신데…."

"원래는 옮겨야 하는데…."

"뭐 보니깐 쓸 만한 것도 없는데요. 낙찰자가 바로 유체동산 경매신청할 거니까 간단히 끝내시죠."

"그럽시다."

시원스런 집행관님 덕분에 강제집행이 15분도 안 되어 끝났다. 하긴 한쪽 구석으로 집기를 몰아놓은 것뿐이니 빨리 끝날 수밖에.

어쨌든 형님은 낙찰자가 선납해야 하는 보관 창고료를 벌었다. 형님에게 최고서를 한 통 써서 상대방에게 발송하고 열흘 후 유체동산 경매신청을 하라고 조언 드리고 차를 몰고 사무실로 향했다. 음악을 들으며 운전하는데 갑자기 처음에 나를 열 받게 한 유치권자가 떠올랐다. 가벼운 마음으로 핸드폰 번호를 꾹꾹 눌렀다.

"안녕하세요. 송사무장입니다. 기억하시죠?"
"네, 그런데 무슨 일로…."
"지금 강제집행하고 사무실로 돌아가는 길이거든요. 법대로 하라고 하셔서…."
"네? 아니 인도명령에 대해 즉시항고도 했는데… 주절주절…."
"제가 바빠서요. 제 말만 들으세요. 이젠 낙찰자 허락 없이 건물에 들어가면 112에 건조물 침입죄로 신고할 수 있으니깐 주의하시고 사무실 집기 쓸 만한 것은 없던데 필요한 거 있으시면 낙찰자 허락받고 가져가세요. 귀찮으시면 그것도 법대로 처리해드릴게요. 그럼 수고하십시오."
"어? 누구 허락받고 거길 들어… 아니…."

뚜~뚜~뚜
염치없는 유치권자의 말을 끝까지 듣지 않고 그냥 끊어버렸다.

**낙찰부동산에 대해 강제집행하려면**

점유자와 원만한 합의가 되지 않아 강제집행을 신청할 때 일단 인도명령결정이 되어야 하고 인도명령결정문과 인도명령결정문이 상대방에게 송달되었다는 송달증명원을 첨부해서 강제집행 신청을 해야 한다. 따라서 인도명령이 결정되었더라도 결정문을 상대방이 받지 않았다면 강제집행을 신청 할 수 없다.

인도명령결정문이 송달되지 않으면 주소보정을 해서 다시 송달신청(주소보정:상대방의 주민등록이나 주민등록초본을 다시 떼어 옮긴 주소로 보내는 것)을 해야 한다. 여기에서 법원마다 업무에 약간 차이가 있다. 인천, 의정부, 고양지원은 인도명령결정문이 송달되지 않았을 경우 낙찰자가 따로 재송달 신청을 하지 않아도 해당 경매계에서 '발송송달'을 해준다.

발송송달은 공시송달과 비슷한 개념인데 쉽게 말해서 1차에 송달을 받지 않으면 2차 발송하는 순간에 송달된 것으로 간주하여 업무처리를 하는 것이다. 그러니까 2차에서 인도명령결정문을 상대방에게 발송하는 날짜로 송달증명원 발급이 가능한 것이다.

하지만 법원이라고 모두 일 처리를 같은 방식으로 하는 것은 아니어서 안산지원의 경우에는 낙찰자에게 편리한 이런 발송송달제도가 없다. 따라서 낙찰자는 상대방에게 송달될 때까지 주소보정을 한 후 송달신청을 해야 한다. 법원에 발송송달을 해달라고 항의해도 안 해준다. 어쩔 수 없다.

# 부동산 인도의 법적 절차

매수인(=낙찰자)은 잔금을 납부를 하기 전부터 신속하게 해당 부동산의 점유자를 내보낼 준비를 해야 한다. 앞서 명도의 기술 편에서 명도에 필요한 법적 절차에 대해서 항상 충분히 준비해야 한다고 언급한 바 있다. 그렇다면 과연 낙찰자가 해당 부동산의 명도를 위해 준비해야 하는 법적 절차는 무엇인지 알아보자.

## 1. 인도명령

인도명령은 낙찰자가 잔금을 낸 후 해당 부동산을 점유한 점유자에게 부동산 인도를 요구했으나 이를 거부할 경우 점유자를 상대로 법원에 인도명령을 신청하는 것이다(실전에서는 점유자와 이사에 관해 협의하기 전에 잔금 납부와 동시에 인도명령신청을 한다).

## 2. 인도명령의 대상

인도명령의 대상을 소유자, 채무자뿐만 아니라 경매개시일 이후의 모든 대항력이 없는 점유자로 확대함으로써 부동산 명도를 수월하게 하였다. 위에서 언급한 대항력이 없는 점유자는 채무자나 소유자의 동거가족, 상속인, 피고용인, 점유보조자, 집행방해를 목적으로 채무자와 공모한 점유자, 채무자가 법인일 경우 법인의 직원 등이 해당한다(인도명령의 효력이 미치는 인적 범위에는 채무자 겸 소유자의 부인과 그의 동거 가족까지도 포함한다).

하지만 대항력 있는 임차인이나 적법한 유치권자의 경우에는 낙찰 후 인도명령을 신청해도 기각된다.

## 3. 인도명령의 절차와 결정

① 낙찰자는 낙찰 잔금을 내고 잔금 납부일로부터 6개월 이내에 인도명령신청이 가능하다. 만약 이 기간이 지나면 해당 부동산의 점유자가 인도명령 대상자에 해당된다 하더라도 신청이 불가능하고 명도소송을 해야 하므로 주의해야한다(민사집행법 제136조 제1항). 즉 잔금 납부일을 기준으로 하여 6개월 이내에는 인도명령신청을 할 수 있으나 6개월이 지나면 본안소송(명도소송)을 제기해야 한다(단, 인도명령결정만 받아두면 강제집행은 6개월이 경과해도 가능하다).

② 해당 부동산의 점유자가 낙찰자에게 대항할 수 있는 특별한 사유가 없는 한 낙찰자가 인도명령을 신청하면 약 2주일 이내에 결정문이 나온다(단, 임차인의 경우 배당기일 이후에 인도명령결정을 해주는 것이 법원의 관례이다). 만약 점유자가 인도명령 대상자 해당 여부에 대한 자료가 불분명한 경우 심문기일을 지정하여 낙찰자와 점유자의 의견을 청취한 뒤 인도명령결정의 가부를 결정한다.

만약 점유자가 심문기일에 출석하지 않는다면 인도명령에 대한 특별한 사유가 없는 것으로 간주하고 인도명령이 결정 된다(유치권과 대항력 있는 임차인의 지위가 모호한 경우 심문기일이 지정된다. 경매법원에서는 인도명령에 대해 적극적으로 판단하지 않으므로 낙찰자의 철저한 자료준비가 매우 중요하다).

③ 실전에서 점유자를 강제집행 절차까지 진행하는 경우는 드물다. 그러나 인도명령 제도는 낙찰자가 쥐고 있는 명도에 관한 강력한 무기

이므로 잔금납부와 동시에 신청을 하는 것이 좋다(법무사사무소에서 소유권 이전 시 서비스차원에서 해주기도 한다).

④ 인도명령결정문이 상대방에게 제대로 송달되지 않은 경우, 법원마다 차이가 있지만 점유자가 주소를 옮긴 지역으로 주소보정을 하여 재송달을 신청하거나 집행관에 의한 특별송달신청, 발송송달을 통해 송달하게 된다.

## 4. 인도명령 외 낙찰자가 부동산 명도를 하기 위한 보조 방법

### ① 점유이전금지가처분 신청

점유이전금지가처분은 해당 부동산의 점유이전을 타인에게 금하게 하는 보전처분으로, 신청 당시 점유자가 강제집행 전에 제3자에게 점유이전을 한다고 해도 다시 새로운 점유자를 상대로 인도명령을 받을 필요 없이 승계집행문을 부여 받아서 강제집행이 가능하다.

또 가처분 집행 시 가처분 결정문을 집행관이 해당 부동산 건물 내부에 부착하게 되므로 점유자에게 심리적 부담감을 주게 되어 명도협상할 때 유리한 부분이 있다(집행관이 결정문을 송달하기 위해 해당 부동산 내부에 들어갈 때 문이 잠겨져 있을 경우 강제 개문한다).

### ② 내용증명 발송

점유자를 상대로 원만하게 합의되지 않을 때 낙찰자가 진행하는 법적 절차에 대한 내용과 법적 절차를 진행하며 발생한 비용을 청구하는 내용, 세입자의 경우 무단거주에 따른 부당이익으로 재산에 압류할 수 있다는 내용을 담은 내용증명은 점유자에 대한 명도협상 시 효과적인 압박 수단이 된다.

## 5. 부동산 인도(강제)집행

　인도명령결정이 상대방에게 송달 되었는데도 점유자가 이사를 거부할 경우 낙찰자는 인도명령결정문의 송달증명원을 해당 계에서 발급받아 인도명령결정문과 함께 집행관실에 강제집행 신청을 할 수 있다(법원마다 차이는 있다).

　강제집행을 신청하고 해당 부동산의 집행에 필요한 집행규모와 노무인력의 규모가 정해지면 낙찰자는 이 비용을 집행 전에 미리 납부해야 한다. 낙찰자가 집행비용을 납부하면 점유자에게 집행 계고(예고)를 하는 법원이 있고, 집행계고 없이 강제집행을 하는 법원이 있다. 집행 계고의 횟수도 법원 집행관실마다 다를 수 있으므로 담당 직원에게 미리 확인을 하는 것이 좋다.

　만약 강제집행 전에 점유자와 합의된 경우 미리 납부한 비용은 환급받을 수 있다. 또 강제집행을 위해 현장에 도착했는데 기타사유로 집행하지 못한 경우 낙찰자가 낸 비용에서 30%가 차감된 후 환불된다. 결론적으로 부동산 인도 집행을 위한 절차를 요약하면 다음과 같다.

> 인도명령신청 → 인도명령결정 → 점유자에게 인도명령결정문 송달 → 해당 계에서 송달증명원 발급 → 송달증명원 + 인도명령결정 정본으로 집행관사무실에 강제집행 신청 → 집행비용 예납 → 점유자에게 집행 계고(예고) → 부동산 인도 집행 시행 → 유체동산 경매신청(점유자가 강제집행 후에도 자기 짐을 찾아가지 않은 경우)

# 유치권 제대로 알면 큰 수익 난다

    법원에서 진행되는 경매물건 중에서 매각물건명세서를 자세히 보면 '유치권신고 있음', '유치권성립 여지 있음' 이라고 기재되어 있는 물건이 있다. 이런 유치권이 존재하는 물건을 보면 초보들은 그냥 넘겨버리지만, 경매를 조금 해본 사람들이라면 하자가 없는 일반물건에 비해 더 높은 수익을 올릴 수 있어 철저히 조사하여 입찰한다.

    유치권의 본래 취지는 공사업자가 공사를 한 후 공사비를 제때에 받지 못하게 되었을 때 이를 보호하기 위해서 생긴 제도이다. 이해하기 쉽게 다음과 같은 이야기를 설정해 보았다.

    5층 규모의 다세대주택을 신축하는데 건축주 나도망이 공사업자 나공사와 총 4억 원의 공사계약을 체결하고 공사를 시작했다. 건축주 나도망은 나공사에게 공사비 중 계약금 1억 원을 지급하고 나머지 3억 원은 건물이 준공된 후 금융권에서 대출을 받아 지급하기로 한다. 드디어 건물이 완공되고 대출이 실행되었는데 나도망은 모든 돈을 갖고 도망을 가버린 것이다. 나도망이 도망을 가서 대출이자를 제때 내지 못하여 연체가 지속되니 은행은 담보물건인 빌라를 경매 신청한다. 나공사는 건물이 경매로 낙찰되어도 배당절차에서 우선변제 받을 수는 없지만 낙찰자에게 위 공사잔금 3억 원을 모두 변제받을 때까지 해당 부동산을 비워주지 않아도 된다. 만약 배당요구종기일 전까지 신속하게 건물에 가압류를 하고 공사비 지급청구소송을 진행하여 확정판결을 받게 되면 배당절차에서 배당받을 수 있다. 그러나 은행의 근저당이 1순위로 설정되어 있으면 배당받는 금액은 공사 잔금 3억 원에 훨씬 못 미칠 것이다. 따라서 나공사가 피해를 최소화하기 위해 낙찰자에게 부동산의 인도를 거절하며 주장할 수 있는 것이 유치권이다. 나공사는 낙찰자에게 못 받은 공사 잔금 전부를 변제받을 때까지 경매부동산을 인도하지 않아도 된다.

정당하게 지불해야만 하는 유치권 신고금액은 대항력 있는 임차인의 보증금처럼 여기고 입찰가격을 써야 하므로 유찰이 많이 된 상태(공사금액을 갚고도 수익이 생기는 가격)가 아니면 입찰을 피해야 한다. 그러나 이것은 완벽하게 유치권에 관한 서류와 요건을 갖추었을 때를 가정한 것이고, 실제 법원의 경매물건에는 허위(가장)유치권이 너무 많다.

유치권으로 낙찰자에게 대항하여 적법하게 변제받기 위해서는 많은 요건을 필요로 한다. 따라서 유치권자가 해당 부동산에 실제 공사를 했다 하더라도 점유를 하면서 정당한 유치권임을 주장할 수 있는 요건을 갖추고 낙찰자에게 대항하기는 현실적으로 무척 힘들다.

이러한 이유로 인해 실제 공사를 하고 대금을 받지 못한 공사업자도 본안소송에서 낙찰자에게 패소하는 경우가 많다(공사계약을 할 때 돈을 받지 못할 것을 예상하고 모든 서류와 형식을 갖춰놓는 법적 지식이 뛰어난 공사업자는 드물다는 얘기이다).

유치권이 성립하려면 여러 가지 요건을 모두 충족해야 하는데, 많은 유치권 성립요건 중에 하나라도 빠뜨리면 낙찰자는 유치권 신고 금액을 변제하지 않고도 유치권을 해결할 수 있다.

요즘에는 경매 지식이 조금 있다고 하는 사람들이나 브로커들이 경매물건을 저가로 유찰시켜 낙찰 받을 목적으로 또는 명도를 힘들게 하여 이사비를 많이 받기 위해 유치권신고를 하기도 한다.

유치권 물건은 대부분 소유자가 관련되어 있다. 유치권 성립요건을 제대로 이해했다면 입찰을 고려해도 좋다. 유치권을 철저히 조사하고 입찰하면 유치권 신고금액이 아무리 많아도 적당한 선에서 해결할 수 있기 때문이다.

경매물건이 유치권과 같은 하자가 있는 경우에는 법무사가 소유권이전등기를 해줄 때 서비스로 해주는 한 장짜리 인도명령신청서나 인터넷에서 쉽게 구할 수 있는 간단한 서식 수준의 인도명령신청서를 제출하면 안 된다.

이 때에는 유치권과 대항력이 인정되지 않는 구체적인 내용 즉, 여러 가지 요건 중 어느 부분의 불충족으로 인정되지 않는지에 대한 내용과 자료를 첨부하여 변호사가 법원에 소장을 제출하듯 제대로 형식을 갖추어 인도명령신청서를 제출해야 한다.

이렇게 제출한 인도명령신청이 기각되면 낙찰자는 '명도소송'과 '유치권 부존재 확인의 소' 등 '본안소송'을 제기해야 한다. 이때부터는 단시간에 점유자의 명도를 기대하기는 무척 힘들고 심리적으로도 점유자에게 끌려 다니기 시작한다.

---

**tip**

**유치권과 경매법원**

경매진행물건의 권리관계나 사실 정황이 모호한 경우 경매법원에서는 유치권이 진짜인지 가짜인지, 대항력 있는 임차인인지 아닌지를 적극적으로 판단하지 않고 본안소송에서 다툴 것을 권장한다. 따라서 낙찰자가 유치권과 임차인이 가짜라는 명백한 증거자료와 함께 인도명령신청서를 제출하지 않으면 인도명령심문기일조차 잡히지 않고 인도명령이 기각되는 경우가 있다. 경매판사는 실제 유치권이 맞는지, 실제 대항력이 있는 임차인인지 심리해야 할 의무가 없다. 경매법원은 해당 물건을 경매로 매각하는 것에 초점이 맞춰져 있고, 매각 절차상의 하자만 없으면 되는 것이다(일반 투자자가 경매법원에서 유치권을 심도있게 판단해 줄것이라고 생각하는 것은 오해하는 부분이다).

# 1. 유치권이란 무엇인가

유치권은 타인의 물건 등을 점유한 자가 그 물건에 관하여 발생한 채권이 있을 경우 그 채권을 변제받을 때까지 물건 등을 유치할 수 있는 권리이다(민법 제320조).

유치권은 배당절차에서 우선변제권이 없어서 배당받지 못하나 낙찰자에게 채권변제를 받을 때까지 부동산 인도를 거부할 수 있어서 사실상 우선변제권이 있는 것으로 보아야 한다. 부동산 유치권의 경우 등기를 필요로 하지 않으며, 또한 신고해야만 변제받을 수 있는 것이 아닌 법률상 당연히 발생하는 것이므로 유치권 신고가 되어 있지 않은 물건도 주의해야한다.

따라서 신축 건물이나 공사가 중단된 건물이 유치권 신고가 안 되어 있을 때는 확인절차를 거쳐 입찰해야 한다. 만약 유치권신고가 안 되어 있는데 낙찰 후 이 사실을 알았다면 낙찰자는 잔금 전까지 '매각불허가신청'을 할 수 있다.

# 2. 유치권 권리를 주장할 수 있는 경우

### 경매부동산을 공사하고 공사비를 받지 못했을 때

건물의 신축공사를 한 수급인(공사업자)이 그 건물에 실제 공사를 한 후받지 못한 공사대금채권이 있고 동시에 적법하게 위 건물을 점유하고 있는 경우 수급인은 그 채권을 변제받을 때까지 건물을 유치할 권리가 있다.

### 임차인 또는 제3취득자의 필요비와 유익비

경매부동산의 개량이나 보존을 위해 지출된 비용은 유치권 주장이 가능하다. 임차인이나 제3취득자가 하수도나 도로 개통 후 지출한 비용이나 개량과 보존행위를 함으로써 건물의 객관적 가치를 증대한 경우에 속한다. 건물의 객관적 가치라는 말은 모호하지만 해당 물건의 감정평가금액을 올릴 수 있는 수준으로 이해하면 된다.

**손해배상채권**

채무불이행에 따른 손해배상청구권은 원채권의 연장이라고 보아야 하므로 경매물건이 손해배상채권과 관련이 있을 경우 유치권항변을 주장할 수 있다(대판 1976.9.28. 76다582).

## 3. 유치권의 성립요건

아래의 성립요건 중 하나라도 제외되면 유치권자는 공사채권을 낙찰자에게 변제받을 수 없고 해당 부동산의 명도를 거부할 수 없다. 따라서 낙찰자로서는 유치권이 있는 물건을 접했을 경우 유치권이 성립되지 않는 부분을 발견하면 기회가 될 수 있다. 유치권의 성립요건은 경매에서 아주 중요한 부분이다.

### ① 유치권의 채권이 경매부동산 자체에서 발생해야 하고 채권이 변제기가 도래해야 한다

유치권신고가 된 채권이 경매부동산과 관련하여 발생해야 한다(민법 제320조 제1항). 채권이 경매부동산을 점유하기 전에 발생하였다고 하더라도 나중에 목적물을 점유하면 유치권은 성립된다. 따라서 점유와 동시에 채권이 발생해야 하는 것은 아니다.

임차인의 보증금반환채권, 권리금반환청구권, 임차인의 부속물매수청구권, 토지임차인 부속물매수청구권 등은 임차물을 목적으로 하여 성립한 것이지, 임차물에 관하여 생긴 채권이 아니며 유치권에 속하지 않는다. 또한, 임차인이 자신의 영업을 하기 위하여 투입된 시설비와 소멸시효가 지난 공사채권(3년)은 소멸시효 중단 행위를 하지 않고 나중에 점유한다고 하더라도 유치권이 성립되지 않는다.

임차인이나 제3자의 경우 필요비나 유익비를 경매대금에서 우선변제 받으려면 그 지출금액을, 유익비의 경우 지출금액 또는 부동산 가액의 증가액을 증명하여 경매법원에 점유권자의 상환청구권을 근거로 한 청구를 하여야 한다. 그러나 임차인이 영업 목적이 아닌 부동산의 객관적 가치를 증가시켰다고 입증하기는 현실적으로 힘들다.

## ② 채권자가 경매부동산을 점유하고 있어야 한다

유치권 점유는 직접 점유하거나 경비업체나 용역을 지정하여 간접 점유해도 인정되고, 잠금장치를 하고 명인 공고를 해두는 것으로도 점유가 인정된다. 점유를 할 때에는 중간에 끊이지 않고 지속하여야 한다(점유의 영속성).

유치권 신고서류에 유치권자가 건설 회사나 법인으로 기재되어 있으나 실제로는 임차인이나 채무자, 아니면 채무자의 측근이 점유하는 경우도 있으니, 이런 경우 일단 허위 유치권으로 의심해봐야 한다.

'점유라고 함은 물건이 사회 통념상 그 사람의 사실적 지배에 속한다고 보이는 객관적 관계에 있는 것을 말한다. 사실상 지배가 있다고 하기 위해서는 반드시 물건을 물리적·현실적으로 지배하는 것만을 의미하는 게 아니고, 물건과 사람의 시간적·공간적 관계가 본권관계, 타인 지배의 배제 가능성 등을 고려하여 사회 통념에 따라 합목적적으로 판단하여야 한다'라고 규정하였다.

불법행위에 기인한 점유는 인정되지 않는다. 그리고 점유를 상실하면 유치권은 소멸하게 된다(민법 제328조).

대법원 2002. 11. 27. 자 2002마3516 결정 【부동산인도명령】
[공2003.1.15.(170),220]

**【판시사항】**
소유자의 동의 없이 유치권자로부터 유치권의 목적물을 임차한 자의 점유가 구
민사소송법 제647조 제1항 단서 소정의 '경락인에게 대항할 수 있는 권원'에 기
한 것인지 여부(소극)

**【결정요지】**
유치권의 성립요건인 유치권자의 점유는 직접점유이든 간접점유이든 관계없
지만, 유치권자는 채무자의 승낙이 없는 이상 그 목적물을 타에 임대할 수 있는
처분권한이 없으므로(민법 제324조 제2항 참조), 유치권자의 그러한 임대행위
는 소유자의 처분권한을 침해하는 것으로서 소유자에게 그 임대의 효력을 주장
할 수 없고, 따라서 소유자의 동의 없이 유치권자로부터 유치권의 목적물을 임
차한 자의 점유는 구 민사소송법(2002. 1. 26. 법률 제6626호로 전문 개정되기
전의 것) 제647조 제1항 단서에서 규정하는 '경락인에게 대항할 수 있는 권원'
에 기한 것이라고 볼 수 없다.


### ③ 경매기입등기(압류) 전에 점유해야한다

유치권에 대한 점유는 아무 때나 한다고 인정되는 것이 아니다. 반드
시 경매기입등기 전에 점유를 개시하여야만 낙찰자에게 대항할 수 있다.
공사업자가 경매절차가 진행되는 것을 나중에 알고 급하게 유치권신고를
하고 점유를 시작하는 것을 볼 수 있는데, 이런 경우에는 유치권이 성립되
지 않는다.

대법원 2005. 8. 19. 선고 2005다22688 판결 【건물명도등】
[공2005.9.15.(234),1503]

**【판시사항】**
채무자 소유의 부동산에 강제경매개시결정의 기입등기가 경료되어 압류의 효
력이 발생한 이후에 채무자가 부동산에 관한 공사대금 채권자에게 그 점유를
이전함으로써 유치권을 취득하게 한 경우, 점유자가 유치권을 내세워 경매절차
의 매수인에게 대항할 수 있는지 여부(소극)

**【결정요지】**
채무자 소유의 건물 등 부동산에 강제경매개시결정의 기입등기가 경료되어 압
류의 효력이 발생한 이후에 채무자가 위 부동산에 관한 공사대금 채권자에게
그 점유를 이전함으로써 그로 하여금 유치권을 취득하게 한 경우, 그와 같은 점
유의 이전은 목적물의 교환가치를 감소시킬 우려가 있는 처분행위에 해당하여
민사집행법 제92조 제1항, 제83조 제4항에 따른 압류의 처분금지효에 저촉되
므로 점유자로서는 위 유치권을 내세워 그 부동산에 관한 경매절차의 매수인에
게 대항할 수 없다.


**④ 공사도급계약서 및 약정서, 임대차계약서 작성 시 유치권권리 배제특약이
없어야 한다**


부동산 중개 사무소에서 임대차 계약을 하는 경우 계약서상에 일반적
인 표준계약 내용과 특약사항이 기재되어있다. '임차인은 임대인에게 해
당 부동산을 원상회복하여 반환 한다'라는 '원상회복' 약정이 되어 있는 계
약서로 임대차계약을 체결한 경우에는 임차인이 필요비·유익비를 지출했
다 하더라도 낙찰자에게 유치권으로 대항하지 못한다. 또한 공사계약서
작성 시 유치권 배제특약과 명도해주기로 하는 명도약정이 있다면 명도

기일 이후의 점유는 유치권이 성립되지 않는다.

경매절차를 거쳐도 유치권으로 인해 채권자가 채권회수를 하지 못하는 피해가 많이 발생하자 채권은행에서도 수급인(공사업자)에게 미리 유치권을 주장하지 않겠다는 서류를 받은 후 대출을 실행하기도 한다.


〈경매를 하다보면 유치권은 선택이 아닌 필수가 되었다. 그만큼 유치권 신고 된 물건들이 많다는 것이다. 지금껏 필자도 수익을 크게 올렸던 물건들은 대부분 유치권 신고가 되어 있는 물건들이 많았다. 본 책에 유치권에 관한 모든 것을 담는 것은 무리다. '송사무장의 실전경매'를 통해 유치권에 관한 필수 이론부터 다양한 해결 방법들을 담아 놓았으니 어느 정도 기초 공부를 마친 분들은 읽어보면 큰 도움이 될 것이다.〉

# 👍 10년은 써먹을 경매의 기술

## 공매의 숨은 보석을 찾아라 〈수탁재산〉

대부분의 사람들은 복잡한 물건의 권리분석을 잘한다거나, 낙찰 후 해결 능력이 뛰어날 때 경매를 잘한다고 여긴다. 또한 권리분석과 명도, 소송 등의 법적절차를 능숙하게 처리할 수 있는 능력만 갖추게 되면 많은 돈을 벌 수 있을 것이라 생각한다.

그러나 추후 그런 능력을 갖추더라도 큰 돈을 벌지 못하는 경우가 다반사이다. 왜냐하면 경매를 잘하고 수익을 잘 내기 위해서는 위와 같은 해결 능력보다는 물건검색 능력이 훨씬 중요하기 때문이다.

필자가 오랜 시간의 경매 경험을 통해 확실하게 말할 수 있는 것은, 큰 수익을 내기 위해서 가장 중요한 것은 '가치 있는 부동산을 찾아내는 안목'이라는 것이다. 투자의 진정한 목적은 수익을 내기 위함인데, 아무리 복잡한 물건을 해결해도 본래 물건의 가치가 없다면 그 실익은 크지 않을 것이다.

경매로 큰 수익을 낼 수 있는 물건 검색의 핵심을 단 두 가지로 정의한다면,

**첫째는 가치 있는 물건을 찾아야 한다는 것이고,**
**둘째는 가치 있는 물건 중에서 경쟁이 덜 한 물건을 찾아야 한다는 것이다.**

첫째 핵심 요건은 경매 투자의 기본 중 기본이 되며, 둘째 핵심 요건을 충족하기 위해서는 '권리관계가 복잡한 물건이나 법정지상권, 유치권 등 특수물건들 위주로 경매를 해야 하는 것인가'라고 생각할 수도 있겠으나, 필자가 추천하는 방법은 이런 물건에 입찰하는 것보다는 바로 온비드에서 수탁재산 물건을 검색하는 방법이다. 수탁재산 물건을 잘 찾아보면 가치 있는 물건도 많은 편이고, 일반 경매인들이 잘 검색하지 않기 때문에 경쟁도 덜하다(이 책 내용이 오픈되면 많은 경쟁자가 양산될 수 있겠지만…).

수탁재산은 금융기관 및 기업체가 비업무용으로 보유(혹은 소유) 중이던 자산을 기업의 사정에 의해 한국자산관리공사에 매각을 위임한 재산을 말한다. 요즘 은행, 증권회사 등 금융기관에서 점포를 폐쇄하면서 이를 일반에 공개 매각하는데, 이런 경우 온비드에서 '수탁재산'으로 검색이 가능하다.

필자는 지금도 수탁재산에서 주옥같은 물건들을 찾아내어 큰 수익을 내고 있다.

### 1. 숨은 보석 1

필자의 책 '공매의 기술'에 실었던 울진의 아파트 50채도 ㅇㅇ기업이 보유하고 있던 물건으로 수탁재산이었다. 물건을 검색하면서 소유자인 기업을 확인해 보니 그 기업의 영업이익이 우수하고 현금자산이 풍부한 우량기업으로 보였고, 이런 기업이 보유했던 자산이라면 매입할 당시에 괜찮은 상태의 물건을 매수했을 가능성이 높다고 생각되어 자신 있게 입찰할 수 있었는데, 역시 낙찰 후의 수익률도 물론 좋았다.

다른 사람들이 쉽게 검색하지 않는 부분이었기에 경·공매의 여느 일반 물건보다 경쟁이 덜한 유리한 위치에서 투자를 시작할 수 있었던 것이다.

### 2. 숨은 보석 2

어느 날 온비드를 검색하니 수협에서 의뢰한 수탁재산 물건들이 많이 보였다.

이 물건들은 수협에서 마트사업('수협 바다마트'라고 지나가다 본 듯하다)에 진출했다가 그 사업부분을 철수함에 따라 부득이하게 수탁재산으로 매각하게 된 케이스였다.

수협에서 의뢰한 수탁재산이 모두 지하층에 위치하고 있어 많은 부동산 투자자들이 지하층의 활용도를 찾지 못해 검색을 하고도 입찰하지 못하는데 반해, 필자는 이 부분을 포인트로 잡고 물건에 대해 심층 분석을 하게 되었다. 임장을 나가 확인해 보니 물건지 주변의 배후 세대수와 유동인구가 많아 지층임에도 향후 마트 자리로 활용해도 손색이 없어 보였고, 면적이 넓어 다른 용도로 활용해도 충분히 가치가 높을 물건이라는 것을 파악할 수 있었다.

필자는 다른 부동산 투자자들이 단점으로만 여긴 '지하에 위치한 대형 평형의 물건'이라는 편견을 깨고 이 물건을 낙찰 받아, 어린이 전용 수영장으로 탈바꿈시켜 수익률을 극대화하였다.

수탁재산이 시장에 나오게 된 배경을 이해하면 괜찮은 물건인지 아닌지를 가늠할 수 있다. 위 상가의 경우에는 물건 자체가 좋지 않아서 나온 것이 아니라 수협에서 마트사업 부분을 철수하는 과정에서 매물로 나왔다는 것을 파악했기에 확신을 갖고 매입할 수 있었던 것이다.

**2**

지분 부동산

# 대부도 포도밭 낙찰기

## 1. 물건검색과 시세파악

공매물건을 쭉 검색하는데 '대부남동'이라는 주소가 눈에 들어왔다. 혹시 조개구이가 유명한 그 대부도인가? 한때 국무총리도 땅을 사두었다고 이슈가 되었던 지역이라 지명에서부터 나의 호기심을 자극했다.

자세히 살펴보니 대부도의 포도밭이었다(대부도는 포도가 유명하다). 총

면적이 2,165$m^2$(655평)이고 그중에서 1/3지분(720$m^2$)만 공매로 나온 것이다. 등기부등본을 살펴보니 아버지가 삼 형제에게 위 땅을 상속해 줬는데 그중 큰형이 세금을 체납해 세무서에서 자산관리공사에 공매의뢰를 하여 공매에 나온 것이다.

솔직히 무슨 사연 때문에 공매에 나왔는지는 신경도 쓰이지 않았고, 감정평가서와 위치를 확인해 가면서 점점 이 땅에 매료되어 가고 있었다. 이 땅의 3.3$m^2$당 가격을 계산해보니 18.8만 원/3.3$m^2$에 감정되었다(대부도 땅은 이 가격보다 훨씬 비쌀 텐데…). 지분이라는 핸디캡(?)을 고려해도 너무 싸다는 생각이 들었다. 더군다나 바닷가가 훤히 보이는 곳이어서 그냥 그림으로도 예쁘게 보이는 물건이었다.

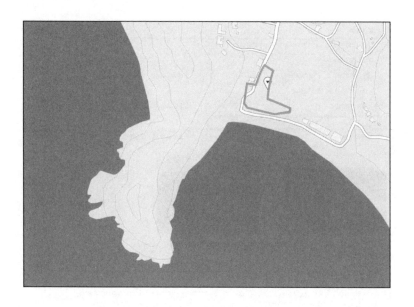

아뿔싸~! 이게 뭐야? 입찰기일을 보니 오늘이다. 현장에 가 볼 시간도 없이 너무 촉박하게 물건을 발견한 것이다. 만약 대부도라는 지명이 아니었다면 그냥 흘려보냈을 텐데 이 물건은 그러기에는 너무 아까웠다. 왠지 놓치고 싶지 않았다.

일단 인터넷으로 조사할 수 있는 것은 모조리 조사하고 부동산을 관리해주는 한 사장님에게 대부도 근처에 나와 있는 급매물을 모두 확인해 달라고 부탁했다(공매는 입찰 마감일 오후 5시까지 입찰할 수 있으므로 그나마 다행이었다).

한 사장님이 현장조사를 하는 동안 나는 대부도 지역의 과거 낙찰사례를 검색해 낙찰가격 및 기타 자료를 꼼꼼히 살펴보았다. 한 사장님도 시간이 부족하여 현장에 갈 여유가 없었기에 전화로만 시세를 알아본다고 했다. 땅을 입찰하는데 현장을 보지 않고 인터넷 자료만 참고하려니 약간 두려움이 생겼다(내가 정말 대담해진 건지, 겁이 너무 없어진 건지 모르겠다). 계속해서 컴퓨터로 자료를 추리는데 한 사장님이 연락을 해왔다.

"그 동네에 3.3㎡당 40만 원에서 80만 원까지 매물로 나와 있어요. 건축이 가능한지에 따라 그리고 바닷가 조망에 따라 가격 차이가 많이 나네요."
"가장 싼 땅은 얼마입니까? 급매물이요."
"40만 원 밑으로는 아무리 찾아봐도 없어요."
"그래요, 사장님 정말 수고 많으셨습니다. 일 끝나면 제가 한 턱 내겠습니다."

실수하지 않기 위해 몇 군데 부동산에 전화를 걸어 시세를 확인했다. 다행히 내가 조사한 시세도 한 사장님이 조사한 것과 비슷하게 40~80만 원/3.3㎡ 사이에 형성되어 있었다. 일단 감정가격이 18.8만 원/3.3㎡이니 받고 보자. 내가 여태 낙찰 받아서 해결하지 못한 것이 없었으니까…. 결국 번갯불에 콩 구워 먹듯이 지분 토지를 감정가격 100%에 입찰하기로 결심했다.

## 2 입찰 그리고 두려움

입찰할 물건의 조회 수를 보니 1,235회였다(보통 공매에서 인기 좋은 물건은 조회 수가 평균 300~600회 나온다). 대부도가 좋아서인지 유명해서인지는 몰라도 조회 수가 엄청났다. 조회 수를 보니 적어도 2-3명은 입찰에 들어올 듯했다. 이상하게 이 물건은 지분물건이고 현재 가격이 100%인데도 막 지르고 싶은 충동이 생겼다.

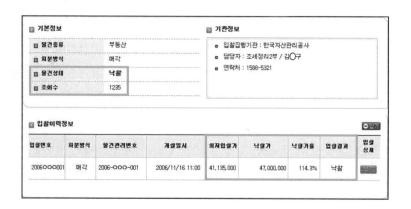

결국, 지름신이 강림하여 4,700만 원(3.3㎡당 21.5만 원)에 입찰가를 적어 내서 낙찰을 받았다. 결과를 보니 1,229회 조회 수에 비해 입찰자가 너무 적었다. 나 말고 1명의 입찰자가 있었는데, 이 입찰자 한 사람은 도대체 누구일까? 혹시 감정평가사가 아닐까? 자신이 직접 낙찰받기 위해 싸게 감정한 건 아닐까? 혼자서 쓸데없는 생각을 이리저리 해보았다. 입찰도 안 할 거면서 구경꾼(?)이 너무 많았다. 이럴 때 내 밑에서 몇 만원 차이로 받쳐주는 사람이 있으면 기분이 무진장 좋았을 텐데 말이다.

그러나 미리 수익을 계산해 본 후 입찰가격을 적어냈으므로 미련이 없었다. 다만 현장도 보지 않고 낙찰을 받았으니 뭔가 좀 뒤숭숭했다. 그것도 땅인데 말이다. 그나마 4,200만 원에 입찰한 사람이 있어 위로가 좀 될

뿐(설마 2등도 현장을 보지 않고 입찰한 것은 아닐 테지?)….

그래도 낙찰 받은 땅을 봐야만 불안한 마음을 지울 수 있을 것 같았다. 일단 내비게이션에 지번을 입력하고 현장으로 차를 몰았다. 핸들을 잡고 운전을 하면서도 불안한 마음을 떨쳐버릴 수 없었다.

'설마 손해야 보겠어? 이상한 땅이면 어떡하지? 감정평가사가 왜 그렇게 시세조사를 낮게 했을까?'

차 안의 음악에 집중하지 못하고 머릿속에 여러 가지 잡생각이 겹쳤다. 내비게이션을 보니 몇 킬로미터 남지 않았고 남은 거리가 줄어들수록 긴장감과 기대감이 동시에 심장을 자극했다.

그런데 도시지역도 아니고 시골의 전답이 펼쳐져 있어서인지 내비게이션이 내 맘도 모르고 이곳저곳을 가리키며 헤매게 만들었다.

'젠장 기계까지 속을 썩이네.'
'지적도도 안 갖고 왔는데.'

안 되겠다 싶어서 차에서 내렸다(시골에 갈 때는 기계를 믿지 말고 미리 지적도를 준비해야 한다). 감정평가서의 사진과 넓은 전답을 비교하며 땅 찾기에 나섰다. 이쪽저쪽 걸어 다니다 보니 벌써 1시간이 지나갔다.

'나중에 이 땅을 팔면 내비게이션부터 바꿔야겠다.'

그렇게 헤매고 나서 드디어 사진과 비슷한 지형을 발견했다. 우아~ 내 땅이다.

내 땅을 발견하고 주위를 둘러보는 순간 지금까지 나를 괴롭혔던 불안감은 순식간에 사라졌다.

아래 사진에서 도로를 포함하여 왼쪽이 내가 낙찰 받은 땅이다. 땅 뒤에 펼쳐진 바다 전경과 함께 땅을 보니 갑자기 입가에 미소가 번졌다(하하하하~ 예쁘구나!). 내가 보기에 좋은 땅은 남이 보아도 좋고, 팔기도 쉽다. 머릿속에는 이미 이 땅 위에 멋진 전원주택이 그려졌다.

지적도상 맹지인데 콘크리트로 포장된 농로도 있었다. 그리고 주택이 있으므로 농가(?)주택(마음 속 전원주택) 하나 더 짓는 것은 무리가 없을 것 같았다. 집 한 채 지어놓고 낚시도 하고 조개도 캐고 바비큐도 해먹고···. 콧노래가 절로 나왔다. 이거 완전히 소가 뒷걸음질 하다가 쥐 잡은 격이었다.

내 예쁜 땅과 작별하고 가벼운 마음으로 부동산 중개업소로 차를 몰았다. 현장에서 가장 가까운 부동산부터 모두 여섯 군데를 차례로 방문했다. 방문해서 시세를 확인해보니 모든 중개업자가 이구동성으로 내가 낙찰 받은 토지 인근에 3.3$m^2$당 60만 원 이하로는 땅이 없다고 했다. 정확한 토지 지번을 대고 물어 보았더니 3.3$m^2$당 80만 원까지 얘기하는 친절한 부동산 중개업소도 있었다.

60만 원 곱하기 내가 받은 땅(720$m^2$)을 해보니 계산기는 1억 3,000만 원을 훌쩍 뛰어넘었다. 결과적으로 땅도 좋고 가격도 흐뭇했다. 낙찰가격이 4,700만 원이니 이 정도 차액이면 나머지 공유자와 협상이 충분할 것 같았다. 주말농장을 명목으로 농지취득자격증명을 동사무소에 신청하여 발급을 받고 잔금을 냈다.

## 3. 공유자 찾아 삼만리

이제는 나와 예쁜 땅을 함께 소유한 다른 지분권자들을 만나야 했다. 등기부등본으로 나머지 지분을 각각 1/3씩 가진 소유자들을 확인해보았다. 이 토지는 아버지가 삼 형제에게 상속해주었는데 큰형이 세금을 체납하여 공매 처분된 것으로 나머지 공유자(형제)들도 내가 이 땅을 낙찰 받은 것에 대해 매우 짜증을 낼 것이다(아니면 아직 모르고 있을 수도 있겠지).

잔금을 치르고 등기부등본에 기재된 공유자들 주소지로 방문했다. 초인종을 눌러도 아무런 응답이 없었다. 다른 한 집도 마찬가지로 아무도 없었다. 이건 뭐지 싶었다.

두 번째 방문할 때는 저녁 9시에 맞추어 갔다. 상속받은 셋째 아들 집에는 여전히 아무도 없고, 다행히 둘째 아들 집에는 고등학생과 중학생 남자애 둘이 있었다.

"아버지 안 계시니?"

"누구세요? 아버지는 바다에 나가셨는데요."

"(바다? 마린보이?) 어, 그냥 아버지랑 급하게 얘기 좀 해야 하거든. 핸드폰 번호 알려주면 아저씨가 아버지께 전화할게~!"

"아무나 알려주지 말라고 했는데요."(가정교육 제대로 받았네)

"당연히 아무한테나 알려주면 안 되지. 그런데 아저씨가 중요한 얘기를 할 거라서 만약 전달이 안 되면 아버지가 화를 내실지도 모르는데. 아저씨 그냥 간다."

"정말요? 여기 있어요. 핸드폰 번호~!"

잽싸게 마린보이의 전화번호를 건네받고 내 연락처와 낙찰 받았다는 간단한 내용을 담은 쪽지를 아들에게 건네주고 나왔다.

다음 날 어제 받은 둘째 아들의 연락처로 먼저 전화하려고 하다가 곰곰이 생각해보니 낙찰 받고 협의를 원한다는 쪽지도 주었고, 지금 나보다 급한 것은 상대방이므로 굳이 내가 먼저 연락할 필요가 없을 것 같았다. 그렇게 서로 연락 없이 3주가 지났다.

내 예상엔 상대방이 화를 내면서 전화를 하거나 동정을 구하는 전화를 하리라 생각했는데 완전히 빗나갔다. 솔직히 상대방에게서 연락이 오면 나는 시세가 높은 땅을 저렴하게 낙찰 받았기에 약간의 웃돈(?)을 받고 소유권을 넘겨주려고 했다. 그런데 연락이 없었다.

항상 그렇지만 이렇게 시간이 흘러가면 내가 상대방에게 다시 넘기는 매도가격은 높아진다. 우선 상대방이 나에게 전화하도록 유도해야 한다 (서로 협상 테이블에 앉아야만 답이 나오므로…).

나는 첫 번째 압박으로 내용증명을 보냈다. 일단 공매로 1/3지분이 낙찰되었고 앞으로 서로 협의해보고 안 되면 소송을 제기할 수밖에 없다는 살짝 기분이 상할 만한 내용증명을 둘째와 셋째에게 각각 한 통씩 발송했다. 그런데 또 아무런 연락 없이 10일이 지났다. 정말 알 수가 없었다.

도대체 나머지 공유자들이 어떤 사람들이고 무슨 꿍꿍이로 나에게 아무런 연락도 없이 잠잠한지 궁금했다. 그러면서 점점 오기가 발동했다. 빨리 마무리 지으면 상대방한테도 유리할 텐데 피하기만 하는 것 같아 답답했다. 아들에게 받은 전화번호로 연락할까도 했지만 그만두었다.

'그래, 언제까지 버티는지 한번 해보자'. 내 머릿속에서 토지 매도가격은 또다시 올라가고 있었다. 더 이상 기다릴 수 없어서 법적 순서를 밟기로 마음먹었다.

'공유자들끼리 땅에 대한 협의가 되지 않으니 경매를 진행해서 지분비율대로 대금분할(경매분할)해달라는 공유물분할소장'을 작성하여 법원에 접수했다. 이렇게 해도 상대방이 나에게 전화를 안 할지 궁금했다. 소장이 접수되고 드디어 상대방에게 소장 부본이 송달되었다. 결국, 내 핸드폰 벨이 울렸다. 그동안 나도 오래 기다렸기에 첫 번째 전화는 받지 않았다. 곧바로 두 번째 벨이 울렸다.

"여보세요? 누구세요?"
"대부도 땅 땜에 전화했소. 뭐 젊은 사람이 이런 일로 법원에 소송까지 하고 그럽니까?"
"아, 안녕하십니까? 그게 아니고 사장님 만나기가 너무 힘들어서요. 어쩔 수 없었습니다."
"그래서 어떻게 할 거요? 법대로 해볼 거요? 근데 이게 무슨 내용이요?"
"지금 대부도 땅 시세가 얼마인지 아시죠?"
"나는 그런 거 관심도 없고 돈도 없소. 그리고 나는 꽃게 잡는 어부요. 나 정말 세상 살다가 이런 경우 처음 당해요."
"사장님! 이런 얘기는 전화로 하지 말고 일단 만나서 말씀 나누시죠."
"그럽시다. 뭐 다 사람이 하는 일인데… 내가 연락하겠소."

생각했던 것보다 상대방의 반응이 나쁘지 않았다. 왠지 이 사건은 초단타로 해결될 기미가 보이는 듯했다.

지금까지 연락이 안 되어 화가 났었는데 그의 직업이 어부라는 말에 기분이 풀렸고, 처음처럼 적당한 가격에 낙찰 받은 땅을 나머지 지분권자에게 넘겨주고 싶었다. 그렇게 원만하게 마무리되리라 생각하고 상대방 전화를 기다리며 이 사건을 잠시 잊고 있었다.

그러던 어느 날 법원에서 공유물분할소송에 대해 상대방 답변서가 도착했다. 자세히 보니 상대방이 변호사를 선임한 것이었다.

'뭐야 이건?'

좋게 마무리될 줄 알고 있었는데 어이가 없었다. 공유자 처지를 생각해 보면 이해가 되지만, 상대방의 연락만 기다리던 나와 협의 한번 하지 않고 변호사를 선임한 것에 기분이 상했다.

또 적당한 선에서 좋게 마무리 지으려 했기에 더욱 화가 났다. 답변서 밑에 적힌 주소를 보고 상대방 변호사 사무실로 찾아갔다.

원래부터 소송을 제기하려고 한 것은 아니기에 적당한 금액이라면 매도할 의사가 있으니 의뢰인에게 잘 얘기해서 원만하게 끝내는 방법으로 권유하러 간 것이다.

그런데 어째 상대방의 반응이 별로였다. 그렇다면 어쩔 수 없지!(변호사 선임했다고 모든 소송이 뜻대로 진행되는 것은 아니니까) 나중에는 정말 후회할 것이다. 내 머릿속에서 토지 매도가격은 또 한 차례 올라가고 있었다.

나는 FM상태로 변신하여 상대방 답변서를 꼼꼼히 읽어보았다. 상대방 이 주장하는 내용은 다음과 같았다.

'이 땅은 전체가 2,165$m^2$이고 각각 1/3지분이 720$m^2$나 되는 규모여서 물리적으로 현물분할이 가능하니 원고의 청구를 기각해 달라'고 적혀 있 었다. 다시 말해 나는 전체 땅을 경매로 진행한 후 낙찰된 금액에서 세 명 의 지분권자에게 각각 1/3씩 현금으로 나누어 달라는 소를 제기한 것이 고, 상대방은 전체 토지에서 내 지분인 1/3에 해당하는 면적만큼 떼어 가 라는 것이었다. 통상 법원은 물리적으로 분할이 가능한 경우 현물분할을 원칙으로 한다. 예상했던 내용이었기에 상대방의 주장에 대해 하나하나 반박하는 준비서면을 작성하여 제출했다. 그리고 현물분할에 대비하여 잘 아는 측량회사에 의뢰하여 낙찰 받은 토지를 측량해보았다(원래 자료준비 를 철저히 해야 긍정적인 결과를 만드는 법이다).

측량한 도면을 보니 사진에서 보이는 농가주택 한 채가 우리 땅에 살짝 걸쳐 있었다. 알아보니 피고들의 부모가 그곳에 살고 있는 것이었다.

'이것 봐라!'

약점 한 가지가 나한테 제대로 걸려들었다! 이런 것을 놓칠 수 없지.

    나는 현물분할이 가능한 토지라고 하더라도 토지 위에 건물이 있고 현재 사용되는 농로도 우리 토지를 가로질러서 있기에 절대 현물분할이 불가능하다는 준비서면을 작성하여 제출했다. 결국, 소송은 내가 원하는 방향으로 흘러가고 있었다. 판사도 원고와 피고가 서로 주장하는 것이 너무 상반되니 변론기일에 대금분할(경매)판결할 것이라고 예고했다.

    그런데 판결 선고 일을 앞두고 갑자기 조정기일이 잡혔다. 조정기일은 담당 판사의 재량이어서 원고든 피고든 원하는 측이 있으면 무조건 기일을 잡아준다. 이번 조정기일은 상대방 변호사가 일부러 신청한 것이다. 담배 한 대 태우고 조정실에 들어갔다. 시간이 조금 지나자 상대방 변호사가 들어왔고 곧이어 판사도 들어왔다. 담당 직원까지 모두 입장하고 드디어 대화가 시작되었다.

송사무장 : (울분을 토하며) 판사님, 저는 조정할 의사가 전혀 없습니다. 이 점을 피고도 뻔히 알면서 의도적으로 선고기일 전에 시간을 끌려고 조정 신청을 한 것입니다. 저는 토지를 사고 1년이 넘도록 사용·수익도 하지 못하고, 피고들만 전체 토지에서 제 동의도 없이 포도농사를 짓고 이에 따른 수익도 모두 가져가고 있는 상태입니다. 저는 지금 엄청난 재산상 손해를 입고 있는 중입니다(소송에서 내 신분을 안 밝혔기에 오버해서 발언했다).

판사 : 누구든 조정신청이 들어오면 판사는 어쩔 수 없습니다. 원고는 혹시 피고들에게 땅을 파실 생각은 없으신가요?

송사무장 : 없습니다. 저는 전원주택을 지으려고 계획하고 있습니다. 그런데 제가 원하는 부분만 분할해주면 상관없지만 땅 모양이 이상해지고, 건물도 있고, 주절주절….

상대방 변호사 : 원고가 4,700만 원에 토지를 매수했으니 6,500만 원에 피고들이 매수하는 것은 어떤가요? 그래도 이득이 많이 남지 않습니까?

송사무장 : (갈 때까지 갔는데 내가 왜 중도 포기하나?) 그렇다면 제가 나머지 지분을 각각 6,500만 원씩 1억 3,000만 원에 매수할 테니 저에게 파시겠습니까?

상대방 변호사 : (당황하며) 아니, 그건 좀….

송사무장 : 피고들도 팔지 못하는 가격에 저한테 팔라고 하면 안 되죠. 그렇지 않습니까?

판사 : 협의가 안 되니 2주 내로 판결하겠습니다.

송사무장 : (큰 소리로)네.

나한테 제시한 조건 그대로 내가 상대방에게 사겠다고 하니 상대방 변호사가 할 말을 잃은 것이다.

정확하게 2주 후에 판결이 나왔고 확인해보니 결과는 원고 승으로 끝났다.

낙찰 받은 지 10개월 만에 소송이 끝났다. 이기긴 했지만 낙찰 후 많은 시간이 흘렀고, 짧은 시간이 아니기에 화가 쉽게 수그러들지 않았다. 상대방이 나와 아무런 협의도 하지 않고 변호사를 선임하고, 변론기일 연기신청도 하고, 판결 전에 일부러 조정신청도 하여 소송 기간을 질질 끌었기 때문이다.

어쨌든 상대방은 지금 엄청 당황하고 있을 것이다. 나는 이제 판결문을 수령하여 전체 토지를 경매 신청해 내 지분만큼 현금으로 가져가기만 하면 된다. 그런데 가만히 보니 소송하는 동안 대부도 땅에서 내 허락 없이 포도농사가 한창이었다.

'그냥 넘어갈 수 없지!'

상대방은 소송에 져서 자신들의 땅이 경매로 넘어가기 직전이므로 분명 심란한 상태일 것이고, 1심 판결에 항소를 할까 말까 고민할 것이 분명했다. 항소하면 또 시간이 지체된다. 심란한 상태에 있는 상대방을 위해 소장을 하나 더 접수했다. 내 허락 없이 포도밭을 사용했으니 내 지분만큼 포도를 내 놓으라는 부당이득금 반환청구소장을 작성하여 법원에 접수했다(아예 상대방을 KO 시키기로 마음먹은 것이다).

이 소장을 받는 순간 피고들의 표정이 어떨지 떠올랐다. 상대방이 법대로 대응하여 질질 끌었던 만큼 나도 끈질기게 법대로 처리 해주고 싶었다.

| 사건일반내역 | | 사건진행내역 | | ≫ 인쇄하기 | ≫ 나의 사건 검색하기 |
|---|---|---|---|---|---|
| ▶ 사건번호 : 인천지방법원 2007가소○○○ | | | | | |

**🔲 기본내역** ≫ 청사배치

| 사건번호 | 2007가소○○○ | 사건명 | 부당이득금반환 |
|---|---|---|---|
| 원고 | 송○○ | 피 고 | 황○복 외 1명 |
| 재판부 | 민사제51단독 | | |
| 접수일 | 2007.09.11 | 종국결과 | |
| 원고소가 | 10,033,548 | 피고소가 | |
| 수리구분 | 제소 | 병합구분 | 없음 |
| 판결송달일 | | 상소인 | |
| 상소일 | | 상소각하일 | |
| 보존여부 | 기록보존됨 | | |

부당이득금에 대한 추가 소장을 접수하고 며칠이 흘렀다. 예상은 빗나가지 않아 핸드폰이 울리고 화면에 상대방 변호사 사무실이라는 글자가 보였다. 울고 있는 핸드폰을 책상 위에 두고 담배 한 대를 태우러 복도로 나갔다. 길게 담배를 태우고 왔는데도 여전히 전화벨이 울렸다.

전화를 받으니 상대방 변호사가 직접 전화를 걸어 온 것이다. 지금 피고들이 난리가 났으며, 내가 원하는 조건에 무조건 다 맞춰 주겠다고 했다. 진작 끝냈으면 더 좋은 조건으로 마무리하려고 했는데 상대방이 스스로 무덤을 판 것이다. 그것도 아주 깊게~.

이 지분 물건은 보통 물건에 비해 시간이 좀 걸리긴 했지만 내 포도값(부당이득금)과 함께 짭짤하게 마무리 지을 수 있었다.

# memo

# 3

공유자 우선매수의 진수

# 17만평 VS 20평

# 삼고초려 [三顧草廬]

삼고초려란 인재를 맞아들이기 위해 참을성 있게 노력한다는 뜻으로 중국 삼국 시대에 촉한의 유비가 난양(南陽)에 은거하고 있던 제갈 량을 자신의 사람으로 맞아들이기 위해서 그의 초옥으로 세 번이나 찾아간 끝에 성공했다는 데서 유래 된 사자성어다.

경매투자를 할 때도 마찬가지다. 유비가 두 번 거절당하고도 다시 제갈 량을 찾아갔던 것처럼 목표로 한 것을 끝까지 이뤄내기 위해서는 인내가 필요하다는 뜻이다. 그리고 그러한 인내는 큰 수익으로 돌아오곤 한다.

## 1. 물건검색

3월. 쌀쌀한 꽃샘추위가 기승을 부리는 어느 날 한 물건이 눈에 들어왔다. 땅의 크기가 무려 560,312.8㎡(구 169,494.6평)이나 되는 물건이었다(뭐야? 도대체 이 덩치 큰 녀석은??). 거의 17만평에 육박하는 이 물건에 관심이 생기기 시작했다.

예전에도 토지 지분 물건을 낙찰 받아보긴 했지만 과거의 사례와는 절대 비교가 될 수 없는, 면적이 아주 큰 녀석이었다. 더군다나 이렇게 덩치가 큰 녀석이 지분물건이라니?

지분물건이라… 그렇다면 다른 지분과 합친 전체면적이 도대체 얼마나 될까?? 마우스를 클릭하여 등기부등본을 살펴보았다.

하지만 나머지 지분을 확인하는 순간 그저 허탈한 웃음이 나올 뿐이었다.

공유자  지분 560379분의 66.2   ←——— 0.0001의 지분
  장○석   551002-1******
  서울 금천구 ○○동 ○○○

전체 토지는 2인으로 되어 있었고 경매가 진행되지 않는 1인의 지분을 계산해 보았더니 겨우 20평에 불과했다. 즉, 지분권자가 두 명인데 한 사람은 17만평을 소유하고 있고, 나머지 한 사람은 겨우 20평만을 소유하고 있는 것이었다. 도대체 뭐지?? 왜 저렇게 작은 지분만을 남겨두었을까? 이 물건의 채무자가 경매 고수인 것일까??

| 소재지 | 경기도 여주군 ○○면 ○○리 ○-1 외 3필지 [도로명주소검색] | | | |
|---|---|---|---|---|

| 물건종별 | 임야 | 감정가 | 1,921,960,764원 |
|---|---|---|---|

| 구분 | 입찰기일 | 최저매각가격 | 결과 |
|---|---|---|---|
| 1차 | 2005-09-12 | 1,921,960,764원 | 유찰 |
| 2차 | 2005-10-10 | 1,537,569,000원 | 유찰 |
| 3차 | 2005-11-14 | 1,230,055,000원 | 유찰 |
| 4차 | 2005-12-12 | 984,044,000원 | 유찰 |
| 5차 | 2006-01-23 | 787,235,000원 | 유찰 |
| 6차 | 2006-02-20 | 629,788,000원 | 유찰 |
| 7차 | 2006-03-20 | 503,830,000원 | 낙찰 |

| 토지면적 | 560312.8㎡(169494.622평) | 최저가 | (26%) 503,830,000원 |
|---|---|---|---|
| 건물면적 | | 보증금 | (10%) 50,390,000원 |
| 매각물건 | 토지만 매각이며, 지분 매각임 | 소유자 | 이○실 |
| 개시결정 | 2005-03-02 | 채무자 | (주)이○벤 |
| 사건명 | 임의경매 | 채권자 | 풍은상호저축은행 |

낙찰 720,000,000원(37.46%) / 3명 / 불허가

| 8차 | 2006-04-24 | 503,830,000원 |
|---|---|---|

낙찰 : 601,110,010원 (31.28%)
(입찰2명)

매각결정기일 : 2006.05.01 - 매각허가결정
대금납부 2006.05.30 / 배당기일 2006.07.24
배당종결 2006.07.24

| 사진 | 토지등기 | 감정평가서 | 현황조사서 | 토지이용계획확인 | 문건/송달내역 | 전자지도 | 전자지적도 |
|---|---|---|---|---|---|---|---|
| 로드뷰 | 온나라지도+ | | | | | | |

**▶ 매각토지.건물현황** ( 감정원 : 배랑양감정평가 / 가격시점 : 2005.03.15 )

| 목록 | 지번 | 용도/구조/면적/토지이용계획 | ㎡당 단가 | 감정가 | 비고 |
|---|---|---|---|---|---|
| 1 | ○○리 ○-1 | ·관리지역 | 대 1031.88㎡ (312.144평) | 45,000원 | 46,434,600원 | 표준지공시지가: (㎡당)41,000원 □대지:1032㎡(312.18 평)전체면적중 이○실 지분만 입찰 * 북서측부분에 콘크리트옹벽이설치 |
| 2 | ○○리 ○-2 | ·관리지역 | 임야 856.9㎡ (259.212평) | 25,000원 | 21,422,500원 | ▶표준지공시지가: (㎡당)1,800원 □임야:857㎡(259.24 평)전체면적중 이○실 지분만 입찰 |
| 3 | ○○리 산○58 | ·농림지역,일부관리지역,보전 산지(생산) | 임야 557903.08㎡ (168765.682평) | 3,300원 | 1,841,080,164원 | ▶표준지공시지가: (㎡당)1,800원 □임야:557769㎡(1687 84.86평)전체면적중 이○실지분만 입찰 |
| 4 | ○○리 산○67 | ·관리지역 | 임야 520.94㎡ (157.584평) | 25,000원 | 13,023,500원 | ▶표준지공시지가: (㎡당)1,800원 □임야:521㎡(157.6 평)전체면적중 이○실 지분만 입찰 |
| | | 면적소계 560312.8㎡(169494.622평) | | 소계 1,921,960,764원 | |
| 감정가 | 토지:560312.8㎡(169494.622평) | | 합계 1,921,960,764원 | 토지만 매각이며, 지분 매각임 | |

| 현황 위치 | · 원부저수지 동측 원거리 위치, 주위 순수산림지대로서 임야 및 산간 농경지등이 존재<br>· 1,4)서측까지 차량출입 가능한 정도이며 대중교통은 불편시됨, 부정형토지<br>· 1,4)서측으로 폭 약3M 미만의 비포장도로와 접함, 3)여주군성에서 산림경영을 위한 임도가 개설되어 있음, 2~4)지상에 자연생임목(소나무등) 및 조림된 임목(잣나무및물푸레나무)이 소재 |
|---|---|

| 참고사항 | ▶본건낙찰 2006.03.20 / 낙찰가 720,000,000원 / 3명 입찰 / 최고가매각불허가결정<br>◆일괄입찰<br>· 분묘기지권 성립 여지있음<br>· 김○룡을 수허가자로하는 일반주택및창고부지조성목적의 산림형질변경을알리는표지판(허가기간:1999.09.02~2000.08.30)소재<br>· 산○58번지:2002년에 김○룡외 1인이 3.5ha에 잣나무및 물푸레나무 매각제외함 |
|---|---|

**▶ 임차인현황** ( 배당요구종기일 : 2005.05.31 )

===== 임차인이 없으며 전부를 소유자가 점유 사용합니다. =====

**▶ 토지등기부** ( 채권액합계 : 3,900,000,000원 )

| No | 접수 | 권리종류 | 권리자 | 채권금액 | 비고 | 소멸여부 |
|---|---|---|---|---|---|---|
| 1 | 2004.02.11 | 김○룡지분전부이전 | 이○실 | | 매매,지분560379분의56 0312.8 | |
| 2 | 2004.07.06 | 이○실지분압류 | 여주군 | | 말소기준등기 세무13410-7293 | 소멸 |
| 3 | 2004.09.08 | 이○실지분전부근저당 | 풍은상호저축은행 | 3,900,000,000원 | | 소멸 |
| 4 | 2005.03.03 | 이○실지분임의경매 | 풍은상호저축은행 | 청구금액: 2,820,374,721원 | 2005타경○○ | 소멸 |
| 등기부 분석 | 대토지만 매각주의(수목은 매각제외) / 대○○리 산○58번지 토지등기내용임 | | | | | |
| 주의사항 | 대분묘기지권 성립 여지 있음. | | | | | |

이 물건은 보면 볼수록 더욱 의구심과 흥미를 느끼게 했다. 이렇게 재미있는 물건을 발견한 이상 다른 물건이 눈에 들어올 리 없었다. 가끔 경매물건을 검색하면서 다른 사람들이 쉽게 발견하지 못하는 부분을 발견했을 때 내 마음속에서는 잔잔하지만 거대한 흥분이 밀려온다. 그리고 그러한 흥분은 물건에 대한 집중력을 배가시켜준다.

토지를 살펴볼 때 가장 기본이 되는 것은 무엇보다도 공시지가이다(해가 바뀌어도 공시지가가 정체되어 있거나 떨어지는 토지는 좋지 않은 것이다). 이 경매물건의 토지는 총 4필지로 되어 있다. 그리고 그중에서 제일 큰 지분에 속하는 토지의 공시지가만 무려 17억7,971만 원이었다.

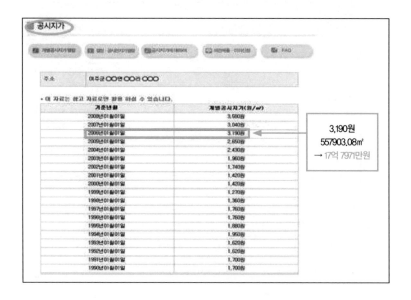

큰 녀석의 공시지가와 나머지 3필지의 공시지가를 합해보니 무려 18억 원이 넘었다. 땅의 덩치만 큰 것이 아니고 공시지가만 따져 보더라도 경매의 최저가격 5억 830만 원에 비하면 13억 원이나 차이가 났다.

이 물건을 낙찰 받고 매매할 수 있는 방법을 떠올려보았다.

투자에서 제일 중요한 것은 원금보장이고 그 다음으로 중요한 것은 회전율이다. 아무리 좋은 물건을 낙찰 받았어도 낙찰 후 매매를 자신할 수 없다면 차라리 투자를 하지 않는 편이 나을 수도 있기 때문이다. 하지만 나는 이 물건을 매매할 수 있는 좋은 방법을 알기에 입찰하기로 결심했다.

매각부동산이 2인 이상의 소유로 되어 있고 그중에서 일부 지분권자의 지분이 경매로 매각될 경우에는 경매가 진행되지 않은 나머지 지분권자에게 우선적으로 매수할 수 있는 권리를 부여하는데 이것을 공유자우선매수권이라 한다. 이러한 공유자 우선매수의 취지는 공유자는 공유물 전체를 사용·수익하는 데 있어서 다른 공유자와 인적인 유대관계를 유지할 필요가 있기에 제3자에게 매각이 되는 것보다 기존의 공유자에게 우선권을 부여하여 매수의 기회를 주는 것에 있다. 기왕이면 기존 지분권자가 나머지 지분을 매입하는 것이 온전한 부동산이 되기 때문이다. 따라서 공유자 외 다른 사람이 최고가격으로 입찰했을 경우 지분권자는 최고가격에 우선 매수권을 행사할 수 있는 것이다.

공유자 우선매수권이 주어지는 매물이 흥미로운 것은 그 권리가 나머지 지분의 크기엔 전혀 관계가 없다는 것이다. 즉, 이 사건에선 경매에서 빠진 20평의 공유자가 경매에 진행되는 17만평에 대해 우선 매수를 할 수 있는 권리가 생긴다. 말 그대로 '찜'이 가능하다. 그러므로 나의 관심사는 일단 경매에서 제외된 20평을 소유한 지분권자일 수밖에 없다. 아쉬운 것은 내가 검색한 시점이 입찰기일이 5일밖에 남지 않았다는 것이다. 빨리 서둘러서 나머지 지분권자를 만나야했다. 만약 2일 안에 20평 지분의 등기를 갖고 오지 못한다면 나의 계획은 무용지물이 된다. 왜냐하면 2일 내로 소유권이전등기를 하고 그것이 완료 되어야 경매법원에 공유자우선매수신고서를 미리 접수할 수 있는데, 소유권을 빨리 이전하지 않으면 우선매수권을 행사할 수 없기 때문이다.

짧은 시간에 그를 만나서 설득하고 소유권을 갖고 온다는 것이 결코 쉽지는 않겠지만 흥미로운 물건을 보니 부딪쳐 하고 싶은 마음이 강하게 솟았다.

어떤 상황에 부딪혔을 때 생각만으로 끝내면 공상가에 불과하다. 경매를 할 때 사소한 생각이라도 떠오르면 곧바로 움직이고 노력해야만 원하는 것을 얻을 수 있다. 최선을 다해보고 안 되는 것은 정말 어쩔 수 없는 것이지만 해보지도 않고 안 된다고 생각하는 것은 단지 게으른 것이고, 게으른 자가 얻을 수 있는 것은 아무것도 없다.

## 2 삼고초려 [三顧草廬]

차에 시동을 걸고 무작정 등기부등본에 기재되어 있는 공유자의 주소로 향했다. 현장에 도착해서 확인을 해보니 이미 공유자는 다른 곳으로 이사하고 없었다(역시 세상에 쉬운 일은 하나도 없군!). 하지만 나처럼 입찰 전에

20평을 매입하기 위해 왔던 다른 경쟁자들도 이 주소로 와서 허탕을 쳤을 것이라는 생각이 드니 오히려 안심이 되는 부분도 있었다.

공유자가 옮긴 주소를 수소문하여 새로 이사한 주소를 알아내고 다시 그 곳으로 차를 몰았다. 원래는 사무실에서 모든 것을 확인하고 나왔어야 했는데 입찰기일이 촉박하다보니 정신이 없었다. 만약 오늘 그를 만나서 확실히 결정을 내리지 못한다면 나는 미련 없이 이 물건을 포기할 생각이었다. 왜냐하면 오늘 바로 협상이 되어도 경매기일 전에 소유권이전을 하고 곧바로 공유자우선매수신고를 하는 일은 정말 쉽지 않은 일이었으므로 지체할 수 있는 시간이 전혀 없었기 때문이다.

운전을 하는 동안 과연 공유자를 만나서 어떻게 얘기를 해야 할지 또 그가 다급한 나에게 20평에 대한 가격을 무리하게 요구하진 않을지? 이런 저런 생각을 해보았다. 부동산을 낙찰 받고 명도를 할 때도 어떤 사람이 날 기다리고 있을까라는 생각을 하며 현장에 방문한다. 그런 경우엔 당당하게 주인행세라도 할 수 있지만, 이번엔 마치 길 가는 사람을 붙잡고 다급한 나의 사정을 털어 놓아야 하는 입장이기에 머릿속에 오만 생각이 들었다. 그리고 만약 그 지분권자도 입찰을 생각하고 있다면 나를 홀대할 것이 분명했다.

차를 몰고 도착한 곳은 안산에 있는 '오이도'였다. 이제 곧 공유자를 만날 수 있을 것이란 생각이 들었다. 머릿속에서 설렘도 아니고 두려움도 아닌 무언가가 나를 흥분시키고 있었다. 과연 그에게 어떻게 말문을 열어야 하고 또한 그는 이렇게 불쑥 찾아온 나를 어떻게 생각할까? 과연 그를 제대로 설득할 수 있을까?

복잡한 마음을 아는지 모르는지 네비게이션은 어느새 도착지를 알리고 있었다. 시계를 보니 저녁 6시였다. 담배를 한 대 태우고 바로 그의 집으로 올라갔다. 초인종을 연신 눌렀는데도 아무런 응답이 없었다(바짝 긴장했던 몸에 맥이 풀리고 허탈해지는 순간이다).

꽃샘추위가 기승을 부리는 3월초이고 바닷가 인근이라 날씨도 꽤 쌀쌀했다. 그래도 돌아갈 순 없었다. 절대 돌아갈 순 없지…. 나도 한번 마음을 먹으면 끝을 보는 성격이다. 그와 만나서 대화를 나누고 혹 거절을 당할지라도 일단은 꼭 만나고 가야겠다고 마음먹었다.

차안에서 음악을 들으며 기다리기로 했다. 1시간, 2시간… 시간이 점점 흘러도 집에 불이 켜지지 않았다. 지루함과 동시에 내가 괜한 짓을 하고 있는 것이 아닐까 라는 생각도 들었다.

혹시 다른 곳으로 이사를 간 것일까? 아니면 오늘 회식이 있나? 밤은 깊어 가는데 인기척이 없으니 잡생각이 드는 것은 당연하다.

기다린 지 3시간이 지나고 있을 무렵 흰 한복을 입은 여자 한 분이 그 집으로 들어갔다(웬 한복?). 재빨리 차에서 내려 집으로 올라가 초인종을 눌렀다.

"사모님 안녕하세요. 송사무장이라고 합니다. 사모님을 만나려고 밖에서 3시간 넘도록 기다렸습니다."
"네?? 3시간씩이나요? 그런데 무슨 일이시죠?"
"네… 다름이 아니고 소유하고 계신 토지 때문에 찾아 왔습니다."
"아… 그거요. 솔직히 그 문제로 다른 분들도 많이 왔다 갔어요(역시 나만 이런 생각을 하는 것이 아니군). 3시간이나 기다렸다고 하니 얘기나 들어봅시다. 일단 안으로 들어오세요."

그녀는 이미 내가 무슨 말을 꺼낼지 다 알고 있는 듯 했으나, 내가 3시간이나 기다렸다는 것 때문에 나를 쉽게 되돌려 보내지 못했다. 그런데 방안에 들어서는 순간 나는 눈앞에 펼쳐진 광경에 놀라지 않을 수가 없었다. 코를 찌르는 향냄새와 어지러이 켜져 있는 수많은 촛불들, 뿐만 아니라 여러 개의 불상들에 난 잠시 할 말을 잃었다. 내가 만나고 있는 사람은 바로 보살이었던 것이다. 이제야 왜 그녀가 흰 한복을 입고 있는지 이해가 되었다.

그녀는 따뜻한 차를 내왔고 나와 마주 앉았다. 그녀는 단지 나만을 보고 있었지만, 내 눈에는 그녀의 얼굴과 그녀 뒤에 있는 불상과 촛불들이 함께 어지럽게 들어오고 있었다.

"밤이 늦었으니 본론부터 얘기합시다. 여기까지 어떻게 오셨는지요?"

"사실은 여주의 토지를 낙찰 받고 싶어서 찾아 왔습니다(솔직하게 얘기하는 것이 더 나을 듯했다)."

"그 땅은 제 남편의 소유로 되어 있습니다."

"아~ 그렇군요. 그렇다면 그 토지를 파실 생각은 없으신가요?"

"다른 분들에게도 그런 제안을 받았지만 모두 돌려보냈습니다."

"혹시 파시지 않는 특별한 이유가 있으신가요?"

"사무장님! 제가 왜 20평만을 소유하고 있는지 아십니까? 저는 그 근처에 법당을 짓기 위해서 토지 370평을 매입했는데 그 토지가 맹지여서 20평을 도로로 사용하기 위해 매입했습니다."

"아~ 그래서 20평만 매입하셨군요."

"다른 분들도 사무장님처럼 20평 토지를 매입하러 왔으나 제가 20평만 팔게 된다면 나머지 소유한 370평은 다시 맹지가 됩니다. 그래서 팔 수가 없습니다."

이제 대략 스토리가 이해가 되었다. 그녀는 그 곳에 법당을 지을 생각으로 토지를 매입했지만 맹지였고 어쩔 수 없이 진입로를 만들기 위해 17만평 중에서 20평을 매입한 것이었다. 그녀의 사연을 들어보니 20평만 매도하라고 할 수도 없는 상황이었다. 참으로 난감했다. 그래도 포기할 순 없지.

"(차분한 목소리로) 송사무장님 이젠 돌아가시죠. 시간이 늦었네요."
"사모님… 그렇다면 20평과 나머지 땅 370평을 모두 파시는 것은 어떠신지요? 제가 사모님 토지 전부를 매입하겠습니다."
"뭐라고요?"
"저에게 모두 파십시오. 사모님께서 매입한 가격보다 더 좋은 가격에 매입을 하겠습니다."

지금까지 그녀를 찾아왔던 사람들은 단지 20평만을 매입하려고 했었다. 그래서 계약을 성사시킬 수 없었던 것이다. 그러나 내 판단엔 그녀의 땅을 시세보다 조금 높게 매입한다고 해도 17만평을 저렴하게 낙찰 받게 되면 더 큰 이익이 될 것이라는 확신이 들었다.

"그건… 지금까지 생각해본 적이 없어서…(말끝을 흐리며)"
"어차피 저에게 파신 금액으로 더 좋은 땅을 사실 수 있을 것입니다. 그리고 제가 경매전문가이니 다른 토지를 매입할 때 필요하시면 적극적으로 도움을 드리겠습니다."
"그렇다면 한번 생각해봅시다."
"사모님 시간이 많지 않습니다. 이번 주 금요일이 입찰일이라서 이젠 4일밖에 남지 않았거든요. 어차피 제가 내일까지 20평에 대해 등기 이전을 못한다면 사모님이 소유한 나머지 땅을 좋은 가격에 사드리고 싶어도 못 사게 됩니다."

정말 시간이 없었다. 그녀에게서 등기 이전을 하고 소유권이전이 완료

되면 재빨리 입찰 전에 공유자우선매수 신청까지 해야만 되는 상황이었다. 나에게 모든 정황을 들은 보살님께서 입을 여셨다.

"그러면 일단 20평을 먼저 등기를 해 가시지요. 제가 송사무장님을 믿고 모든 것을 해 드리도록 하겠습니다. 대신 나머지 땅을 반드시 매입해 주셔야 합니다."
"고맙습니다. 제가 사모님께 약속드린 부분은 반드시 지키겠습니다."

사람의 진심은 통하나보다. 내가 한 약속은 반드시 지키겠지만, 짧은 만남에서 낯선 사람의 말을 선뜻 믿기란 힘든 법인데 나를 믿어준 보살님께 한없이 고마울 따름이었다.

## 3. 입찰

다음 날 보살님을 찾아가서 등기 이전에 필요한 모든 서류를 받고 계약금을 지급하고 여주 등기소로 달려갔다. 그리고 급행으로 등기이전을 신청했다. 이젠 모든 일이 해결되는 듯싶었다. 등기가 완료되고 경매법원에 공유자우선매수 신청까지 신속하게 처리를 했다. 매각물건명세서에 '공유자우선매수 신고 있음'이라고 굵은 잉크로 기재되었다(설마 이렇게까지 해두었는데 누가 들어오겠어??). 편안한 마음으로 잠을 청했다.

입찰 당일이 되었고 일찍 법원에 도착해서 인근 식당에서 빈속을 채우려 국밥을 먹었다. 식사를 마치고 법원으로 향했다. 나는 공유자의 지위에 있으므로 '입찰금액'만을 빼놓고 입찰서를 작성했다. 나 이외엔 아무도 입찰자가 없을 것이라는 생각이 들었고, 행여 입찰자가 있다고 하더라도 법원에 '공유자우선매수' 신고가 되어 있으므로 최저가에 근접한 금액으로 입찰할 것이라 여겼다.

그런데 이게 웬일인가?

집행관이 개찰을 시작하고 결과를 발표했는데 이 땅에 무려 3명이나 입찰을 했고 입찰금액도 최저가 5억 원에서 2억 원이나 더 쓴 7억 원이었다. 순간 앞이 캄캄해지고 무척 당황스러웠다. 어떻게 해야 하나? 이 물건을 포기해야할지 아니면 덜컥 받아야 할 것인지 머릿속이 복잡해졌다. 나는 20평 지분에 대한 가격도 추가로 지불한 상태이므로 전체 매입가가 상당히 높아졌다.

카드 게임을 하다보면 고수들은 아무리 좋은 패를 갖고 있어도 상대방이 더 좋은 패를 가졌다고 감지가 되었을 땐 미련 없이 자신의 카드를 접어버린다. 하지만 초보들은 자신의 패가 좋을 때는 절대 굴복하지 않는 경향이 있다. 그래서 카드게임 멤버에 고수와 말도 안 되는 초보가 섞여 있을 때는, 어디로 튈지 모르는 초보의 패턴을 전혀 읽을 수가 없기에 아무리 고수일지라도 그 게임에서 고전을 면치 못한다. 더군다나 게임의 룰도 제대로 모르는 수준의 초보라면 더욱 힘들어진다.

입찰가 7억 원을 쓴 주인공은 '공유자우선매수'가 뭔지도 모르는 할아버지 두 분이었다. 일단은 그분들이 적어낸 최고가격에 공유자우선매수를 할 수밖에 없었다. 내가 우선 매수권을 행사하는데 경매를 모르는 할아버지 두 분은 내 속도 모르고 자신들이 1등인데 왜 그러는 것이냐고 집행관에게 계속 항의를 하고 투덜거리셨다.

입찰 전에 생각했던 최저가 수준의 금액보다 너무 높은 금액으로 낙찰이 되어 낙찰을 받고도 기분이 상하는 순간이었다(하긴⋯ 수많은 경매인구가 있는데 나 혼자 너무 달콤한 단독낙찰을 꿈꿨나?).

## 4. 어떤 상황이든 절대 포기하면 안 된다

경매와 부동산 투자는 기본적으로 큰돈이 오가는 게임이므로 어느 순간에도 긴장의 끈을 놓아서는 절대 안 된다. 만약 당신이 나의 입장이었다면 어떻게 했을지 상상해보라(경매 실전사례를 접할 때 현장에 대한 상상을 하며 읽는 것이 나중에 실전에 임할 때 도움이 된다). 애초에 계획했던 금액으로 낙찰받지 못한 것을 그냥 체념하고 이 상황을 그대로 받아들일 것인가?

예상했던 최저가격 5억 원에서 무려 2억 원이나 높은 7억 원으로 낙찰이 되었다. 고생을 하며 보살님에게 미리 20평의 땅을 매입했던 것마저 후회가 되었다. 하지만 나는 어떠한 상황이든 절대 포기하지 않는다. 내가 만약 매각불허가사유를 찾아내어 불허가를 할 수만 있다면 다시 기회를 만들 수 있을 것이라 생각했다. 고수는 항상 최선의 선택이 무엇인지를 고민해야 한다.


우선 나 외에 오늘 입찰했던 두 팀(할아버지 팀과 용산에서 온 건장한 아저씨)의 연락처를 받았다. 내가 왜 그들의 연락처를 받아냈을까??

연락처를 받아낸 것은 두 가지 이유에서이다.

이 두 팀은 이 물건을 단지 보유하려고 입찰하진 않았을 것이다(땅이 못생겼으므로). 그들도 분명히 이 물건에 대한 매력을 느꼈고 수익을 낼 수 있다고 판단을 했기에 입찰까지 한 것이다. 그렇다면 그들도 나의 고객이 될 수 있다는 생각이 들었다. 이것이 첫 번째 이유이다. 오히려 그들에겐 이 땅에 대한 상세한 브리핑을 생략하고도 적당한 금액이라면 매매가 가능할 것이다.

두 번째 이유는 만약 이 경매사건에서 매각불허가결정을 받아내고 다음 입찰기일이 결정되면 나는 이들과 또 다시 경합을 하게 될 것이다. 첫번째 판단처럼 그들에게 이 땅을 매도할 수 없다면 다음번 입찰에도 내가 확실하게 입찰할 것이라는 것을 고지하여 이들의 입찰을 미리 포기하게 만들 수 있다는 생각이 들었기 때문이다. 한 번 헛고생을 해본 사람에게 다음에도 공유자우선매수를 행사한다고 미리 언급하면 또 다시 입찰하려고 하지 않을 것이다.

나의 예상은 적중했다.

두 팀 모두 이 물건을 탐냈고 이 물건을 매입하려는 의사를 보였다. 웃돈이 적은 것이 문제였지만 내가 빨리 회전을 시키려고 했다면 충분히 매도할 수도 있었다. 하지만 나는 작은 수익을 생각했던 것이 아니었으므로 이들과 줄다리기를 하는 척 했고, 다음 입찰을 포기하게끔 납득시켰다.

그리고 경매계에 방문하여 경매절차에 대한 흠결사항을 살펴보았다. 다행히 송달부분이 제대로 처리되지 않은 것이 있어서 진행에 대한 흠결사항을 이유로 매각불허가 신청을 했고 인용되었다(역시 노력은 배반하지 않는다!).

## 5. 재입찰 그리고 매매

처음에 입찰했던 두 경쟁자들은 재입찰에 포기시켰으므로 이번에는 단독낙찰일거라 다시 한 번 달콤한 상상을 해보았다. 하지만 경매는 언제든 의외의 결과가 발생할 수 있으므로 긴장을 놓을 수 없다. 결과는 나 외에 1명이 더 입찰했다(자꾸 남의 밥그릇에 재를 뿌린다). 우선매수권을 행사하고 옆에 서 있는 차순위의 차림새를 살펴보니 처음에 입찰했던 그 선수들은 아니었다. 그래도 낙찰가격이 7억 2천만 원에서 6억 1백만 원으로, 약 1억 2천만 원 정도 줄어들었으니 이 정도면 미리 매입한 토지의 가격을 지불하고도 남는 금액이다. 이렇게 해서 이 땅도 좋은 수익을 가져다주고 마무리 되었다.

| 순위번호 | 등 기 목 적 | 접 수 | 등 기 원 인 | 권 리 자 및 기 타 사 항 |
|---|---|---|---|---|
| 9 | 갑구3번 이○실지분전부근저당 권설정 | 2004년9월8일 제30877호 | 2004년9월8일 설정계약 | 채권최고액 금3,900,000,000원<br>채무자 주식회사이○○번<br>서울 강남구 ○○동 588-○ ○○빌딩 701호<br>근저당권자 주식회사우리상호저축은행 134211-0001323<br>성남시 분당구 ○○동 270○ ○○은행빌딩 2층<br>공동담보 토지 경기도 여주군 점동면 ○○리 ○-1<br>이○실지분<br>토지 경기도 여주군 점동면 ○○리 ○-2<br>이○실지분<br>토지 경기도 여주군 점동면 ○○리 산○67<br>이○실지분 |

마지막으로 이렇게 덩치가 큰 땅은 누가 어떤 용도로 매입하는지 궁금하지 않은가?

등기부등본을 보면 대략 감을 잡을 수 있을 것이다. 이 17만평은 개인 이ㅇ실의 소유로 되어 있지만 상호저축은행에서 채무자는 법인으로 하고 이ㅇ실 개인이 담보제공을 하여 엄청난 금액의 대출을 받았다. 땅의 가치를 가늠할 수 있는 것이 공시지가인데, 이 물건은 공시지가만 무려 18억원이 넘으니 담보제공용으로 활용하여 대출을 받기에는 제격인 것이다 (대부분의 땅은 시세가 공시지가보다 훨씬 높기 때문이다).

따라서 신용이 부족한 법인이 덩치가 크고 공시지가가 높은 이런 땅을 담보로 제공 하면 더 많은 금액을 대출받을 때 요긴하게 쓰일 수 있다.

# 지분 부동산 제대로 알기

　한 개의 부동산이 持分(지분)으로 2인 이상의 소유로 된 때에는 이를 공유라 하며, 그중에서 경매매각 대상이 되는 채무가 있는 지분소유자의 지분을 지분부동산이라고 한다. 경매물건에서 이러한 지분부동산은 심심치 않게 등장한다.

　지분부동산은 온전한 물건을 취득하지 못한다는 단점이 있지만 이런 불편함 때문에 일반물건보다 낙찰가격이 저렴하다. 따라서 지분물건이라고 회피하기보다는 수익이 될 만한 경매물건이라면 적극적으로 검토를 해보는 것이 좋다.

## 1. 어떠한 경우 지분부동산이 경매에 나올까?

　① 자녀들이 부모에게 상속받은 부동산을 자녀들 명의로 상속 등기한 후 형제들끼리 지분을 소유하게 되었는데, 그 형제들 중 한 사람의 지분에 채무가 발생하고 그 채무를 갚지 못하여 채권자가 그 지분에 경매 신청을 하는 경우

　② 부동산을 부부 공동명의로 샀는데, 부부 중 한 사람의 사업이 부도나거나 파산한 경우

　③ 종중 땅이나 부동산

　위와 같이 하나의 부동산을 2인 이상 또는 여러 명이 소유하고 있던 중

에 채무가 있는 일부 지분만 경매가 진행되는 지분물건도 제대로만 알면 높은 수익을 올릴 수 있다.


## 2. 지분부동산의 특징

① 공유자끼리 상호 협의가 이뤄질 경우 전체 부동산에서 한 사람의 지분만 처분이 가능하고, 지분비율에 맞게 사용·수익이 가능하다(토지거래허가구역 내의 공유지분 토지는 50% 이상의 동의가 있어야 가능하다).

② 공유부동산에 대한 임대 및 관리는 공유자의 협의에 따라 해야 하며, 지분권자를 배제하고 부동산을 사용·수익했을 경우 발생한 수익은 배제한 지분권자에게 사용·수익했던 지분권자들이 부당이득금을 지급해야 한다(앞의 대부도 땅 사례 참조).

③ 공유자들이 서로 협의가 이루어지지 않을 경우 공유물분할소송을 통하여 공유부동산의 분할을 청구할 수 있다. 공유물분할이 물리적으로 가능한 경우에는 현물분할을 원칙으로 한다. 그러나 현물분할이 불가능할 경우에는 대금분할(경매를 통해 지분비율대로 대금을 나누는 것) 판결을 받을 수 있다. 쉽게 말해, 건물은 합의가 잘 되어 물리적으로 1층, 2층, 3층으로 나눌 수 있는 경우에는 가능하지만, 아파트 한 채나 연립주택의 현물분할은 불가능하다.
토지는 물리적으로 가능하다. 그러나 부동산이 물리적으로 가능하다고 하더라도 땅의 모양이나 위치 등을 고려하여 경제적 가치가 균등하게 분할되기 힘든 경우에는 대금분할(=경매분할)이 될 수밖에 없다. 따라서 서로 원만하게 협의가 이뤄지지 않으면 경매분할 된다고 생각하면 된다.

## 3. 공유자 우선매수청구권

① (취지) '공유자 우선 매수권'이란 경매 부동산이 공유 지분 중에서 일부 지분권자의 지분만 매각되는 경우, 경매가 진행되지 않는 나머지 지분권자가 우선적으로 매수할 수 있는 권리를 말한다.

지분부동산이 기존의 지분권자에게 우선 매각하는 것이 부동산이 지분으로 나누어 지지 않고 하나의 완벽한 부동산으로 사용·수익될 수 있기 때문에 우선적인 매수권리를 주는 것이다.

② (공매) 경매뿐 아니라 공매에서도 나머지 지분권자에게 매각결정일까지 공유자 우선 매수권을 행사할 수 있다.

③ (행사요령) 지분권자는 입찰기일까지 법원에서 정하는 입찰보증금을 제공하고, 최고매수신고가격과 같은 금액으로 채무자의 지분을 우선 매수할 것을 신고할 수 있으며, 이 경우 지분권자는 최고가매수신고인이 되고, 기존 낙찰자는 차순위 매수신고인의 지위가 된다. 우선매수신고서를 입찰 전에 미리 제출할 수도 있고, 입찰 당일 현장에서 행사할 수도 있다.

④ 공유자우선매수권리가 있다고 하여 나머지 지분권자가 늘 낙찰 받는 것은 아니다. 나머지 지분권자가 알지 못하고 있거나 잊고 있는 경우도 있으므로 미리 포기하는 것은 금물이다.

저가에 지분물건을 낙찰 받게 되면 나머지 공유자들과 협상할 때 유리한 위치에 설 수 있다. 공유자와 협상 결렬 시 낙찰자는 공유물분할소송을 통하여 원금 이상의 회수도 가능하나, 나머지 공유자들은 채무가 없는 본인의 지분을 경매로 매각하게 되면 손실이 있을 수 있기에 소송 중에도 협상이 되곤 한다.

# memo

**4**

법보다 빠른 것

# 법정지상권
# 실전사례

# 1. 사건 발생

어느 날, 잘 아는 형님에게서 전화가 왔다.

"송사무장, 나와 친한 김 사장님에게 좋지 않은 일이 생겼어."
"무슨 일인데요?"
"김 사장님이 토지에 근저당을 설정하고 돈을 빌려줬는데 그 돈을 못 받게 됐어. 그리고 그 토지가 경매에 넘어갔는데 낙찰되어도 1순위로 은행 근저당이 설정 되어 있어서 사장님이 빌려준 돈 전부를 회수하지 못할 것 같아."
"그래요. 일단 모든 자료를 가지고 변호사 사무실로 오세요."

다음 날 형님과 김 사장님이 변호사 사무실로 찾아왔다. 사건의 자초지종을 들어보니 내용은 이러했다.

최초에 건축주가 토지를 담보로 ○○은행에서 5억 5,000만 원을 대출받는데 공사 진행 중 공사비가 더 필요함에 따라 제2금융권에서 6억 원을 추가로 대출받기로 했다. 그런데 제2금융권에서는 대출을 신청한 후 대출금이 나오기까지는 15일 정도가 걸리는데 공사비는 당장 필요하니 15일 동안만 김 사장님에게 6억 원을 빌려 달라고 했던 것이다. 그리고 그 대가로 6억 원의 30%(1억 8,000만 원)를 주기로 약속했다.

김 사장에게 제2금융권의 로고가 새겨진 대출용지까지 들고 와서 얘기하니 믿음이 갔고, 15일 동안 6억 원을 빌려주면 1억 8,000만 원(30%)의 고수익을 지급하겠다고 하니 정말 구미가 당기는 조건이었다.

만약 누군가 이런 조건을 제시해 온다면 나 같아도 혹하지 않았을까 라는 생각이 들었다. 하지만 건축주는 처음부터 돈을 떼어 먹을 요량으로 김 사장님께 접근하여 김 사장님을 제대로 속인 것이다.

이런 스타일의 사기유형은 빌라나 나홀로 아파트를 지을 때 가끔 볼 수 있다. 토지에 1순위로 은행 근저당을 설정하고, 추가로 2순위, 3순위, 4순위로 사채도 쓰고, 자재비 결제도 미루고, 돈을 많이 빌린 뒤 일부러 은행 이자를 연체하여 토지만 경매가 진행되게 하는 것이다.

공사가 중단된 건물이 토지에 서 있고, 유치권 금액도 만만치 않은 건물은 매각에서 제외되고, 토지만 경매가 진행되므로 낙찰가는 떨어지고, 당연히 은행보다 뒤에 돈을 빌려준 후순위 채권자들은 돈을 떼이는 것이다.

이런 물건에 입찰할 사람은 내부사정을 잘 아는 사람이 아니면 거의 없다.

| 소재지 | 서울특별시 은평구 ○○동 ○○○ 도로명주소검색 | | | | | | |
|---|---|---|---|---|---|---|---|
| 물건종별 | 대지 | 감정가 | 1,270,965,600원 | 구분 | 입찰기일 | 최저매각가격 | 결과 |
| 토지면적 | 519.7m²(157.209평) | 최저가 | (64%) 813,418,000원 | | 2006-05-16 | 1,270,965,600원 | 변경 |
| | | | | 1차 | 2006-06-13 | 1,270,965,600원 | 유찰 |
| 건물면적 | | 보증금 | (10%) 81,350,000원 | 2차 | 2006-07-11 | 1,016,772,000원 | 유찰 |
| | | | | 3차 | 2006-08-08 | 813,418,000원 | |
| 매각물건 | 토지 매각 | 소유자 | 조○란 | 낙찰 : 1,050,000,000원 (82.61%) | | | |
| | | | | (입찰2명,낙찰:김○화) | | | |
| 개시결정 | 2005-10-28 | 채무자 | 이○영 | 매각결정기일 : 2006.08.14 - 매각허가결정 | | | |
| | | | | 대금납부 2006.09.07 / 배당기일 2006.10.27 | | | |
| 사건명 | 임의경매 | 채권자 | 하나은행 | 배당종결 2006.10.27 | | | |

사진별책보기 ▼

| 사진 | 토지등기 | 감정평가서 | 현황조사서 | 문건/송달내역 | 전자지도 | 전자지적도 | 로드뷰 |
|---|---|---|---|---|---|---|---|

온나라지도+

**■ 매각토지.건물현황** ( 감정원 : 명문감정평가 / 가격시점 : 2005.12.20 )

| 목록 | 지번 | 용도/구조/면적/토지이용계획 | | m²당 단가 | 감정가 | 비고 |
|---|---|---|---|---|---|---|
| 토지 | ○○동 ○○○ | •제2종일반주거지역(7층이하) | 대 519.7m² (157.209평) | 2,420,000원 | 1,257,674,000원 | 표준지공시지가: (m²당)1,660,000원 |
| 감정가 | | 토지:519.7m²(157.209평) | | 합계 | 1,270,965,600원 | 토지 매각 |
| 현황 위치 | \* "갈현초등학교" 북동측 인근에 위치, 차량 진입가능<br>\* 버스정류장 및 지하철 3.6호선 연신내역 도보로 약 5~7분 소요거리<br>\* 남동측 성심병원 소재, 등고평탄한 부정형 토지<br>\* 남측 폭 약 6미터 도로와 접하고, 북측 폭 약 8미터 도로에 일부 접합 | | | | | |
| 참고사항 | ▶ 대지상에는 건물 지하 및 1층 공사가 진행중에 있음 | | | | | |

이렇게 빚을 한 번에 세탁하기로 마음먹은 건축주가 다시 경매에 입찰하여 토지만 싸게 낙찰 받고 건물공사를 마무리하는 것이다. 건축주가 낙찰 받지 못하더라도 낙찰자에게 유치권으로 대항한다('세상에 공짜는 없다.' 그리고 단기간에 고수익을 보장한다며 누군가가 접근할 때는 항상 충분한 검토를 하고 신중해야 한다). 김 사장님이 말문을 열었다.

"제가 어떻게 해야 6억 원을 제대로 회수할 수 있을까요?"

"음, 제가 검토해본 결과 낙찰 받는 것이 좋겠습니다."

"네? 낙찰이요? 건물도 매각에서 제외되었고, 유치권 금액도 만만치 않은데요?"

* 토지등기부 ( 채권액합계 : 3,192,550,000원 )

| No | 접수 | 권리종류 | 권리자 | 채권금액 | 비고 | 소멸여부 |
|---|---|---|---|---|---|---|
| 1 | 1976.10.05 | 소유권이전(매매) | 이○영 | | 합병한대343.8㎡에대한 이기 | |
| 2 | 1983.08.18 | 소유권이전(매매) | 이○영 | | | |
| 3 | 2004.07.13 | 근저당 | 하나은행(응암동지점) | 660,000,000원 | 말소기준등기 | 소멸 |
| 4 | 2005.06.28 | 소유권이전(매매) | 조○란 | | | |
| 5 | 2005.06.28 | 근저당 | 김○환 | 754,000,000원 | | 소멸 |
| 6 | 2005.07.01 | 소유권이전(신탁) | (주)한국자산신탁 | | | |
| 7 | 2005.09.05 | 소유권이전 | 조○란 | | 신탁재산에 의한 귀속 | |
| 8 | 2005.10.04 | 가압류 | (주)삼창건업 | 26,550,000원 | | 소멸 |
| 9 | 2005.10.12 | 가압류 | 안○선 | 22,000,000원 | | 소멸 |
| 10 | 2005.11.04 | 소유권이전 청구권가등기 | 유○순 | | 매매예약 | 소멸 |
| 11 | 2005.11.07 | 임의경매 | 하나은행(채권관리팀) | 청구금액: 581,024,815원 | 2005타경○○○ | 소멸 |
| 12 | 2005.11.07 | 소유권일부이전 | 유○순(지분 519.7분의 9.9) | | 매매 | |
| 13 | 2005.11.10 | 조○란지분가압류 | 김○범 | 180,000,000원 | | 소멸 |
| 14 | 2005.11.14 | 가등기소유권이전청구권 가처분 | 김○범 | 사해행위취소를 원인으로 한 소유권이전등기청구권가등기말소등기청구권,가등기권자 유○순 [사건검색] | | 소멸 |
| 15 | 2005.11.24 | 조○란지분가압류 | 임○호 | 1,500,000,000원 | | 소멸 |
| 16 | 2005.12.20 | 조○란지분압류 | 서울특별시은평구 | | 세무1과-11058 | 소멸 |
| 17 | 2006.01.10 | 조○란지분가압류 | 이○우 | 50,000,000원 | | 소멸 |
| 18 | 2006.04.17 | 조○란지분압류 | 서울특별시 | | 세무2과-9126 | 소멸 |
| 주의사항 | ☞ 안○수:유치권(79,580,000원) 신고있으나 그 성립여부는 불분명함 이○재:유치권(38,000,000원) 신고있으나 그 성립여부는 불분명함 유○민:유치권(21,000,000원) 신고있으나 그 성립여부는 불분명함 송○희:유치권(13,100,000원) 신고있으나 그 성립여부는 불분명함 산○복:유치권(36,000,000원) 신고있으나 그 성립여부는 불분명함 본건 토지상에 공동주택(지하1층, 지상7층) 신축공사가 기초토목단계에서 중단된 상태로 있으며(2003.6.24. 건축허가, 건축주 조○란 - 유○순:관계자변경 2005.11.10.) 이미 시공된 철근콘크리트 구조물은 토지의 부합물로 최저매각가격에 반영함(금13,291,600원) 김○진:유치권(200,000,000원) 신고있으나 그 성립여부는 불분명함 | | | | | |

"제가 볼 때 이 경매물건의 예상낙찰가격은 8억 원 정도입니다. 하지만 그 금액으로 제3자에게 낙찰되어 배당받게 되면 1순위 ○○은행의 근 저당 5억 5,000만 원이 있으므로 사장님은 원금 6억 원 중에서 4억 원 이상 손실을 보실 수 있습니다."

"그럼 내가 만약 토지를 낙찰 받고 그 다음 일 처리가 잘못되면 그때는 어떻게 하죠? 만약 토지를 받고 해결하지 못하게 되면요?"

"그래도 낙찰 받는 것이 손해를 줄이는 최선의 방법입니다."

"생각 좀 해보고 오겠습니다."

"그러시죠."

아마도 김 사장님은 명쾌한 해답을 듣고 싶었을 것이다. 그러나 문제를 쉽게 해결할 수 있다고 해도 의뢰인 앞에서 절대 장담하지 않는다. 내가 김 사장님에게 충분히 설명했고 선택은 본인이 하는 것이다.

사장님은 건물도 공사하다가 중단되었고, 유치권 금액도 만만치 않아 선뜻 토지만 낙찰받기가 두려운 모양이었다. 더군다나 내 말투가 그 사장님을 독려하지 않고 너무 차분했기에 김 사장님의 눈에는 자신감이 없는 것처럼 비쳐졌는지도 모른다. 그렇게 대화를 나누고 형님과 김 사장님은 서울로 휙 가버렸다. 6억 원을 빌려주고 돈을 떼인 불안한 사람에게 추가로 10억 원이 넘는 금액을 투자해야 한다고 하니 이해가 되지도 않고 두려웠을 것이다.

이틀이 지난 뒤, 김 사장님 일행은 자신의 회사에서 법률 부분을 담당한다는 깐깐하게 생긴 상무와 함께 사무실을 다시 찾았다. 상무는 오랜 기간 법원 직원으로 근무 하다가 나온 사람으로 김 사장님 회사에서 법률 부분에 대한 모든 것을 담당하고 있다고 소개했다. 아마도 김 사장님이 입찰을 하게 되면 추가로 자금 소요가 많이 되니 좀 더 신중을 기하기 위해 상무를 데려온 모양이었다. 커피 한 모금을 마시고는 상무가 입을 열었다.

"내가 법원생활을 아무리 오래 했어도 이런 물건을 낙찰받자고 하는 것은 도저히 이해가 되지 않습니다."

"이런 경매물건 처음 보십니까? 뭐가 문제입니까?"

"아니, 건물도 짓다 말고 땅만 나온 경매물건인데 그 많은 유치권을 어떻게 해결하려고요?"

"(화난 목소리로)상무님, 경매로 낙찰 받아 보신 경험이 한 번이라도 있습니까?"

"제가 법원 출신이라 경매에 대해 잘 압니다. 하지만 이런 물건은 도저히…."

"그렇다면 상무님은 입찰하는 것 외에 다른 대안을 갖고 계십니까?"

"아직 특별히 다른 대안은 없습니다. 그러나 경매입찰을 하면 절대 안 된다는 것은 압니다."

"그렇다면 돌아가십시오. 그리고 다른 방법을 잘 생각하셔서 해결하시길 바랍니다."


더 이상 얘기하고 싶지 않았다. 표현은 짧게 했지만, 경매입찰에 대해 견해차가 심해서 나와 상무는 설전을 오래 벌였다.

이런 유형은 경매를 하면서 가끔 볼 수 있는 '모르쇠파'이다. 대안도 없으면서 무조건 안돼! 안돼! 라고 하는 사람들이다. 안 좋은 결과가 뻔히 보이는 데도 말이다.

입찰일이 점점 다가왔다. 그러나 그 날 이후 아무 소식이 없기에 나는 이 사건을 잊고 있었다. 그런데 이 부동산의 입찰기일 3일 전에 김 사장님이 다급한 목소리로 전화를 걸어왔다.

그날 이후 상무와 돌아가서 이 사건의 해결방안에 대해 고민해 보았지만 아무런 대안이 나오지 않았다고 했다. 그래서 상무를 엄하게 꾸짖고 앞으로는 이 사건에 일절 관여하지 않기로 했으니 제발 도와달라는 것이었다.

상무가 아무런 대안도 제시하지 않고 무턱대고 안 된다고 반대만 했으니 김 사장님으로서도 답답했을 것이다. 물론 이 사건은 경매에서 낙찰 받는다고 하더라도 쉽지는 않을 것이다. 그러나 검토해본 결과 분명 낙찰자가 이기게 되어 있다는 것을 확신했다. 이 토지 위에 공사하는 건물은 지상권이 성립하지 않는다는 것을 나는 알고 있었기에 입찰을 권한 것이다.


## 2 현장조사

일단 김 사장님이 낙찰받기로 했으니 내가 현장에 다녀오기로 했다. 차를 몰고 갈현동으로 갔다. 현장에 도착하여 주위를 둘러보니 공사현장에서 여전히 인부들이 장비를 들고 열심히 일하고 있었다. 그렇다면 추가로 조사할 것이 없었다. 현장에서 추가공사를 한다는 것은 건축주나 공사업자가 입찰하겠다는 뜻이기 때문이다. 그렇지 않다면 땅이 경매가 진행 중인데 건물 공사를 할 리가 없으니 말이다.

다른 조사는 생략하고 사무실로 돌아왔다. 이번에는 시세차익을 보고 입찰하는 것이 아니므로 인근 부동산에 들를 필요도 없었다. 아마도 그들은 자신들 외에 입찰자가 없을 것이라고 확신하고 있을 것이다.

## 3. 입찰

입찰일 오전 10시가 조금 지나서 경매법정에 도착했다. 나보다 먼저 도착한 김 사장님 일행은 상기된 얼굴로 긴장하고 있었다. 일단 입찰가격을 정해야 했다. 이럴 때는 가격을 얼마나 써야 적당할까? 우리는 2순위 채권자다. 상황을 고려하여 입찰금액을 계산해보자.

2순위 근저당권자는 채권확보금액(배당이 가능한 금액=상계처리가 가능한 금액)과 낙찰 후 양도세 부분(너무 낮게 적어내면 양도세 부담이 커짐) 그리고 비용(취·등록세) 부분을 고려하여 입찰가를 산정해야 한다.

1순위 ○○은행 채권액 5억 8,000만 원과 2순위 김 사장님 채권 전부를 합한 금액 12억 원을 적을 수는 없었다. 비용(등기비용, 취득세)도 고려해야 했기 때문이다.

계산기를 두드려서 10억 5,000만 원을 적기로 했다. 이 금액은 적당하게 낙찰금액을 상계 처리할 수도 있고, 취·등록세를 포함하여 11억 원 정도가 되니 유치권자들이 이 가격까지는 적어내지 못하리라 판단했기 때문이다(경매대금의 상계처리는 경매절차에서 배당받을 지위에 있는 자가 낙찰 받았을 경우 배당받을 금액을 미리 상계하여 경락잔금 납부가 가능하다).

입찰서를 제출하고 드디어 개찰시간이 다가왔다. 집행관이 이 사건의 입찰가격을 발표했다. 예상대로 단지 두 팀만 사이좋게(?) 입찰했는데, 유치권자들은 8억 5,000만 원을 적었고 우리는 10억 5,000만 원을 적었다

(유치권자들은 단독입찰을 예상했을 것이다). 유치권자로 보이는 남자가 덩치 큰 사내 두 명과 동행하여 입찰한 것 같았다.

낙찰결과 발표 후 그들이 낙찰 영수증을 받으러 가는 김 사장님을 노려보았다. 어쩔 줄 몰라 하는 김 사장님에게 말씀을 건넸다.

"오늘은 저들과 대응하지 마시고 그냥 집으로 돌아가십시오. 그리고 만약 저들이 사장님 연락처를 알아내어 연락하면 저에게 연락하라고 하세요. 제가 알아서 처리하겠습니다."
"네, 그렇게 하겠습니다. 수고하셨습니다."

먼 곳에서 우리를 응시하는 그들을 뒤로하고 유유히 법원을 빠져나왔다.

## 4. 정말 법대로만 할 것인가?

1주일이 지나 매각허가결정이 나고, 또 1주일의 항고기간이 지나 잔금 처리를 마무리했다. 유치권자들은 아마 우리가 잔금을 제대로 치를지 반신반의했을 것이다. 낙찰물건의 잔금까지 납부했으니 이제 본격적인 게임을 시작할 때이다. 어찌 보면 게임이라고 하기보다는 일종의 전쟁이다.

모든 경매물건을 해결하는 방법에는 세 가지가 있다.

### 첫 번째는 정석법이다.

말 그대로 법대로 처리하는 방법이다.

### 두 번째는 편법이다.

법의 테두리를 벗어나지 않는 범위 안에서 최대한 상대방을 압박하는 방법이다.

## 세 번째는 불법이다.

법을 무시하고 상대방을 대하는 방법이다.

모든 경매물건은 첫 번째 방법처럼 정석대로 하는 것이 원칙이지만, 이렇게 하자가 있는 물건의 경우 법대로만 가면 소송기간이 생각보다 길어진다. 두 번째 편법은 법망을 교묘히 피해 가면서 정석법보다 빠르게 처리할 수는 있지만, 낙찰자의 빠른 판단력과 임기응변이 필요하다. 세 번째는 그야말로 속전속결이지만 낙찰자의 후유증(?)도 만만치 않다.

우리가 낙찰 받은 물건은 지상권과 유치권 등 하자가 있으므로 여러 가지 소송을 해야 한다. 경매에서 땅만 낙찰 받았으니 건축주를 상대로 건물을 철거하라는 철거소송과 유치권자들을 상대로 내 땅에서 나가라는 퇴거청구소송, 건물공사를 중단하라는 공사금지가처분, 내 땅을 무상으로 쓰는 건물이 있으니 건축주를 상대로 지료청구소송, 내 토지에 출입을 금하는 토지출입금지가처분을 해야 한다.

해야 할 소송이 참 많기도 했다. 이 모든 소송이 진행된다면 1년은 지나야 판결이 나올 거라 예상되지만, 그것도 송달이 제대로 되었을 때 얘기이다. 그리고 소송에서 이겼다고 하더라도 항소 가능성이 있고, 판결이 나온다고 사건이 끝나는 것도 아니다.

판결문이 나오면 법원에서 집행문을 부여받아 건물을 철거하는 대집행 및 유치권과 기타 점유자들을 건물에서 끌어내는 인도 집행을 해야 한다. 이 또한 만만치 않은 일이다. 어느 세월에 이것을 다 기다린단 말인가?

일단 변호사님이 다량의 소장을 상대방에게 날렸다. 변호사님은 법대로 하고 나는 나대로 방법을 찾아야 했다. 이런 사건은 법망을 피해 정면 돌파를 해야만 긴 싸움으로 가지 않는다. 평소에 알고 지내던 인상 좋은(?) 최사장에게 전화를 했다.

예전에 유치권으로 다툼이 있었는데 원만하게 해결했던 터라 사이가

좋았고, 몇 번 술자리를 같이하며 친해져서 내 부탁이라면 두말 않고 들어
주기로 한 것이다.

최 사장과 저녁 식사를 하며 내 계획을 말해주었다.


"다름이 아니고 우리 땅을 다른 녀석들이 허락도 없이 쓰고 있어서…."
"(흥분하며)아니, 뭐야? 대체 어떤 놈들이야? "
"우리 땅 위에 그냥 울타리 좀 박아줘~!"
"울타리? 그거 불법 아니지?"(지은 죄가 많아서…)
"절대로 불법은 아니지. 땅 주인이 시켜서 한다고만 하면 돼. 그 대신
울타리 작업 중에 건물 컨테이너에 있는 사람들이 방해해도 주눅 들지
말고 해야 해."
"아니, 아직도 날 몰라? 내가 누구한테 주눅 들겠어. 그 정도만 해주면
되는 거야?"
"그것만 하고 내가 경고장을 줄 테니까 가서 붙여놓고 사진 찍는 것까
지만 해주면 돼. 법적으로는 아무런 문제가 없으니까 걱정하지 말고.
만약 일이 생기면 내가 책임질 테니까."
"알겠어. 그 대신 일 마치고 술 한 잔 쏴. 이번 비용은 울타리 값만 받을
테니까."


다음 날 곧바로 최 사장은 인상 좋은(?) 동생들과 서울로 출동했고, 내
가 주문한 대로 아침부터 울타리 치는 작업을 했다.

이제 본격적인 싸움이 시작된 것이다. 어떻게 보면 시비는 내가 먼저
건 셈이다. 이렇게 하지 않고 소송으로만 해결하려면 언제 끝날지 모르는
게임에 낙찰자와 상대방 모두 지치고 서로 감정만 상할 뿐이다.

트럭에서 울타리로 사용할 쇠파이프(아시바)를 내리고 드디어 울타리
작업이 시작되었다. 아침부터 주변에서 쇠파이프 박는 소리가 들리자 건

물에 컨테이너를 설치하고 그 안에서 점유하고 있던 유치권자들이 깜짝 놀라서 밖으로 뛰쳐나왔다. 유치권자들이 생각해도 황당한 일이 벌어진 것이다. 예상했던 대로 그들의 거센 항의가 시작되었다.

하지만 유치권자들은 헤어스타일이 아름다운(?) 최 사장 일행의 신분을 눈치 챘는지 몸싸움은 일어나지 않았다(원래 싸움도 만만해야 해보는 것이다).

최 사장 일행은 쇠파이프로 된 울타리를 땅 모양에 따라 하나씩 박기 시작했고, 한 발자국 떨어진 곳에서 유치권자들은 발만 동동 구를 뿐이었다. 최 사장은 그들의 말을 무시하고 울타리를 박아서 경고장을 붙이고 사진까지 찍었다. 경고장의 내용은 울타리는 토지주의 사유재산이므로 파손하는 즉시 재물 손괴죄로 형사 고소한다는 것과 토지주의 허락 없이 토지에 출입을 금한다는 내용이었다.

유치권자들은 당황해서 어쩔 줄 몰라 했다. 경찰에 신고하려니 땅 주인이 자기 땅에 울타리 치는 것이므로 명분이 없을 것이고, 경찰이 출동하더라도 현행범이 아니므로 민사소송으로 해결하라고 권유할 것이다.

최 사장 일행이 울타리 작업을 하면 유치권자들이 분명히 화가 많이 나서 김 사장님에게 전화할 것으로 예상하고, 김 사장님에게는 미리 이 사실을 알려주며 변호사 사무실에 모든 것을 위임했으니 담당자인 나에게 전화를 미루라고 했다.

울타리 작업이 끝나고 30분이 지날 즈음 핸드폰 벨이 울렸다. 핸드폰에 이름이 안 찍히는 것을 보니 대략 누군지 짐작이 되었다.

"혹시 송사무장님이십니까?"
"맞는데요. 누구시죠?"
"아니, 이러는 법이 어디 있습니까? 더군다나 법률사무소에서… 주절주절…."

"혹시 유치권 신고하신 분이십니까?"

"내가 유치권자 대표요. 당신 너무하는 것 아니요?"

"이런 내용은 전화로 하지 말고 만나서 얘기하는 것이 좋을 것 같습니다."

"그럽시다. 서울로 올라올 수 있소?"

"제가 바빠서 올라가진 못합니다. 제가 있는 곳으로 내려오시죠(내가 갈 순 없지)."

## 5. 협상 테이블에 앉다

다음 날 오전 10시에 유치권자 대표와 만나기로 약속했다. 내 계획대로 일이 진행되었다. 유치권자가 오기로 했으니 그와 담판을 지을 준비를 해야 했다. 내가 이런 액션(?)을 취하지 않았다면 아마도 이런 자리를 마련하기도 힘들었을 것이고, 또 그들이 내 이야기를 귀 담아 들으려 하지도 않았을 것이다. 지금 이 상황에서는 협상 금액을 놓고 밀고 당기기를 할 단계가 아니다. 금액을 협상하는 것은 그 다음 단계다. 첫 번째 만남에서 유치권자의 기를 확실하게 꺾어 놓아야 했다. 그렇지 않으면 또다시 긴 싸움을 해야 할지도 모른다.

법률사무소에서 예전에 진행했던 사건 중 이번과 가장 유사한 사건 자료를 뽑았다. 이번 사건은 토지 위에 7층짜리 나홀로 아파트를 신축하던 중 2층까지만 공사하고 중단된 케이스였는데, 사무실에 있는 예전 자료는 이번 낙찰 받은 경우와 모든 정황이 똑같고 다만 나홀로 아파트가 아니라 주상복합 아파트를 3층까지 공사하다가 중단된 점이 달랐던 것이다.

주상복합 아파트이므로 건물 지하부터 3층까지 공사한 감정가격만 하더라도 67억 원이 나왔다. 하지만 철거판결 후에도 토지주와 건물주가 최종협상이 되지 않아 결국은 67억 원의 비용이 들어간 이 건물은 실제로 철거하는 대집행까지 하게 된 사건이었다. 나는 3층까지 올렸던 주상복합 아파트 사진과 철거한 후의 참담한 모습을 담은 사진을 준비했다.

김 사장님이 낙찰 받은 물건에 비하면 비교도 안 될 만큼 엄청나게 큰 물건이다. 이해관계와 권리가 복잡하게 얽힌 물건에 대해 상대방에게 말로써 제압하는 것은 한계가 있다. 자료를 확실하게 준비해야만 상대방을 굴복시킬 수 있다.

건물주들은 대부분 소송을 통해 건물이 철거된다고 해도 믿으려 하지 않는다. 그리고 소송이 제기되면 공사 중인 건물을 철거 시 경제적·사회적 손실이 발생하므로 철거판결을 기각해 달라고 열심히 변론하지만, 지상권이 성립하지 않는다면 빌딩에도 철거 판결이 나오기 마련이다(현재 이 사건과 관련된 모든 소송이 제기되었고, 울타리를 치며 물리적으로 압박했으니 유치권자는 무척 심란할 것이다).

아침 10시가 되자 유치권자 대표 임 사장이 일행 한 명과 사무실에 도착했다. 법원에서 입찰할 때 봤던 낯익은 얼굴이었다. 테이블에 앉자마자 임 사장이 담배에 불을 붙이고 얘기를 꺼냈다.

"대체 어떻게 하려고 토지만 낙찰 받았는지 모르겠소. 그리고 지금 이게 무슨 행패입니까?"
"2순위 채권자가 어쩔 수 없이 낙찰 받은 건 아시잖아요."
"그래서 앞으로 어떻게 하겠다는 거요?"
"(강한 어조로)건물을 아예 철거할 예정입니다."
"아니, 뭐라고요? 저 건물에 투입된 비용이 5억 원이 넘는데 그게 철거가 됩니까? 그리고 유치권 비용은 어떻게 하고요?"
"아니, 겨우 5억 원 정도밖에 투입이 안 된 겁니까? 그럼 정말 아무 일도 아니겠군요."
"아니, 이 사람이 정말."

두 사내는 처음에는 내 말을 듣지 않고 화만 냈으나 30분 동안 유치권자 대표 임 사장에게 67억 원의 감정가격이 나온 건물이 토지주와 협의가 안 되어 결국 소송을 통해 철거된 과정을 상세히 설명해 주었다. 현재 진행되는 이 사건과 하나씩 하나씩 비교하면서 이 건물과 그 건물의 상황이 다르지 않다는 것을 각인시키며 말이다. 물론 모든 설명을 마치고 67억 원이나 하는 건물이 처참하게 철거되고 난 뒤에 찍은 나대지 사진을 보여주는 일도 잊지 않았다. 나는 폐허가 된 나대지 사진을 보면서 움찔하는 임 사장의 표정을 놓치지 않았다(아무리 강심장을 가진 사람이라도 이 대목에서는 어쩔 수 없다).

갑자기 임 사장이 테이블 위에 있는 담배를 꺼내서 불을 붙이고는 담배 연기를 길게 내뿜었다. 마치 형사 앞에서 범행을 부인하던 용의자가 마지막에는 풀이 꺾여 자백하는 것처럼 임 사장은 모든 힘이 빠진 채 아무 말 없이 담배만 태울 뿐이었다.

담배 한 대를 다 태운 임 사장이 드디어 입을 열었다.

"어떻게 하면 좋겠습니까? 사무장님."
"임 사장님께서 제 의도대로 따라준다면 피해가 가지 않도록 최대한 노력하겠습니다. 우선 현재 진행되는 소송에 합의하셔야 합니다. 그게 순서입니다."
"알겠습니다. 모든 협조를 다 할 테니 원만하게 마무리 해주십시오."
"좋습니다. 협조하신다면 제가 의뢰인을 잘 설득하여 최대한 양보를 이끌어 내겠습니다."

싸움의 결말이 거의 보이는 듯했다. 변호사님에게 유치권자와 합의되었다고 보고하고 재판상 화해를 위한 화해조서를 작성하기로 했다.

나에게 협조하는 임 사장에게 약속했듯이 임 사장 처지도 고려해야 했다. 현재 공사업자는 자금이 넉넉하지 못해 우리가 원하는 가격에 토지를 매수할 능력이 안 되었다. 그러나 신용이 좋아서 주위 업자들에게 외상공사로 건물을 완공할 수 있다고 했다. 그렇다면 이 공사업자의 사정도 최대한 고려해야 한다. 임 사장과 만나고 여러 번 통화하면서 그가 거짓말하는 사람이 아니라는 것을 느낄 수 있었다.

최종적으로 유치권자가 건물공사를 완료함과 동시에 은행에서 대출을 받아 토지대금을 건네받기로 합의했다. 그 대신 공사 도중에 발생할 수 있는 여러 가지 경우의 수를 고려하여 우리가 대처할 수 있도록 변호사님과 화해조서를 꾸미고 의뢰인 김 사장님의 동의를 구하여 재판상 화해를 마쳤다(또다시 공사 도중 부도가 발생하더라도 유치권 문제와 건물 부분에 대한 안전장치를 한 것이다).

> **tip**
> **재판상 화해**
>
> 소송 도중에 원고와 피고가 합의한 사항을 화해조서에 기재함으로써 성립한다. 재판상 화해조서는 확정판결과 같은 효력이 있으며 화해가 성립되면 종전의 다툼 있는 법률관계를 바탕으로 한 권리·의무관계는 소멸하고, 화해 내용에 따른 새로운 권리·의무관계가 성립된다. 쉽게 표현하면 원고와 피고가 합의한 사항으로 소를 종결하는 것으로, 이때 작성된 화해조서는 집행력 있는 판결과 똑같은 효력이 있다.

이렇게 마무리되면 공사업자는 공사대금 5억 원을 받지 못한 손해를 보지 않아도 되고, 의뢰인(낙찰자)은 최초 대여금 6억 원과 연체이자를 포함한 약간의 이윤을 얻고 토지대금을 받기로 했으니 지급 시기를 조금만 양보하면 된다. 항상 모든 게임에서는 조금씩만 양보하면 원만하게 해결이 가능하다.

이듬해 봄이 되어 임 사장님은 약속한 대로 건물(아파트)을 완공한 뒤

은행에 대출을 신청하여 토지대금을 지급했고, 본인도 아파트를 성공적으로 분양하여 공사대금뿐 아니라 어느 정도 이익을 거둘 수 있었다.

분양을 마치고 임 사장은 나에게 고맙다는 전화를 해주었고 나중에 내가 이런 종류의 땅을 낙찰 받았을 경우 저렴하게 건축해주기로 약속까지 했다. 이분과는 지금도 서로 연락한다. 이 사건도 이렇게 원만하게 마무리되었다.

경매를 할 때 그저 평범한 물건이라고 해도 낙찰자가 만만해 보이면 일이 꼬일 수 있다. 예를 들면 배당을 전액 받는 임차인이 있는 빌라라고 해도 나약해 보이는 젊은 처자가 찾아가면 점유자가 곱게 집을 비워 주려고 하지 않는다. 또 낙찰자가 유리한 위치에 있다고 하여 일방적으로 상대방에게 양보를 요구하면 안 된다. 내 경험상 법대로만 한다면 낙찰자와 상대방 모두 손실을 본다.

위 사건의 경우 법대로만 진행되었다면 아파트가 분양되는 시점에도 소송이 끝나지 않았을 것이라 확신한다. 그리고 낙찰자와 유치권자 모두 마음고생이 심했을 것이다. 모든 상황은 어렵다고 늦게 끝나는 것이 아니고, 쉽다고 빨리 끝나는 것이 아니다.

내가 훨씬 강하고 이 게임에서 확실하게 이긴다는 것을 상대방에게 정확하게 인지시키면, 싸우지 않고도 본인이 원하는 결론을 이끌어 낼 수 있는 것이다.

# 법정지상권 제대로 알기

경매물건을 검색하다 보면 '제시 외 건물 법정지상권 성립 여지 있음', '소유자 미상의 건축물 소재함', '제시 외 건물 성립 여지 불분명' 등의 문구가 매각물건명세서 등 경매공고에 기재된 물건을 보게 된다. 감정평가서에 나와 있는 사진을 보면 토지와 건물이 있는데 그중에서 토지만 경매가 진행되는 경우에 이런 문구를 볼 수 있다.

이러한 물건을 법정지상권 부동산이라 하는데, 정확한 법리 지식을 갖고 해결할 능력이 되면 쉬운 일반물건과 비교할 때 매우 높은 수익을 얻을 수 있다.

하지만 법정지상권과 관련된 물건은 낙찰 후 건물주와 쉽게 타협이 되지 않으면 장기전으로 갈 수밖에 없다는 것을 명심해야 한다. 그러기에 자금이 넉넉하고 게임을 여유 있게 즐길 수 있는 사람에게는 적합한 경매물건이다.

이렇게 토지 위에 건물이나 지장물이 서 있으나 토지만 경매가 진행된 물건을 낙찰 받는 것은 어렵지 않지만, 막상 마무리까지 깔끔하게 하지 못해 고생하는 경우를 많이 보았다. 준비되어 있지 않은 자는 복어 독을 깔끔하게 제거하지 않고 먹는 것과 같다.

법정지상권은 소송 절차도 잘 숙지해야 실수하지 않는다. 입찰자는 어떤 경매물건이든 입찰할 때부터 결과가 어떻게 될지 예상하고 입찰해야 한다(항상 최악의 상황을 설정해야 한다는 것이다).

특수물건을 경매로 낙찰 받아 각각의 다양한 상대방과 법정에서 다투는 것은 대부분 법리적인 부분에 대해 공방하는 것이다. 따라서 경매물건의 대부분은 본안소송 결과를 미리 알고 입찰할 수 있는 장점이 있다.

미경험자가 법정지상권 부동산에 도전하려면 관련 판례를 충분히 숙지해야 한다. 만약 숙지가 버겁다면 입찰부동산에 관련된 판례라도 찾아보고 입찰해야 한다. 지상권 물건뿐만 아니라 다른 하자 있는 경매물건에 도전하려고 해도 마찬가지로 항시 대법원 판례를 찾는 습관을 들여야 한다. 정석으로 경매를 해야만 실력이 늘고 실수도 범하지 않는다. 지상권에 대해 제대로 알아보자.

## 1. 지상권

지상권은 타인의 토지에 건물, 기타 공작물이나 수목을 소유하기 위하여 그 토지를 사용하는 물권이다. 한마디로 토지를 토지주의 의사와 관계없이 배타적으로 사용할 권리가 있느냐, 없느냐이다.

## 2. 법정지상권

토지와 지상 건물이 동일인에게 귀속하고 있었으나, 저당권에 의한 경매의 원인으로 토지와 지상건물의 소유자가 달라진 때에 건물 소유자를 보호하기 위해서 법률의 규정에 따라 당연히 인정되는 지상권이 법정지상권이다. 법률규정에 따른 취득이므로 등기를 필요로 하지 않는다.

## 3. 관습법상의 법정지상권

동일한 소유자에게 속했던 토지와 건물 가운데 어느 하나가 매매 및 기타 원인으로 각각 소유자가 달라진 경우 토지주와 건물주 사이에 건물철거 특약이 없으면 건물소유주는 지상권을 취득하게 되는데 이것을 관습법상의 법정지상권이라 한다.

## 4. 법정지상권이 성립하지 않는 경우

입찰자는 지상권이 성립하는 토지보다 성립하지 않는 토지에 입찰하는 것이 유리하다.

① 토지에 근저당이 설정되고 그 뒤 착공된 건물
② 본래부터 토지와 건물의 소유주가 다르고 계속해서 토지와 건물이 한 번도 동일인에게 소유권 이전이 되지 않았던 건물
③ 건물주와 토지주 사이에 건물을 철거하겠다는 특약이 있는 건물(관습법상 법정지상권 물건의 경우)
④ 공유지분 토지 위에 서 있는 1인의 건물
⑤ 건물주가 토지주에게 지료판결을 받고도 2년 넘게 지료지급을 연체한 건물(지료지급 2년 연체 시 토지주는 지료연체를 이유로 건물주에게 지상권 소멸청구를 할 수 있다)
⑥ 건물의 외관을 제대로 갖추지 않은 경우(주벽, 기둥, 지붕을 갖추지 못한 건물)

## 5. 토지와 건물이 있는데 어떠한 경우 토지만 경매될까?

① 토지주와 건물주가 각각 다른 명의로 되어 있고, 그중에 토지주가 토지에 설정된 채무를 갚지 못해 경매가 진행 되는 경우(단독, 다가구 등 토지와 건물의 등기가 분리된 물건 중 토지의 채무가 있는 경우, 이런 경우 건물이 관습법상의 법정지상권이 성립될 가능성이 크므로 사전조사를 철저하게 해야 한다)
② 채무자가 은행에서 토지와 건물을 공동담보로 하여 대출받았는데 건물이 등기부상에 기재된 것과 현황이 다른 경우 토지만 경매진행을 한다(민사집행에서는 동일성이 떨어지는 부동산에 대해 경매진행이 불가능하다).

③ 건축주가 신축건물을 짓는 도중에 토지의 과다채무를 견디지 못해 토지만 경매가 진행되는 경우(공사 중단된 건물)

④ 건물은 멀쩡하게 건축되어 외관상으로 완공되었지만 토지에 있는 채무를 갚지 못하고 준공이 안 된 건물의 경우, 건물등기부등본이 없으므로 토지만 경매가 진행된다(불법 건축물이 아니라면 추후 등기가 없는 건물도 강제로 등기하여 경매진행이 가능하다).

⑤ 불법건축물이나 무허가건물이 서 있는 경우(비닐하우스, 견사, 화장실, 창고 등 등기 없이 사용 가능한 건축물)

## 6. 법정지상권 물건 가운데 수익을 낼 수 있는 물건 고르는 요령

① 법리적으로 지상권이 성립되지 않는 물건을 먼저 고르는 것이 좋다. 이 경우 토지주가 건물주보다 법적으로 유리한 위치에 있으므로 협상할 때 우위에 있어 매매 시간을 단축할 수 있다. 또 건물철거소송을 통하여 건물주를 압박할 수 있다. 협상결렬 시 대집행을 통해 실제 건물의 철거도 가능하므로 지상권 성립 유무는 매우 중요하다.

② 토지는 경매에서 제외되고 건물만 경매가 진행되는 경우, 오히려 건물의 지상권이 성립된다면 토지주에게 지료(토지사용료)를 지급하고도 수익이 나면 입찰을 고려해도 된다. 지상권이 성립되는 건물은 토지주에게 토지를 싼값에 매도하라고 유도할 수 있다.

③ 지상권이 성립되는 건물이 있고 토지만 경매에 나온 경우, 토지가 유찰이 많이 되어 건물주에게 받을 수 있는 지료가 수익이 충분하게 예상되면 지료를 받을 목적으로 입찰할 수 있다. 건물주가 지료를 지급하는 것이 부담될 때에는 토지매입을 권유하거나 건물 매도를 유도할 수 있다.

④ 관습법상 법정지상권이 성립한다고 하더라도 외관이나 건물 상태가 아주 불량한 경우 입찰을 고려해도 된다(폐가, 흙집 등 건물 노후도가 심

하거나 불필요한 건축물인 경우).

⑤ 지상권이 성립된다 하더라도 건물이 쓸 만한 경우나 건물주에게 토지가 반드시 필요한 경우는 입찰을 고려해도 된다. 예를 들면 준공을 앞둔 건물은 토지가 매우 필요하다. 또 준공되면 건물과 토지를 공동 담보로 하여 은행에서 대출을 받을 수 있으므로 건물주가 토지주에게 토지매매대금을 지급하기에도 유리하다(이럴 때는 입찰자의 부동산에 대한 감각이 필요하다).

## 7. 추가로 알아두어야 할 사항

① 공사가 중단된 건물이 서 있는 경우, 토지를 낙찰 받은 후 기존 건축주가 건축허가를 받았던 용적률이나 기타 용도에 맞게 재허가가 가능한지 여부를 해당 관청에 문의해봐야 한다.

② 토지만 경매 진행이 되고 그 지상에 수목이 존재하는 경우, 감정 평가 가격에 수목이 포함되었다면 낙찰자에게 소유권이 귀속되지만, 그렇지 않으면 나무를 심은 자에게 소유권이 있고 그 수확도 심은 자에게 귀속된다.

③ 경매로 낙찰된 토지 지상에 묘지(분묘)가 있다면 낙찰자는 묘지 연고자 동의 없이 임의대로 이장할 수 없다. 분묘기지권은 타인 토지 위에 있는 분묘의 기지에 대하여 인정되는 물권이고, 이 범위는 분묘뿐 아니라 분묘를 수호하고 봉제사하는 목적을 달성하는 데 필요한 범위이다. 단, 기존의 분묘 외에 새로운 분묘를 신설할 권능은 포함되지 아니한다. 분묘 이장으로 분묘 수호와 봉제사에 필요 없게 된 부분이 생겨났다면 그 부분에 대한 분묘기지권은 소멸한다.

참고로 타인 소유 토지에 토지주 승낙 없이 분묘를 설치하고 객관적으로 인식할 수 있는 외형을 갖춘 분묘를 20년간 유지 했다면 등기 없이 분묘기지권을 취득한다.

# 지료 제대로 알기

## 1. 지료의 정의

지료는 지상권자(건물주)가 토지사용 대가로 토지소유자에게 지급해야 하는 금전을 말한다.

## 2. 지료금액의 산정

지상물 등 토지 위에 건물이 있는 경우에도 지료는 나대지 상태라는 전제 아래 주변 토지의 이용 상태, 경제적 가치 등을 종합적으로 고려해 결정해야 한다.

지료액수와 지료 지급시기 등 지료에 관한 약정은 이것을 토지등기부 등본에 등기해야만 제3자에게 대항할 수 있다. 그러므로 토지주는 건물이 경매 등 기타 사유에 의해 이전되었다고 하더라도 지료에 대한 등기가 되어 있지 않으면 전 건물주의 지료 연체부분을 새로 매수한 건물주에게 청구할 수 없다.

토지주는 법원을 통한 지료청구나 지료에 관한 약정을 해야만 건물주에게 지료 지급연체에 대한 책임을 물을 수 있다. 만약 법원의 판결이나 약정이 없고 지료금액 또한 명확하게 결정된 바가 없다면 건물주가 2년 이상 지료를 지급하지 않았다고 하더라도 책임을 물을 수 없다.

지상권이 성립되는 건물이라 할지라도 토지주와 건물주 사이에 법원을 통해 정해진 지료가 있을 경우 판결이 확정된 후에도 건물주가 지료지급을 2년 이상 연체한 때에는 토지주는 건물주에게 지상권소멸청구를 할 수 있다(민법 제287조).

경매는 부동산의 감각, 법적 지식과 협상 능력에 따라 회전율과 수익률에서 차이가 크다. 또 낙찰자가 협상할 때 법적으로 상대방보다 유리한 위치를 선점하는 것도 중요하지만, 협상이 결렬되지 않고 입찰할 때 계획했던 결과를 이끌어내는 것이 더 중요하다. 자신과 손발이 잘 맞는 파트너를 구하여 역할을 분담하는 것도 괜찮은 방법이다. 경험상 협상이 결렬되어 법대로만 진행했을 경우에는 불리한 위치에 있는 상대방만 손해 보는 것이 아니고 낙찰자와 상대방 모두에게 금전적·시간적으로 손실이 더 크기 때문이다.

경매를 단순히 싸게 낙찰 받아 수익을 내는 것으로 생각하지 말자. 어려운 물건이어서 수익이 큰 것이 아니다. 시간이 오래 걸린다고 수익이 큰 것은 더더욱 아니다. 자신의 능력에 따라 어려운 물건도 쉽게 해결되고, 쉽고 단순한 물건도 단시간에 해결하지 못하는 경우가 있다. **결론은 '이론과 현장 감각은 당연히 익히고, 협상 능력도 키워야 경매가 쉬워진다'는 것이다.**

**5**

눈물의 보증금

# 대금 미납 사례

경매인구가 많아지면서 그만큼 실수하는 사례도 많아졌다. 경매에서 실수는 경제적 손실로 돌아온다. 그나마 가장 적은 실수는 입찰보증금을 포기하는 것이다. 성공사례만 보지 말고 실패사례도 알아야 안전한 경매 투자가 가능하다. 나에게 상담을 의뢰해 온 실제 대금미납 사례를 간략하게 정리해 보았다.

## 1. 유치권, 너무 깔보지 마!

어느 날 60대 초반의 할머니가 사무실을 방문하셨다. 본인이 경매를 통해서 감정가 10억 원 정도 되는 조그만 빌딩을 최저가 5억 원까지 유찰된 상태에서 7억 원에 낙찰 받았는데 문제가 생겼다는 것이다. 사건검토를 해보니 낙찰 부동산은 교회로부터 유치권신고가 되어 있었다.

"사모님, 유치권은 검토하고 입찰하신 거예요?"
"유치권은 알았는데요. 부동산에서 컨설팅 할 때 낙찰을 받고 적당하게 합의하면 된다고 해서…."
"아무리 유치권이 허위가 많다고 하더라도 입찰 전에 조사는 하셨을 것 아니에요?"
"부동산에서 알아서 해준다고 해서요."
"…."

할 말이 없었다. 공인중개사에게 입찰대리 자격을 부여한 이후로 수익을 내기 위해 경매 컨설팅 하는 부동산이 많아졌다. 그런데 공인중개사가 자신의 능력을 벗어난 경매물건을 컨설팅 한 것이다. 유치권 신고가 되어 있어도 부동산에서 알아서 해준다고 해서 입찰했으나 유치권자와 원만하게 해결하지 못해 변호사 사무실을 찾아온 것이다. 유치권의 타당성 여부를 떠나 할머니의 배포(?)와 부동산의 무지에 어이가 없었다.

요즘 경매 낙찰가율이 엄청나게 올랐다. 어떤 물건은 급매물보다 더 높은 가격에 낙찰되기도 한다. 왜 이런 현상이 일어날까? 낙찰가격이 올라가는 이유 중에는 경매인구가 많아져 초보들이 시세를 오인하고 높게 입찰하는 경우도 있지만 가장 큰 이유는 컨설팅업체와 부동산중개업소의 억지 낙찰 때문이다.

정부에서 중개수수료만으로는 영업하기가 곤란해진 부동산중개소에 입찰대리권이라는 또 하나의 밥그릇을 주었다.

이들은 경매물건 한 개를 조사한 후 소개한 손님에게 반드시 낙찰시켜야 한다고 생각한다. 현장조사에 시간이 많이 소요되기 때문에 웬만하면 조사한 물건을 한 번에 낙찰시켜야 하는 것이다. 그렇기에 컨설팅업자나 부동산업자들은 손님에게 높은 입찰가격을 적도록 유도한 뒤, 아는 사람들에게 그에 근접한 입찰가격(2등 가격)을 쓰게 해서 바지를 세우는 방법으로 입찰서를 제출하게 한다(요즘은 바지를 2, 3, 4등까지 세운다). 이런 줄도 모르고 손님들은 근소한 차이로 낙찰되었다고 좋아한다. 그 사람들의 처지는 이해하지만 아둔하게 그들을 맹목적으로 쫓아다니는 사람들은 더 이해하지 못하겠다.

얼마 전 한 경매카페의 모 교수는 자신에게 입찰가격을 산정하는 천부적인 재능이 있다고 초보자들을 꼬드긴 뒤 그들을 강원도에 있는 오피스텔 입찰에 참여시켜 대부분 2만 원 차이로 낙찰되게 만들었다. 영문도 모르는 초보자들은 그 교수를 신(?)처럼 떠받드는 분위기였다.

어떻게 한 개도 아닌 여러 물건을 2만 원 차이로 낙찰 받게 한 것일까? 그것은 교수가 아는 사람을 통해서 입찰 봉투를 하나 더 제출한 것이다. 나도 경매법정에 수없이 많이 왔다 갔다 했지만 그렇게 근소한 차이로 여러 건의 물건들이 낙찰되는 것은 결코 쉬운 일이 아니다.

이 케이스의 할머니는 부동산 업자를 입찰 대리와 중개업법 위반으로 고발한다고 하여 입찰보증금 5,000만 원 가운데 2,500만 원을 부동산에서 받아냈고 할머니도 2,500만 원을 손해 보고 마무리되었다.

## 2 선순위 전세권 미확인

변호사 사무실로 아주머니 한 분이 찾아오셨다. 본인이 상가를 임차하여 낙지 철판구이 음식점을 하는데 매월 내는 월세가 부담되어 규모가 더 큰 갈빗집이 경매에 나온 것을 보고 입찰했다고 한다. 결과는 단독입찰이었는데 알고 보니 선순위 전세권에 대해 제대로 알지 못하고 입찰한 것이다.

말소기준권리보다 앞선 선순위전세권이 있을 경우에는 배당요구 신청을 하지 않으면 낙찰자가 전세보증금을 인수해야 하므로 많이 유찰된 상태가 아니면 입찰하지 말아야 하는데, 이것을 간과하고 입찰하여 보증금 전액인 1억 2,000만 원을 인수해야 하는 것이었다.

아마도 선순위전세권자가 배당요구 신청을 하지 않아도 자동 배당되는 선순위 임차권과 착각한 듯하다. 아주머니 친동생이 경매공부를 좀 했고 나름대로 조언을 해주어 그것만 믿고 입찰했다고 한다. 친동생과 식당 아주머니 두 분이 변호사사무실에 찾아와 아무리 하소연해도 이런 경우 입찰보증금은 돌려받을 길이 없다.

| | 선순위 전세권 | 선순위 임차권 |
|---|---|---|
| 배당 | 배당요구를 해야 배당됨 | 자동 배당 (압류 이후 등기는 배당요구 해야 배당됨) |
| 말소 | 배당요구를 했을 경우만 말소되며, 보증금 전액 배당받지 못해도 말소됨 | 보증금 전액을 배당받아야만 말소됨 |
| 유의 사항 | 등기상의 전세권은 말소되지만 임차인으로서의 권리는 유효하므로 확인해야함 | 자동배당 후 말소되나 선순위일 경우 전액배당 시 말소됨 |

## 3. 이 땅이 아닌가 봐

한 사모님이 경기도 땅에 입찰했는데 단독입찰이었다. 3.3$m^2$당 30만 원 정도 하는 땅인데 감정이 8만 원밖에 안 되어 잽싸게 첫 번째 매각기일에 낙찰 받았다고 좋아하셨다. 나도 축하해드렸다. 그런데 며칠 지나지 않아 사모님께서 보증금을 포기하기로 했다고 연락이 왔다.

"왜요?"
"도로 옆에 있는 땅인 줄 알았는데 제 땅은 산 정상에 위치한다고 하네요…."

지방 땅의 경우 지번도가 큰 부분만 표시해둔 경우도 있다. 쉽게 표현하면 부동산에 걸려 있는 지도에서 똑같은 796번지라고 해도 표시되어 있지 않은 796-1, 796-2 등 번지수가 여러 개 포함된 경우이거나 지번이 바뀐 예도 있으니 토지는 항상 입찰 전에 해당 관청에서 지적도와 임야도를 떼어 정확한 위치를 확인해야 한다.

## 4. 선순위 가등기 미확인

빌라를 입찰하러 법원에 간 적이 있다. 물건번호가 1, 2번으로 나뉘어 있었는데 1번 물건은 선순위 가등기가 있었다. 당연히 아무도 입찰하지 않을 거라 생각했는데 안경 쓴 노신사가 단독으로 입찰하는 것이 아닌가? 양복을 입고 가방을 들고 왠지 뭔가 있어 보이는 신사분이라서 분명 가등기권자이거나 그 내용을 잘 아는 사람이라고 판단했다. 영수증을 받은 노신사를 따라서 나갔다.

"안녕하세요. 가등기물건을 낙찰 받으셨네요. 어떻게 해결하실 건가요?"
"네? 가등기? 그게 뭡니까?…."
"…."

이 노신사는 인터넷은 배제하고 법원 앞에서 나누어주는 경매정보지만 보고 늘 입찰했는데 등기부등본에서 '선순위 가등기'를 확인하지 못했다고 하셨다. 한 달 뒤 확인해보니 이 노신사는 그냥 보증금을 포기해버렸다.

그러나 이런 경우에는 보증금을 쉽게 포기하지 말고 '매각불허가신청서'를 잘 작성해 가까운 법무사 사무실이나 변호사 사무실에 들러 상담하거나 경매계에 찾아가 속사정을 얘기하면 매각불허가결정이 나오는 경우도 있다.

위의 사항 외에도 감정가만 믿고 낙찰 받았는데 시세가 어이없는 경우, 후순위가처분이라고 해도 소유권에 대한 가처분은 예고등기와 비슷한 효력이 있는데 확인하지 못하고 들어간 경우에도 대금미납을 하게 된다.

## 5. 고가낙찰

경매시장에 몰려드는 사람들이 많아지면서 기본적인 사항조차 공부하지 않은 사람들이 너도 나도 입찰에 뛰어 드는 모습을 보게 된다. 초보들은 시세파악을 제대로 하지 못 하고 입찰하는 실수를 많이 한다. 부동산에 가서 시세도 제대로 물어보지도 못하고, 기존의 인근지역 낙찰사례만 참고하여 대략 감으로 입찰하는 것이다.

부동산을 방문했을 때 본인이 초보라는 사실을 솔직하게 털어놓는 것도 괜찮은 방법이다. 초보라고 해서 부끄러워할 일이 아니다. 시세를 물어볼 자신도 없는데 어떻게 힘든 명도까지 마무리할 수 있겠는가? 자신감을 갖고 솔직하게 얘기하면 무시하는 부동산업자는 아마 없을 것이다.

## 6. 지상권성립 유무 판단오류

지상권 물건이 수익이 된다고 하니 제대로 준비도 하지 않고 너도나도 이러한 물건을 낙찰 받는다. 그러나 특수물건의 경우 아무리 수익이 된다고 하더라도 한 번 더 고민해보고 입찰해야 한다. 가끔 지상권이 성립되면 낙찰 받고 헤매는 예도 있다.

아주머니 한 분이 전화를 하셨다. 지상권이 성립되는 건물이 서 있고 땅만 낙찰 받은 것이다. 낙찰가를 살펴보니 감정가 100%를 훌쩍 넘긴 금액이다.

"이 물건 무슨 생각으로 낙찰 받으셨어요? 혹시 건물에 아는 사람 있습니까?"

"그냥… 지상권이 성립되지 않는 것 같아서요… 혹시 제 보증금을 돌려받을 길은 없나요?"

"…"

이 밖에도 엉뚱한 사건번호를 적어냈거나 입찰가격표를 제대로 작성하지 못한 경우에도 보증금을 포기해야 한다. 모두 지뢰를 밟지 않고 안전하게 낙찰받길 기원한다.

## 인생에서 한 번 정도는 독하게 살아야 성공 한다

이제는 굳이 일을 하지 않아도 매월 받는 월세만으로도 가족들과 넉넉하게 쓰고 저축까지 할 정도의 여유가 생겼으니, 이 정도면 온전하게 경제적 자유를 이루었다고 생각한다. 그래서 요즘은 여태까지 열심히 일해 온 내 자신에게 보상이라는 이름으로 그 시절에 하고 싶었던 것들을 하나씩 실행하고 있다. 새로 장만한 멋진 집으로 부모님을 모셨고, 식당에 가서는 가격에 구애받지 않고 먹고 싶은 음식을 마음껏 즐기고 있다. 또한 지금의 나는 꿈으로만 그리던 차를 타고 있으며, 멋진 곳을 보면 언제든지 여행을 떠나기도 한다.

무일푼에서 시작했지만 악착같이 돈을 모으고, 투자를 위한 혹독한 노력을 했던 시기가 있었기에 경제적 자유를 이룬 지금의 삶이 가능했다고 생각한다.

종잣돈을 모으던 시절 주위 사람들에게 '짠돌이'란 소리를 귀에 못이 박히도록 들었다. 그 당시 함께 일했던 동료들이 구내식당의 똑같은 음식이 질린다며 무료급식(?)을 외면하고 외식을 할 때, 그들처럼 외식하고 싶은 마음을 꾹꾹 눌러가며 참았다. 이 때가 천 원짜리 김밥이 처음으로 등장한 무렵이었는데, 그 당시 내가 누릴 수 있는 가장 큰 사치는 그 천 원 짜리 김밥을 사 먹는 것이었다. 아무리 더워도 아이스크림 하나, 음료수 하나 사먹지 않고 지독하게 돈을 모았다.

아무것도 가진 것 없는 내가 성공하기 위해서는 남들과 똑같은 삶을 살 수는 없었던 것이다. 내가 유일하게 아끼지 않은 것은 오직 책값밖에는 없었다.

나는 대학 졸업 후 나이트클럽에서 밤새 일을 하고, 일이 끝나면 졸린 눈을 비비며 다른 사람들이 자는 낮 시간에 경매 책과 부동산 관련서적 그리고 부자가 된 사람들이 쓴 책을 읽고 그 지식과 노하우를 내 것으로 만드는 것에 전념했다. 부자가 되기 위해서 **절약보다도 더 중요한 것은 바로 부자 마인드**라고 생각했기에 성공한 사람들의 생각과 행동을 철저히 분석하고 연구하고자 끊임없이 노력했다.

돌이켜보면 내 인생에서 가장 큰 도약의 시기는 종잣돈을 모으던 단계였다. 그 시기에 혹독하게 돈을 모으고, 철저하게 공부했기에 지금의 성공이 가능했던 것이라 생각한다.

나는 나와 같은 길을 걷고자 하는 후배들과 수강생들에게 다음과 같이 말하곤 한다.

**"인생에서 한 번 정도는 독하게 살아야 성공합니다."**

내가 말하는 독한 시기는 '종잣돈을 모으고, 투자 공부를 완성하는 시기'이다. 당신이 만약 투자를 위한 종잣돈이 이미 충분하게 마련되어 있다면, 나처럼 종잣돈을 마련하기 위해 힘든 시간을 겪을 필요는 없다. 하지만 투자에 관한 공부를 완성하는 혹독한 시기는 반드시 거쳐야만 한다. 기회는 철저히 준비된 자에게만 보이는 법이다.

꿈과 확실한 목표를 가지고 노력했을 때 좋은 성과가 나오는 것은 어찌 보면 당연한 결과이다. 이를 악물고 어떤 난관에도 후퇴하지 않을 단단한 각오로 투자에 임한다면 진정 자신이 원하는 것을 이룰 수 있을 것이다. 5년 정도 혹독한 삶을 살고 남은 인생을 풍요롭게 보낼 수 있다면 무조건 해볼 만하지 않은가.

## 투자에서 성공하려면 함께 갈 수 있는 동료들을 만들어라

투자를 시작하며 부자가 되기 위해 그 누구의 말에도 흔들리지 않을 만큼 강한 정신력을 가지려고 노력했다(그때부터 지금까지 세상을 부정적으로 바라보는 사람은 철저히 멀리 한다). 오직 성공한 사람의 말만 듣고 그대로 따라하려고 애를 썼다. 그들과 같은 능력치를 키우기 위해 고군분투했다. 요행을 바라면서 신문기사, 전문가의 추천만 믿고 투자하는 것은 도박이라 여겼다. 힘들게 모은 나의 종잣돈을 확률에 휘둘리는 도박게임에 투자할 생각이 전혀 없었다. 남들이 아무리 좋다고 해도 내가 모르면 아예 투자를 하지 않았다. 확실히 아는 것, 또 절대 잃지 않을 것에만 투자를 했다(앞으로도 변치 않을 나의 투자 원칙이다).

그리고 혼자가 아닌 같은 생각을 하는 사람들과 함께 길을 걷고자 했다. 사실 투자 공부를 완성하려 한다면 책 몇 권으로는 역부족이다. 자칫 좁아지기 쉬운 시야를 넓혀주고 시행착오를 줄이기 위한 선배가 필요하고, 꾸준히 지치지 않고 함께 걸어갈 수 있는 동료들이 필요하다. 그렇기 때문에 이 분야에서 이미 성공한 사람, 그리고 같은 생각을 가진 동기들을 만드는 것도 중요하다.

본래 투자는 고독하고 외로운 법이지만, 그 외로운 길에서 나와 같은 이들을 만난다면 서로 의지를 할 수 있기 때문에 중도에 포기하지 않고 목적지까지 더 즐겁게 완주할 수가 있다. 나의 경험상으로도 좋은 인맥을 갖고 있는 사람의 결과가 더욱 좋았다(커뮤니티 카페에 가입하여 활동을 하다보면 인맥을 형성하는 것이 생각보다 수월해진다).

이 책에 내가 알고 있는 지식과 경험을 고스란히 담기 위해 무척이나 노력을 했다. 하지만 모든 독자가 이 한 권의 책으로 경매의 모든 것을 배웠다고 할 수는 없을 것이고, 또 개개인의 가려운 부분을 모두 긁어주지는 못했을 것이다. 인터넷 커뮤니티 카페를 활용한다면 이런 부족한 부분을 채우는 것도 가능해진다. 2008년부터 필자가 직접 운영해온 카페가 있는데, 여기에서 많은 이들의 경험담과 여러 전문가들의 칼럼을 읽어보는 것도 독자분들에게 큰 도움이 될 것이라 생각한다.

https://cafe.naver.com/mkas1 (행복재테크)


지금까지 나의 경험을 보면 내가 힘들게 노력한 만큼 대가가 주어진 것은 오직 경매와 부동산 투자뿐이었다. 경매는 머리가 똑똑하고 특별한 능력을 갖춘 사람만이 할 수 있는 분야가 절대 아니다. 서툴게 시작하더라도 현장에서 부딪치며 쌓은 경험은 그대로 실력이 된다.

어떤 고수라 할지라도 가슴이 콩닥거리던 올챙이 시절을 거치지 않은 사람은 없다. 만약 본인이 부동산 투자에 자신이 없다면 고수의 '흉내'라도 내라. 흉내를 내다보면 자신만의 투자 스타일을 찾을 수 있을 것이다.


마지막으로 한 번 더 강조하고 싶다. 서두르지 말고 절대 중도에 포기하지 마라.

투자에서의 조바심은 실수를 낳게 마련이며, 돈이 오가는 게임에서는 담금질이 필요하다. 경매를 단순하게 싸게 낙찰 받는 머니게임으로만 생각하지 말고, 부동산의 종목과 흐름을 이해하는 일련의 과정으로 여기며 부동산에 대해 꾸준한 관심을 둔다면 언젠가는 자신 있게 베팅할 때가 분명 올 것이다. '올인'은 철저히 준비된 자만이 할 수 있다. 이 책을 읽은 여러분의 멋진 도약을 기대한다.

뉴스 〉 부동산

# 도서출판 지혜로, "돌풍의 비결은 저자의 실력 검증"

송희창 대표, 항상 독자들의 입장에서 생각하고, 독자들에게 꼭 필요한 책만 제작

도서출판 지혜로의 주요 인기서적들

경제·경영 분야의 독자들 사이에서 '믿고 보는 출판사'라고 통하는 출판사가 있다. 3권의 베스트셀러 작가이자 부동산 분야의 실력파 실전 투자자로 알려진 송희창씨가 설립한 '도서출판 지혜로'가 그곳.

이 출판사는 출판시장이 불황임에도 불구하고 이곳 도서출판 지혜로는 지금 껏 총 11권의 책이 출간 되었는데, 이 모두가 경제·경영 분야의 베스트셀러로 자리매김하는 쾌거를 이룩했다.

출간된 책 모두가 베스트셀러로 선정되는 성과를 이룬 데에는 분명 송희창 대표만의 특별한 노하우가 있을 것이라는 생각이 들었다.

## 다음은 송희창 대표와의 일문 일답

Q 지금까지 출간한 모든 책이 베스트셀러가 됐다. 이에 대한 비결은?

A 우선, 도서출판 지혜로는 저자의 실력이 객관적으로 충분히 검증되어야만 책을 제작한다는 데에 그 이유가 있지 않을까. 경제·경영 분야 중 특히 부동산과 재테크에 관련해서는 저자의 실전 경험과 실력이 굉장히 중요하다고 할 수 있는데, 주위를 보면 실전 경험과 실력은 전혀 없으면서 이론만 아는 저자들이 쓴 책이 많다. 지혜로는 그런 책들은 절대 출간하지 않는다.

또한 제가 지혜로에서 출간되는 모든 책의 감수에 직접 참여하면서, 책의 내용을 독자들의 눈높이에 맞추기 위하여 불필요한 지식이나 어렵기만 한 부분은 삭제하거나 설명을 보충하고 있다. 이러한 편집과정으로 인해 시간이 더 소요되는 부분도 있지만 이것은 독자들과의 교감을 위해서는 꼭 필요한 과정이라고 생각한다.

이렇듯 출판을 단순히 사업목적이 아니라 독자들이 꼭 필요로 하는 책을 출간해 지식을 나누는 일이라 생각하면서, 한 권 한 권 정성들여 책을 제작하기 때문에 많은 독자들이 우리 출판사를 신뢰하고 사랑해주시는 것 같다.

Q 도서출판 지혜로에서는 어떤 책들을 출간하는가?

A 주로 부동산 투자와 관련한 책들을 출간한다. 부동산 투자 분야는 독자층도
다양할뿐더러 주제도 다양하기 때문에 각 단계별, 주제별로 골라볼 수 있도
록 다양한 책을 제작한다.

2012년 첫 출간 이후부터 수많은 투자자들에게 호평을 받고 있는 베스트셀
러 ≪송사무장의 공매의 기술≫을 시작으로 ≪35세 아파트 200채 사들인
젊은 부자의 투자 이야기 ≫, ≪상가투자 비밀노트≫, ≪1년 안에 되파는 토
지투자의 기술≫ 등 아파트, 상가, 토지와 같은 부동산 각 분야의 투자방법
을 담은 책을 선보이고 있다.

독자들이 궁금해 하고, 알고 싶어 하는 부분을 파악하여 그에 대한 실질적
인 도움을 얻을 수 있는 알찬 내용만으로 구성하기 위해 항상 고민하며, 앞
으로도 부동산 투자도 지혜로의 책으로 배우면 다르다는 것을 느낄 수 있도
록 더욱 노력하겠다.


Q 도서출판 지혜로의 앞으로의 계획은?

A 지금까지 그러했듯이 앞으로도 경제 · 경영 · 법률 분야를 특성화시켜서 이
와 관련한 책들을 전문적으로 제작할 계획이다.

아직까지도 경제 · 경영 분야에 필요한 책들이 많음에도 불구하고 실제 도
움이 되는 책들은 부족한 편이다. 독자들의 이런 갈증을 해소시킬 수 있는
좋은 책들을 만들기 위해 항상 먼저 독자들의 입장에 서서 생각하는 출판사
가 되려한다.

앞으로 제작될 책들도 독자들이 '지혜로의 책이니 믿고 본다'는 생각을 가지고 구매할 수 있도록 지금까지와 같은 철저한 검증과 편집 과정을 거친 후 출간해 독자들의 사랑에 보답하겠다.

[출처] 글로벌이코노믹 기사

## 엑시트 EXIT

### 당신의 인생을 바꿔 줄 부자의 문이 열린다!
### 수많은 부자를 만들어낸 송사무장의 화제작!

- 무일푼 나이트클럽 알바생에서 수백억 부자가 된 '진짜 부자'의 자본주의 사용설명서
- 부자가 되는 방법을 알면 누구나 평범한 인생을 벗어나 부자의 삶을 살 수 있다!
- '된다'고 마음먹고 꾸준히 정진하라! 분명 바뀐 삶을 살고 있는 자신을 발견하게 될 것이다.

송희창 지음 | 352쪽 | 17,000원

---

## 싱글맘 부동산 경매로 홀로서기
### (개정판)

### 채널A 〈서민갑부〉 출연!
### 경매고수 이선미가 들려주는 실전 경매 노하우

- 부동산 경매 용어 풀이부터 현장조사, 명도 빨리 하는 법까지, 경매 초보들을 위한 가이드북!
- 〈서민갑부〉에서 많은 시청자들을 감탄하게 한 그녀의 투자 노하우를 모두 공개한다!
- 경매는 돈 많은 사람만 할 수 있다는 편견을 버려라! 마이너스 통장으로 경매를 시작한 그녀는, 지금 80채 부동산의 주인이 되었다.

이선미 지음 | 308쪽 | 16,000원

---

## 경매 권리분석 이렇게 쉬웠어?

### 대한민국에서 가장 쉽고, 체계적인 권리분석 책!
### 권리분석만 제대로 해도 충분한 수익을 얻을 수 있다.

- 초보도 쉽게 정복할 수 있는 권리분석 책이 탄생했다!
- 경매 권리분석은 절대 어려운 것이 아니다. 이제 쉽게 분석하고, 쉽게 수익내자!
- 이 책을 읽고 따라하기만 하면 경매로 수익내기가 가능하다.

박희철 지음 | 328쪽 | 18,000원

## 아파트 청약 이렇게 쉬웠어?

**가점이 낮아도, 이미 집이 있어도, 운이 없어도
당첨되는 비법은 따로 있다!**

- 1년 만에 1,000명이 넘는 부린이를 청약 당첨으로 이끈 청약
  최고수의 실전 노하우 공개!
- 청약 당첨이 어렵다는 것은 모두 편견이다. 본인의 상황에
  맞는 전략으로 도전한다면 누구나 당첨될 수 있다!
- 사회초년생, 신혼부부, 무주택자, 유주택자 및 부동산 초보
  부터 고수까지 이 책 한 권이면 내 집 마련뿐 아니라 분양권
  투자까지 모두 잡을 수 있다.

김태훈 지음 | 352쪽 | 18,000원

---

## 송사무장의 실전경매
### (송사무장의 부동산 경매의 기술 2)

**경·공매 유치권 완전 정복하기!**

- 수많은 투자 고수들이 최고의 스승이자 멘토로 인정하는 송
  사무장의 '완벽한 유치권 해법서'
- 저자가 직접 처리한 다양한 사례들을 통해 독자들이 생생한
  간접 경험을 할 수 있도록 하고, 실전에서 바로 응용 가능한
  서식과 판례까지 모두 수록!
- 이 책 한 권이면 유치권에 관한 실전과 이론의 완벽 마스터
  가 가능하다!

송희창 지음 | 376쪽 | 18,000원

---

## 송사무장의 부동산 공매의 기술

**드디어 부동산 공매의 바이블이 나왔다!**

- 이론가가 아닌 실전 투자자의 값진 경험과 노하우를 담은 유
  일무이한 공매 책!
- 공매 투자에 필요한 모든 서식과 실전 사례가 담긴 이 책 한
  권이면 당신도 공매의 모든 것을 이해할 수 있다!
- 저자가 공매에 입문하던 시절 간절하게 원했던 전문가의 조
  언을 되짚어 그대로 풀어냈다!
- 경쟁이 덜한 곳에 기회가 있다! 그 기회를 놓치지 마라!

송희창 지음 | 456쪽 | 18,000원

## 부동산 투자 이렇게 쉬웠어?

**부동산 투자의 성공적인 시작을 위한
최고의 입문서**

- 기초 다지기부터 실전 투자까지의 모든 과정을 4단계로 알기 쉽게 구성! 시장의 흐름을 이해하고 활용하면 부동산 투자는 쉬워질 수밖에 없다

- 상승장뿐만 아니라 하락장에서도 수익 내는 방법, 일반 매물을 급매물 가격으로 사는 방법과 같은 투자법 찾기의 정석을 보여준다.

- 20년 투자 경력을 가진 저자가 꾸준하게 수익을 내온 투자 비법을 체계적으로 정리!

신현강 지음 | 280쪽 | 16,000원

---

## 대한민국 땅따먹기

**진짜 부자는 토지로 만들어진다!
최고의 토지 전문가가 공개하는 토지투자의 모든 것!**

- 토지투자는 어렵다는 편견을 버려라! 실전에 꼭 필요한 몇 가지 지식만 알면 누구나 쉽게 도전할 수 있다.

- 경매 초보들뿐만 아니라 더 큰 수익을 원하는 투자자들의 수요까지 모두 충족시키는 토지투자의 바이블 탄생!

- 실전에서 꾸준히 수익을 내고 있는 저자의 특급 노하우를 한 권에 모두 수록!

서상하 지음 | 356쪽 | 18,000원

---

## 1년 안에 되파는 토지투자의 기술

**초보자도 쉽게 적용할 수 있는
토지투자에 관한 기막힌 해법 공개!**

- 토지투자는 돈과 시간이 여유로운 부자들만 할 수 있다는 편견을 시원하게 날려주는 책!

- 적은 비용과 1년이라는 짧은 기간으로도 충분히 토지투자를 통해 수익을 올릴 수 있다!

- 토지의 가치를 올려 높은 수익을 얻을 수 있게 하는 '토지 개발 비법을 배운다!

김용남 지음 | 272쪽 | 16,000원

## 수도권 알짜 부동산 답사기

**알짜 부동산을 찾아내는 특급 노하우는 따로 있다!**

- 초보 투자자가 부동산 경기에 흔들리지 않고 각 지역 부동산의 옥석을 가려내는 비법 공개!
- 객관적인 사실에 근거한 학군, 상권, 기업, 인구 변화를 통해 각 지역을 합리적으로 분석하여 미래까지 가늠할 수 있도록 해준다.
- 풍수지리와 부동산 역사에 관한 전문지식을 쉽고 흥미진진하게 풀어낸 책!

김학렬 지음 | 420쪽 | 18,000원

---

## 부동산 절세의 기술
### (전면개정판)

**양도세, 종부세, 종합소득세, 임대사업자까지
한 권으로 끝내는 세금 필독서**

- 6년 연속 세금분야 독보적 베스트셀러가 완벽하게 업그레이드되어 돌아왔다!
- 세금 설계만 제대로 해도 최종 수익률이 달라진다. 부동산 투자자들의 강력 추천도서!
- 실전 투자자의 경험에 현직 세무사의 지식을 더한 소중한 노하우를 그대로 전수받을 수 있는 최고의 부동산 절세 책!

김동우 · 최왕규 지음
420쪽 | 19,000원

---

## 한 권으로 끝내는 셀프 소송의 기술
### (개정판)

**부동산을 가지려면 이 책을 소장하라!
경매 특수물건 해결법 모두 공개!**

- 내용 증명부터 점유이전금지가처분, 명도소장 등 경 · 공매 투자에 필요한 모든 서식 수록!
- 송사무장이 특수물건을 해결하며 실전에서 사용했던 서식을 엄선하여 담고, 변호사의 법적 지식을 더한 완벽한 책!
- 누구나 쉽게 도전할 수 있는 셀프 소송의 시대를 연 바로 그 책! 이 책 한 권은 진정 수백만 원 그 이상의 가치가 있다!

송희창 · 이시훈 지음
740쪽 | 55,000원